D1676754

Friedemann Schwarzkopf
Die Metamorphose des Gegebenen

Edition Sophien Akademie

Friedemann Schwarzkopf

Die Metamorphose des Gegebenen

Eine Ökologie des Bewusstseins

Novalis

Übersetzt aus dem Englischen von Torodd Lien. Die amerikanische Originalfassung erschien 1995 (2. Aufl. 1998) bei Peter Lang, New York, unter dem Titel *The Metamorphoses of the Given. Toward an Ecology of Consciousness.*

© Novalis Verlag Schaffhausen 2001
Satz und Gesamtherstellung: Novalis Media AG
Druck: Ipoly, Komarno (Slowakei)
ISBN 3-907160-71-1

Für
Gerhard Neuhaus
(25.12.1909 – 3.4.1981)

INHALTSVERZEICHNIS

Redaktionelle Hinweise	12
Zu den Zeichnungen von Georg Muche	13
Vorwort	15
Einführung	31

Teil 1: Das Gegebene

Kapitel 1
Erfahrung in der Wissenschaft: Der Empirismus 43
Francis Bacon – Thomas Hobbes – John Locke –
George Berkeley – David Hume

Kapitel 2
Erfahrung in der Idee: Der kritische Idealismus Kants 67
Das transzendental Gegebene – Das empirisch Gegebene

Kapitel 3
In den Spuren der Sinnes-Empfindung: Der Neopositivismus 77
Ernst Mach – Der Wiener Kreis

Kapitel 4
Das Erwachen im Zeugen: Der Idealismus Fichtes 85

Kapitel 5
Erscheinungsformen des Geistes: Die Gegebenheit der Idee bei Hegel 95
Das Leben der Begriffe im Licht der Erfahrung –
Gegenwart des Zeugen – Dialektische Verwandlung

Kapitel 6
Was spricht: Die Gestalt der Idee
oder das Eidos in Husserls Phänomenologie 107
Phänomenologische Reduktion – Das Gegebene

Teil 2: Gegebenes und Nicht-Gegebenes

Kapitel 7
Leben im Erkennen: Phänomenologie des Bewusstseins
und Steiners Geisteswissenschaft 121
Denken und Erkennen – Gegeben und Nicht-Gegeben –
Freiheit – Imagination – Imaginative Wahrnehmung –
Denkende Imagination

Kapitel 8
Das Urphänomen bei Goethe: Hülle und Wesen
Äußerer Zusammenhang, innere Verbindung:
Ein lebendiger Organismus 133
Erkennen und Lesen

Kapitel 9
Sprache und Verstehen: Kühlewinds Weg
zum empirischen Idealismus 141
Wesen des Wortes – Hierarchie des Gegebenen und
Nicht-Gegebenen – Intuition und Aufmerksamkeit

Kapitel 10
Der Logos-Funke: Die Fähigkeit zur Aufmerksamkeit 155
Die Quelle des Sprechens: Der Logos –
Der Schlüssel des Gegebenen

Kapitel 11
Die Umkehrung des Willens: Belehrtes Nicht-Wissen 167
Meister Eckhart und Nikolaus von Kues Quelle des Lichtes –
Quelle des Lebens – Das Wort im Anfang

Kapitel 12
Angleichung in der Wahrheit Die Geste des Thomas von Aquin 177

Kapitel 13
Wirklichkeit und das Buch der Natur 185
Struktur der Sprache, Struktur der Natur –
Fühlende Wahrnehmung – Paradigma der Wirklichkeit

Kapitel 14
Zu einer Ökologie des Bewusstseins 197

Kapitel 15
Die Verwandlung des Gegebenen — 203

Teil III: Konsequenzen

Kapitel 16
Der Wirken des Logos beim Wandel des Weltbildes — 209
*Leben als Sinn – Die Bedeutung von Logos –
Erfahrung von Sinn – Gemeinsamer Sinn – Das Wesen eines
Paradigmenwechsels – Die Quelle des Sprechens – Gefühl
der Evidenz – Kosmos des Gesprächs – Das Herz der Materie –
Wesen des Lichts – Heranwachsen – Fußspuren des Logos –
Ich und Nicht-Ich – Natur der Wirklichkeit – Der Ort des Begegnens*

Postscriptum
Empirie des Geistes – Geistige Kommunion — 233

Bibliographie — 235

Index — 242

Dank

Georg Kühlewind, Tyrone Cashman, Robert McDermont und Malak Eversole für Fragen und Anregungen während der Dissertation;

Fritjof Capra für den Dialog, der diese Studie befruchtet hat;

Christopher Bamford für seine Initiative; Ian Padilla für seinen Beitrag zur ersten Buchfassung; Andrew Cooper für das englische Lektorat; Andrew Joron für das englische Korrekturlesen; Torodd Lien für die sorgfältig erarbeitete deutsche Übersetzung sowie Michael Frensch für das deutsche Lektorat;

Jeane und Genevieve Schwarzkopf für ihre Großzügigkeit und Geduld.

Diese Arbeit ist meinem Lehrer gewidmet,
zu mir gekommen in Gestalt einer Frau.

REDAKTIONELLE HINWEISE

Kursiv gesetzt sind im gesamten Text, auch in den Block-Zitaten, Hervorhebungen des Autors. Bei Block-Zitaten wurden fremdsprachliche Ausdrücke, abweichend vom Original, nur dann kursiv gesetzt, wenn sie zugleich Hervorhebungen vom Autor dieses Buches sind. S p e r r u n g e n kommen nur in Block-Zitaten vor und bezeichnen ursprüngliche Hervorhebungen der Verfasser der betreffenden Texte (die im Original kursiv, gesperrt oder unterstrichen erscheinen).

Eingerückte Zitate sind ohne Anführungszeichen wiedergegeben. Im Text sind Zitate, feste Redewendungen und im übertragenen Sinne gebrauchte Worte durch doppelte Anführungszeichen hervorgehoben. Einfache Anführungszeichen deuten darauf hin, dass der entsprechende Ausdruck innerhalb des philosophischen Kontextes dieser Studie von Bedeutung ist.

Englische, lateinische oder griechische Zitate wurden in der Regel vom Autor ins Deutsche übersetzt. Zitierte Übersetzungen werden in den Fußnoten eigens ausgewiesen. Aus Verständlichkeitsgründen wurden Zitate aus deutschen und fremdsprachlichen Quellen manchmal paraphrasiert; sie sind in runden Klammern hinzugefügt. In den seltenen Fällen, dass in zitierten Texten von dessen Verfassern Klammern verwendet wurden, stehen diese Passagen in eckigen Klammern.

Buchtitel sind in *Kursiven*, Buchteile oder Buchkapitel sowie Zeitschriftenaufsätze in Anführungszeichen angegeben.

„GA" ist die Abkürzung für die Gesamt-Ausgabe der Werke Rudolf Steiners. Die erste Nummer nach der Abkürzung gibt die Bandnummer an, die zweite die Seitennummer des betreffenden Bandes, z.B.: GA 4, S. 44.

Der Index umfasst den gesamten Text außer dem Inhaltsverzeichnis und der Bibliographie.

ZU DEN ZEICHNUNGEN
VON GEORG MUCHE

Die das Buch begleitenden Graphiken sind Zeichnungen des Malers und Bauhauslehrers Georg Muche (1895-1987) zum Thema „Nemisee: Auge der Diana – Verwandlungen".*

Für die freundliche Genehmigung zum Abdruck danken der Verlag und der Autor Herrn Dr. Klaus Weber vom Berliner Bauhaus-Archiv, das den Künstlerischen Nachlass Georg Muches verwaltet.

Zur Begleitung der in kleiner Auflage von 100 Exemplaren herausgegebenen Mappe schrieb Hans Konrad Röthel:

Georg Muche kam im Mai 1963 als Gast der Villa Massimo von Rom aus an den Nemisee. Die Reihe der Zeichnungen entstand 1964 in seinem Atelier, die beiden letzten am Beginn und die elektronischen Gravuren am Ende des Jahres 1965. Es sind offensichtlich Variationen über ein Thema. Aber ist das Thema der See, das Auge, das Oval? Ist es der Fisch, das Gestirn, der Blick, der Kratersee oder die Geburt des Kreises? Handelt es sich um eine Vision von der Entstehung der Welt, um ein ‚Arsenal der Schöpfung', um eine Kosmogonie der Gestirne? Es ist dies alles zugleich und keines allein.

…wird selber zum Gestirn, das seine eigene Bahn beschreibt, begegnet verwandten gestirnhaften Gebilden … und wird schließlich zum Auge, zum Auge der Diana, zum Auge des Menschen.

Zwischen 1915 und 1918 stellte Muche seine Bilder in der Gruppe des „Sturm" in Berlin aus, u.a. mit Max Ernst, Paul Klee, Alexander Archipenko. 1920 zieht er nach Weimar, um die pädagogische Arbeit am *Bauhaus* mitzuentwickeln. Anfänglich ist er Leiter und Formmeister der Holzbildhauerei und später, von 1921-1927, der Weberei, mit Itten und Maholy-Nagy. Ab 1933 gehörte sein Werk zur „entarteten Kunst". Von 1939-1958 leitet er die Meisterklasse an der Textilingenieurschule in Krefeld. Von 1960 bis zu seinem Tod setzte er seine Arbeit als Maler und Zeichner bei Lindau am Bodensee fort.

Muche war mit der Familie des Autors schon seit den frühen dreißiger Jahren befreundet, und immer wieder begegnete er auch dem Autor – damals noch

---
* Mit Ausnahme des auf S. 29 abgebildeten Auges. Diese Zeichnung aus dem Jahre 1937 ist aus dem Katalog *Georg Muche – Der Zeichner*, Staatsgalerie Stuttgart, 1977, Kat. Nr. 28, S. 63.

Schüler und Student – als ein väterlicher Freund. Aufgrund ihrer geistigen Beziehung bot sich ein auszugsweiser Abdruck der o. a. Serie im Zusammenhang mit der *Metamorphose des Gegebenen* an.

Das *Sehen*, Zeichnen und Malen der sinneswahrnehmlichen Welt, insbesondere auch ihres Leidens, eröffnete sich dem Künstler als eine geistige Transformation, wie er dem Autor einmal im Gespräch anvertraute. In diesem Sinne sagte er auch:

Die Stille ist der Punkt, an dem die Dinge bewahrt werden. Ich realisiere sie, aber nicht so, dass ich die Drastik der Realität darstelle, sondern indem ich die Verwandlung zu erfassen suche. Ich suche nicht Natur – ich suche das Lebendige. … Zeichen bedeuten für mich Teilhabe am Schicksal von Kreaturen – das können meinetwegen auch Pflanzen sein.*

---

* Katalog *Georg Muche – Der Zeichner,* Staatsgalerie Stuttgart, 1977, Kat. Nr. 28, S. 46

VORWORT

Das einzige *wirklich* neue Paradigma wäre,
die *Ebene* des Bewusstseins zu finden,
wo jedes *bekannte* Paradigma seinen Ursprung hat.

Georg Kühlewind

Diese Studie über das *Gegebene* untersucht die Entwicklung des Bewusstseins von der Zeit des britischen Empirismus bis heute. Ich habe einige charakteristische Vertreter der europäischen Philosophie ausgewählt, um psychologische und philosophische Positionen zu veranschaulichen, welche diese Metamorphose sichtbar machen können durch den Blick auf das, was als *gegeben* erscheint, und das, was sich als *nicht-gegeben* erweist.

In der Philosophie wird alles, was vor dem Bewusstsein als Gedanke, Gefühl oder Sinneswahrnehmung erscheint, als gegeben bezeichnet. Sobald wir es gewahren, ist es bereits ein fertiges, abgeschlossenes und spezifisches Etwas.

Was wir nicht gewahren, ist unser Unterscheiden, das jedes Gegebene identifiziert und es in einen Zusammenhang stellt. Dies ist unsere *Aufmerksamkeit*, die nicht-gegeben ist, weil wir sie selbst erbringen müssen.

Im Nachvollzug dieser Stadien der westlichen Gedankenentwicklung können wir im Bewusstsein erfahren, wie das Gegebene einen Prozess der *Wandlung* durchmacht. Wenn sich das Gegebene durch unsere geistige Aktivität der Aufmerksamkeit in reines Verstehen auflöst, wird es ein neues, reines Potential: Die *gefundene* Wirklichkeit wird gesehen als durchdrungen von etwas, das nicht-gegeben ist, einem *formenden* Prinzip innerhalb der menschlichen Aufmerksamkeit, welches Sinn *gibt*. Dies ist der *Logos,* der in einer inneren, geistigen Auferstehung allmählich enthüllt wird. Der Logos, der im Anfang war, und der Logos, der am Ende durch den Menschen erscheint, wird als Einheit erfahren.

In dem jetzigen geschichtlichen Augenblick kann ein solcher Rückblick hilfreich sein, um unseren Gesichtskreis für neue Möglichkeiten zu öffnen. Unser normales, alltägliches Bewusstsein kennt nicht den *Prozess* des Denkens, sein wesentliches Leben, weil es nur erwacht, wenn der *gegenwärtige* Denkprozess zu einem Abschluss in dem bereits artikulierten – und daher fertigen und *vergangenen* – Gedanken gekommen ist, der wie ein Spiegelbild vor unserem Bewusstsein erscheint.

Wenn wir anfangen, uns auf das *Gegebene* zu besinnen, können wir es als ein Fertiges, ein *Endprodukt* erkennen. Daher muss unsere Reflexion sich der Quelle unserer Aufmerksamkeit zuwenden. Findet sie diese Quelle nicht, dann wendet unser Denken sich *äußeren* Quellen zu: der Welt der Sinneswahrnehmungen. In dieser Gebärde sind wir geneigt zu vergessen, dass selbst die sinneswahrnehmliche Welt immer begrifflich durchdrungen ist, dass Begriffe Struktur geben für das ‚Was' des Wahrgenommenen. So verbleibt das *Gegebene* unverständlich, und dieses unverständliche Element – nicht die Begriffe – gibt uns das kräftige *Gefühl von Wirklichkeit*.

Aufgrund dieses Gefühls sind wir geneigt, das wahrnehmlich Gegebene als die ganze Wirklichkeit anzusehen. Aber indem wir diese Wirklichkeit wie einen Brief behandeln, der nicht gelesen wird, wird sie zu etwas Illusionärem. So lange wir unfähig sind, die sinneswahrnehmliche Sphäre in *Verstehen* aufzulösen, verbleiben unsere Möglichkeiten, die natürliche Welt zu erkennen, fragwürdig.

Die Lösung liegt in einem Vorgehen, bei dem wir das Gegebene gleichsam *schälen* (wie man eine Zwiebel schält), indem wir es durch ein Befreien des Wahrgenommenen von allen begrifflichen Überstrukturen auf das *direkt Gegebene* reduzieren. Diese Reduktion ist im Prinzip ohne Grenzen. Es gibt keine absolute Grenze zwischen *Gegebenem* und *Nicht-Gegebenem*.

Die Sequenz der Reduktion des Gegebenen geht durch eine Hierarchie von gegebenen Strukturen. 1) Das sinnlich Gegebene wird immer vereint mit einer Begrifflichkeit gefunden. 2) Wir enthüllen dann gegebene Gedanken als vergangenes Denken. 3) Wir können dadurch die Kräfte, Assoziationen, Vorstellungsbilder, Gewohnheiten, Instinkte und alle anderen psychologischen Elemente identifizieren, die *unterbewusst* die Art unseres Denkens beeinflussen. 4) Wir finden auch die *überbewusst* gegebenen Fähigkeiten – wie die Sprache mit ihren Mustern, ihrer Grammatik und ihrer Syntax, und auch die Fähigkeit zum *Denken*. 5) Schließlich entdecken wir eine gegebene *Anlage* (Prädisposition), nämlich unsere *Fähigkeit*, aufmerksam zu sein. Dieser Aufmerksamkeit folgt immer etwas, das *Wortnatur* hat, dessen charakteristische Eigenschaft darin besteht, dass ein gegebenes wahrnehmbares – äußeres oder inneres – Element durch einen nicht-gegebenen Sinn ergänzt und so als *sprechend* erfahren wird.

Indem man das sinnlich Gegebene in dieser Weise von seiner begrifflichen Überstruktur befreit, können wir gewahren, dass *denkende* Aufmerksamkeit das Gegebene *und* sich selbst trägt. Auf diese Weise wandelt sich jedes *Gegebene* in ein *Nicht-Gegebenes*, nämlich in die erkennende Tätigkeit des denkenden Ich. Wenn wir daher etwas als ‚gegeben' identifizieren, so wird es für das Ich zu einer *Fähigkeit*, weil das Wesen des einzelnen in einer solchen Weise aktiviert wird, dass sich das Bewusstsein dabei auf eine Ebene erhebt, wo der Mensch innerhalb des Denkens seiner selbst gewahr werden kann.

Diese Verschiebung der Bewusstseinsebenen – von der Alltagsebene des gespiegelten, vergangenen Bewusstseins zu der Ebene der lebenden Gegenwart – setzt sich so lange fort, wie wir innerhalb eines gegebenen ‚Was' (Produkt/Ergebnis) sein nicht-gegebenes ‚Wie' (Fähigkeit) finden. Und wenn ein ‚Wie' *entdeckt* wird, wird es ein weiteres Gegebenes, ein neues ‚Was' auf der nächsthöheren Ebene.

So wird das ‚Nicht-Gegebene' entdeckt, das *Sinn* gibt und findet. Weil es uns ermöglicht, alles, was *Wort-Qualität* hat, zu erkennen, können wir diese Fähigkeit *Logosnatur* nennen. Ohne diese Fähigkeit wären Sprechen, Lesen und Schreiben undenkbar, weil sie das innere Verstehen gewährt, um äußere Zeichen („Daten") als *Worte* zu interpretieren.

Dies gilt auch für die sinneswahrnehmliche Welt. Unsere Anlage oder Prädisposition zur *worthaften* Aufmerksamkeit eröffnet uns die Möglichkeit, immer höheren Quellen des Denkens Struktur zu *geben*. In der gleichen Weise, wie wir z.B. zu strukturieren lernten, als wir unsere Muttersprache lernten, lernen wir auch, *frei* zu strukturieren, wenn wir einen *neuen* Text „finden". Dieser folgt nicht länger der Struktur der gewordenen Sprache. Wir lernen zu strukturieren innerhalb des *Wortlosen* und lernen im Weiteren auch, innerhalb des *Fühlens* zu strukturieren: erkennendes oder gewahr seiendes Fühlen.

Totale, vollständige Reduktion ist die Voraussetzung für eine *reine Wahrnehmung* (in Goethes Annäherung an die Natur führt dies zu einer Wahrnehmung des ‚Urphänomens'), wo die wahre Idee *zusammen mit* dem begrifflich geschälten Bild intuitiv wahrgenommen wird.

Sobald wir unsere eigene Tätigkeit als einen Bestandteil *innerhalb* des ‚Gegebenen' entdecken, macht dieses eine Veränderung durch – eine *Metamorphose,* in welcher die Elemente, die ein gegebenes *Was* herstellen, als ein *Wie* auf der nächsthöheren Ebene erscheinen.

Man kann Wirklichkeit nicht verstehen, wenn man diese Fähigkeit des Sinngebens und Sinnfindens nicht als Teil der Wirklichkeit erfasst. Dieses Verstehen erweitert die Definition des *Empirismus*. Weil diese Fähigkeit des Gebens und Findens von Sinn unmittelbar im Bewusstsein *erfahren* werden kann, darf sie nicht ausgeklammert werden. Dieser Ansatz führt zu einer Weiterentwicklung des philosophischen *Idealismus:* Bereichert um den *empirischen* Ausgangspunkt – der durch das Gegebene und durch die Erfahrung des Nicht-Gegebenen gebildet wird – und auf demselben begründet, mündet er in einen *empirischen Idealismus.*

So bietet der empirische Idealismus für jede Theorie eine erkenntnistheoretische Grundlage, die *alle* Quellen der Wirklichkeit zu integrieren versucht. Werden diese Quellen von einer Gemeinschaft oder Gesellschaft wahrgenommen, so können sie zum Bestandteil ihrer gemeinsamen Erfahrung werden. Solche miteinander geteilten Anschauungen sind die Merkmale eines *Paradigmas*. Ein entscheidender Paradigmenwechsel findet statt, wenn das ‚Nicht-Gegebene' – die Fähigkeit des Sinns – *bewusst* erlebt und in die Quellen der Wirklichkeit integriert wird.

Dieses Buch versucht, Schritte zu beschreiben, welche die Erfahrung jener *Ebene* des Bewusstseins ermöglichen, wo die Logosnatur der Aufmerksamkeit offenbar wird. Auf dieser Ebene wird der Ursprung eines Paradigmas erfahrbar, das nicht lediglich ein weiteres, sondern ein *wesentlich* neues ist.

Ein solches Verstehen kann zu einem größeren Verantwortungsgefühl für die Realität führen, die von den Menschen in der Welt geschaffen wird. Denn wenn man begreift, dass die vorherrschenden Anschauungen, die unsere Wirklichkeit formen, das Ergebnis unseres *Gesprächs* sind, weckt dies die Empfindung für eine *Ökologie des Bewusstseins*.

Zur Entstehung

Diese Abhandlung ist eine Fortführung dessen, was man beim Lesen und Studium der *Philosophie der Freiheit*[1] des österreichischen Geistesforschers Rudolf Steiner (1861–1924) erfahren kann. Er gab seinem Buch den Untertitel „Grundzüge einer modernen Weltanschauung. Seelische Beobachtungsresultate nach naturwissenschaftlicher Methode" und zeigte somit seine Orientierung an einer Empirie des Bewusstseins. In diesem Sinne bietet *Die Philosophie der Freiheit* eine Methode an, durch welche auch die vorliegende Schrift inspiriert ist.

Der bedeutsamste Beitrag der philosophischen Hauptwerke Steiners[2] liegt in der Grundlage, die sie bieten zu einer Erkenntnislehre für ein Erkennen der Phänomene des Geistes, die der Sinneswahrnehmung nicht zugänglich sind und daher nur im menschlichen Bewusstsein erschaut werden können. Aufgrund seines naturwissenschaftlichen Vorgehens in der Sphäre der inneren Beobachtung nennt Steiner seinen Ansatz *Geisteswissenschaft*.[*]

Das Wesenliche dieser Erkenntnislehre ist, dass das erkennende Ich seinen eigenen Willen aktivieren muss, um einem Phänomen des Geistes zu ermöglichen, innerhalb der Substanz der aktivierten geistigen Aktivität verwirklicht, wahrgenommen *und bewusst als solches* erfahren zu werden. Dies ist nicht ein solipsistischer Zirkelschluss, weil die Natur der in dieser Weise errungenen Intuition von der Quelle des Verstehens als solcher abhängt, die den Sinn oder die Be-

---

[1] Rudolf Steiner, *Die Philosophie der Freiheit*.

[2] R. Steiner, *Grundlinien einer Erkenntnistheorie der Goetheschen Weltanschauung*, 1. Auflage 1886; *Wahrheit und Wissenschaft*, 1. Auflage 1892; *Die Philosophie der Freiheit*, 1. Auflage 1894.

[*] Dieser Absatz war vor allen Dingen für Amerika und die englischsprachige Welt von Bedeutung; denn im Deutschen braucht das Wort Geisteswissenschaft ja keine Erklärung.

deutsamkeit eines Phänomens ergänzend bereitstellt. In der Formulierung Steiners:

> *Denn, wenn auch einerseits das intuitiv erlebte Denken ein im Menschengeiste* sich vollziehender tätiger Vorgang ist, so ist es anderseits zugleich eine geistige, ohne sinnliches Organ erfasste Wahrnehmung. Es ist eine Wahrnehmung, in der der Wahrnehmende selbst tätig ist, und es ist eine Seelenbetätigung, die zugleich wahrgenommen wird. Im intuitiv erlebten Denken ist der Mensch in eine geistige Welt auch als Wahrnehmender versetzt.³

Noch in einer anderen Weise – jenseits und oberhalb der systematischen Methode für eine Empirie des Bewusstseins – muss *Die Philosophie der Freiheit* als ein herausragendes Beispiel in der Geschichte der neueren Philosophie angesehen werden: Sie erfordert von den Lesern, dass diese, durch ihren eigenen Willen, die Gebärde des Bewusstseins annehmen, welche der Text beschreibt. So wird das Bewusstsein des Lesers zu derjenigen Ebene und Perspektive *erhoben*, von welcher aus ihm der Gehalt des Textes sich erschließt. Im Vollziehen dieses Schrittes aktualisiert der Leser das, was man die *Wirklichkeit der Freiheit* nennen kann, als eine Bewusstseinsebene, die *oberhalb* unserer Alltagsgedanken liegt.

Dieser Wechsel in der Bewusstseinsebene schließt auch mit ein, dass der Leser jetzt Zeuge der *Aktivität* des Geistes sein kann, welche die Bewegungen des Bewusstseins wahrnehmbar macht.* So bieten das Bezeugen des Beobachters sowie die Erfahrung der Quelle dieser bezeugenden Aktivität eine Garantie für den empirischen Ansatz.

In dieser Weise verstanden, erhält das Wort *Freiheit* eine ganz andere Bedeutung als im gewöhnlichen Sprachgebrauch. Statt der Freiheit, zu tun, was einem gefällt, bedeutet *Freiheit* hier eine Bewusstseinsstufe, in welcher der Geist des individuellen Menschen seine souveräne Autonomie aktualisiert im Sicherheben auf eine höhere Stufe der Aufmerksamkeit. Diese Stufe besteht darin, aus freier Initiative die Aufmerksamkeit auf ein beliebiges Thema zu richten und so einen Inhalt völlig neu entstehen zu lassen – auch wenn er bereits früher gedacht worden ist –, weil er sich nur im *Gewärtigen* der geistigen Aktivität manifestieren kann, die Bezeugen möglich macht. *Freiheit* bedeutet Freiheit *des* Geistes und Freiheit *im* Geist.

---

³ Steiner, „Die Konsequenzen des Monismus: Zusatz zur Neuausgabe 1918," in *Die Philosophie der Freiheit*, GA 4, S. 256.

* Dies war wahrscheinlich einer der Gründe dafür, warum Steiner für die englische Ausgabe der *Philosophie der Freiheit* den Titel „Philosophy of Spiritual Activity" vorschlug.

Vor dieser Perspektive kann man sehen, dass das Motto der Französischen Revolution – *liberté, egalité, fraternité* – oft in eindimensionaler Weise nur auf *eine* Ebene der Wirklichkeit bezogen worden ist; obwohl die Idee der *Freiheit* im Kern auf „Freiheit in geistiger Kreativität" zielt, wurde sie benutzt, um den Liberalismus in der Wirtschaftssphäre zu rechtfertigen, der im 19. Jahrhundert schwerwiegende soziale Konsequenzen hatte. Das Prinzip der *Gleichheit* fragte nach gleichen Rechten für jeden Menschen als Ausdruck einer spezifischen menschlichen Würde, nicht als Rechtfertigung für staatliche Misswirtschaft im Namen des Volkes. Das Ideal der *Brüderlichkeit* sollte das Ziel der gesellschaftlichen Organisation in der irdischen, wirtschaftlichen Sphäre sein, nicht ein Prinzip von Gleichheit (oder Gleichschaltung), das zu den verschiedenen „Experimenten" führte, z.B. die Güter eines Landes nach primär numerischen Gesichtspunkten unter seine Einwohner aufzuteilen. Auf dies alles wies Steiner in vielen seiner Schriften und Vorträge zur Gestaltung einer Gesellschaft in Wirtschaft, Recht und Kultur hin.[4]

Die Philosophie der Freiheit wurde oft falsch gelesen oder missverstanden. Wir sind an Philosophien gewöhnt, die sich mit Gedanken*inhalten* befassen, doch *Die Philosophie der Freiheit* versucht einem *Prozess* die Tür zu öffnen, einer denkenden *Aktivität*. Wenn man sie in dieser Weise liest – als ein *Wie* – sieht man, dass Steiner einen wichtigen Beitrag zur westlichen Philosophie leistet. Die Unterscheidung zwischen Gegebenem und Nicht-Gegebenem führt zu der Einsicht, dass *Freiheit* nicht-gegeben ist – der einzelne Mensch muss sie errichten in seiner eigenen *beginnenden* Aktivität. Auf diesem Weg zeigt Steiner, wie das Ich nur so lange unabhängig existiert, als es diese *Anlage* – seine Fähigkeit oder Begabung – des absoluten Anfangs aus dem Nichts aktiviert. Es ist dieses Anfangen, das nicht-gegeben ist; nur das Ich kann es aktualisieren. Dies findet im *Geben* statt, wodurch das Ich sich selbst verwirklicht; dann kann es sich aus Freiheit geben.

Als das Buch vor gut hundert Jahren erschien, hätte dies für die Stimmung der Zeit einen vollständigen Umschwung der Wirklichkeit bedeuten können. Doch zu dieser Zeit befand sich die europäische Philosophie unter dem Einfluss von britischem Empirismus und Kantianismus.

In der Tradition des früheren britischen Empirismus waren Gegebenes und Nicht-Gegebenes noch nicht unterschieden, daher war das Nicht-Gegebene noch nicht als eine individuelle menschliche Erfahrung erfasst. Aus diesem Grund kann der britische Empirismus die innere Brücke zwischen den Elementen der Natur nicht finden. Und Kant geht dem Thema aus dem Weg mit seiner

---

[4] Steiner, *Die Kernpunkte der sozialen Frage*, 1. Auflage 1919, GA 23, *Nationalökonomischer Kurs*, GA 340.

Schlussfolgerung, dass wir die Dinge-an-sich nicht erkennen können – weil sie, sobald sie von dem Zusammenhang, in welchem sie erscheinen, getrennt werden, nicht verstanden werden können. Ein Zusammenhang erscheint aber nur in der *Kontinuität* menschlichen Verstehens – entsprechend der Kontinuität der natürlichen Welt. Es war Goethe, der dies entdeckte und das „unsichtbare" Element der Kontinuität sichtbar zu machen versuchte. Er ergänzte die *analytische* Naturwissenschaft durch eine *integrierende* Naturanschauung. Man kann sich dies am Vorgang des Lesens klar machen: Wenn wir einen geschriebenen Satz zu *lesen* und zu *verstehen* wünschen, müssen wir nicht nur dazu fähig sein, einzelne Buchstaben und Wörter zu unterscheiden, sondern auch dazu, sie wieder zu einer neuen Sinneinheit zusammenzustellen.

Erst seit Kant wird ‚das Gegebene' als Begriff artikuliert. Nach ihm fängt Fichte an, die Möglichkeiten der *spontanen* (nicht-gegebenen) Initiative des ‚Setzens' zu untersuchen, d.h. des *Gebens* von Sinn.

Wenn man die *Erfahrung* des Nicht-Gegebenen dadurch entdeckt, dass man sie als eine *Fähigkeit* aktiviert, erkennt man, dass dies das spezifisch *menschliche* Element ist, das sich im *Wie* manifestiert. Mit anderen Worten ist der Beitrag der *Philosophie der Freiheit* die Entdeckung, dass *Denken* nicht-gegeben ist. Als *Gedanke* wurde es immer als gegeben erfahren. Durch Aufzeigen dieses Tatbestandes öffnet Steiner die Sicht auf eine neue Perspektive, eine Wirklichkeit, welche das *Denken* als *Quellort* von *Sinn* mit einschließt.

Zwei Generationen später geht Georg Kühlewind dieser Quelle bis zu ihrem Ursprung nach – dem Wesen des *Wortes,* das in der europäischen und westlichen Tradition unter dem Begriff des *Logos* bekannt war.

In der *Philosophie der Freiheit* veranschaulicht Steiner auch die gängigsten philosophischen Positionen durch Bezugnahme auf mehrere deutsche Philosophen des neunzehnten Jahrhunderts, die in der englischsprachigen Welt wenig bekannt sind. Diese Positionen, welche gelegentlich unter neuen Namen und Bezeichnungen wieder auftauchen, repräsentieren fundamentale Orientierungen der menschlichen Seele.

In der vorliegenden Arbeit wird die Bewegung der Bewusstseinsentwicklung charakterisiert durch ein tieferes Eingehen auch auf die angelsächsische Tradition der Philosophie sowie auf einige Philosophen des zwanzigsten Jahrhunderts, die halfen, einen möglichen Weg zum nichtdualistischen Verstehen von *Wirklichkeit* zu zeigen.

Diese Art des Monismus ist auf die Erfahrung gegründet, dass *Aufmerksamkeit* ein integraler Bestandteil der Wirklichkeit ist, ebenso greifbar wie die sinneswahrnehmliche physische Welt der Natur, unsere sozialen und wirtschaftlichen Verhältnisse sowie unsere persönlichen Gefühle und Emotionen. In ihrer urbildlichen Form kann *Aufmerksamkeit* als ein unabhängiges Prinzip erfahren werden. Sie manifestiert sich innerhalb des Bewusstseins als Aufmerksamkeit im Denken und als Aufmerksamkeit im Wahrnehmen. Die Aktivität der Aufmerksamkeit wird in dieser Arbeit in der gleichen Weise beobachtet, wie ein Wissenschaftler eine gegebene Substanz in seinem Laboratorium untersucht, indem er beginnt, ihr Verhalten zu beobachten, ihre Charakteristika zu analysieren und ihre Bedeutung innerhalb der Totalität und Komplexität seiner Weltauffassung zu interpretieren. In diesem Sinne kann Aufmerksamkeit zum Beobachtungsobjekt gemacht werden.

Somit wird Aufmerksamkeit – die *nicht-gegeben* ist, weil wir sie erst selber aufbringen müssen – hier als *Frage* behandelt werden. Die Aufmerksamkeit wird angewendet – als Denken in der inneren Wahrnehmung –, um Licht auf den Begriff und die Natur des *Gegebenen* an sich zu werfen; was die andere Hälfte der Frage hervorruft, nämlich was für das *Bewusstsein* gegeben ist.

Das dem Bewusstsein *Gegebene* kann sich entweder auf dessen Träger beziehen – die menschliche Physiologie, den natürlichen Leib mit seiner organischen Substanz, die Stelle, wo wir das Phänomen Aufmerksamkeit anfangs orten – oder unsere Beobachtung kann sich auf die Aufmerksamkeit als solche richten. Doch im Gegensatz zu unserer Physiologie, die wir als gegeben vorfinden, ohne vorhergehendes Denken, erfordert das Gewahren unserer Aufmerksamkeit als Phänomen einen nicht-gegebenen Akt, nämlich eine *bewusste* Besinnung.

In diesem Sinne versucht die vorliegende Studie, Beobachtungen zu beschreiben, die wir an unserer Bewegung der Aufmerksamkeit machen können. Die Studie wird wie ein Pendel – als wahrnehmende Aufmerksamkeit und denkende Aufmerksamkeit – zwischen dem Ufer der Sinneswahrnehmung und dem Ufer des Bewusstseins hin und her schwingen, bis die wesenhafte Natur der Aufmerksamkeit sich offenbaren kann.

Die Studie beginnt bei den ‚unbeackerten Feldern' (raw fields) des Bewusstseins, wo wir jede Bewegung der *Aufmerksamkeit,* und sei sie noch so subtil, bezeugen und uns darüber Rechenschaft ablegen. In diesem Sinne wird die Studie induktiv, d.h. von Frage zu Frage vorgehen, ohne vorgefasste Antworten, doch immer der zentralen Frage eingedenk: Was ist *gegeben,* wenn ich eine Frage stelle? und: Was ist *Gegebensein* als solches?

Diese grundlegenden Themen werden weitere Fragen mit einschließen, nämlich: Was ist die wesenhafte Natur der sinneswahrnehmlich gegebenen Welt? und: Was ist die wesenhafte Natur des Bewusstseins, in dem diese Fragen erscheinen?

Die Fragen: Was ist *gegeben?* Wem ist es gegeben? oder: Warum ist dies eine Frage? berühren die wesenhafte Natur des Menschen selbst, das menschliche

Sein in der Welt und das darin innewohnende Problem, dass *Welt* nur eine bereits erkannte Welt bedeuten kann.

Dies führt uns zur Frage nach der Natur des *Erkennens*: Was bedeutet es, die Welt zu *erkennen*? Was bedeutet es, sich selbst zu *erkennen*? Denn wenn wir die Natur des Erkenntnisprozesses verstünden – worauf alle unseren Annahmen über die Wirklichkeit gegründet sind – würden wir gleichzeitig auch die menschliche Natur verstehen.

Konsequenzen
Die Konsequenzen dieser Fragen sind weitreichend, insofern als ein Herausschälen des Gegebenen uns notwendigerweise auch zum *Nicht-Gegebenen* und seiner Erfahrung im Bewusstsein führt; dieses Erfahren hat in vielen Bereichen praktische Konsequenzen, wie etwa die folgenden:

Erziehung und Pädagogik: Bewusstsein des *Nicht-Gegebenen* führt zur Einsicht in die Anlage des Menschen für die Logosnatur und daher zu dem Element, das den *Menschen* von anderen Formen des intelligenten und beseelten Lebens unterscheidet: die Fähigkeit zur *Sprache* – Lesen und Schreiben, Sprechen und Verstehen – ebenso wie die Fähigkeit, *Fragen* zu stellen. Es ist eine Anlage zur *Kreativität*, die unermessliche Ressourcen freilegt. Diese *Fähigkeit* kann immer weiter wachsen. Sobald der Keim erwacht ist, kann er vom Einzelnen kultiviert und zum Ausgangpunkt für ein immer neues Beginnen werden. Daher führt er zu unerschöpflichen Möglichkeiten jeder Art von *Pädagogik*.

Ökologie: Die Anwendung dieser Erkenntnislehre auf unsere Aufmerksamkeit im Wahrnehmen der natürlichen Welt wird auch unser Weltbild verändern. Während die Natur bis dahin als eine Art von Rohstoff betrachtet wurde, als Bestandteil verschiedener Stufen von Leben, ist es jetzt möglich, die Natur auch wie einen *Text* zu „lesen" – einen Text mit unerschöpflichem Sinn. Die Wissenschaft und Praxis der *Ökologie* wird dadurch eine große Bereicherung erfahren.

Gemeinsame Wirklichkeit: Nicht nur die Ökologie der natürlichen Welt wird von dieser Perspektive neue Impulse erhalten können; auch der Organismus des Bewusstseins – den wir durch die Medien, unsere Zivilisation und unser Gespräch miteinander teilen – kann mit der gleichen Art von Verantwortung betrachtet werden, die wir hinsichtlich der Ökologie der natürlichen Welt begonnen haben anzuerkennen; dies könnte zu einer *Ökologie des Bewusstseins* führen. Das *Nicht-Gegebene* spielt somit auch eine zentrale Rolle bei der Gestaltung des Sinns für unsere *gemeinsame Wirklichkeit,* und auch in dem gegenwärtigen Dialog darüber, inwiefern ein Paradigmenwechsel (d.h. eine wesentliche Veränderung der Natur unserer *gemeinsamen Wirklichkeit*) möglich ist.

Medizin: Das Verstehen der Wirkung des nicht-gegebenen *Sinngebens* (nicht-gegeben, weil wir den Sinn *geben* – meistens unbewusst, doch wir haben die Möglichkeit, es bewusst zu tun) kann auch den wesentlichen Schlüssel für einen neuen Ansatz in der Medizin bilden, weil es den Anteil des Bewusstseins an den Heilungsvorgängen anerkennen und unterstützen würde, z.B. die Rolle des menschlichen Geistes als Ausgangspunkt für die sogenannten „spontanen Remissionen". Wenn wir unsere gewohnte Denkungsweise über Krankheit, Bewusstsein und die Interaktion zwischen Bewusstsein und physischem Körper – wie auch die Interaktion des Bewusstseins zwischen Patient, Heiler und der menschlichen Umgebung – ändern könnten, würde die Medizin einen neuen Ansatz des Heilens integrieren können hinsichtlich vieler Krankheiten, die heute mit Medikamenten und Substanzen oder durch chirurgische Maßnahmen kaum heilbar sind.[5]

Meditation und Forschung: Die empirische Methode der inneren Beobachtung, welche in diesem Buch beschrieben wird, ist auch auf eine Sphäre anwendbar, die bis jetzt für eine Bestätigung durch andere als unzugänglich betrachtet wurde, nämlich die Praxis und Erfahrung der *Meditation* – oder vergleichbarer geistiger Forschung –, welche in der Vergangenheit als eine Domäne betrachtet wurde, die nur durch die Mystik oder ähnliche Seelenwege zugänglich ist. Mit der Beschreibung einer ansteigenden Leiter der gegebenen und nicht-gegebenen Elemente, welche jeden *Gedanken*, ein „Was", in ein *Denken,* als „Wie", verwandelt, bietet dieses Buch erkenntnistheoretische Werkzeuge an, um in Erfahrungen einzusteigen und sie zu artikulieren, in denen Bewusstsein und Aufmerksamkeit selbst Gegenstände der Aufmerksamkeit sind, und wo wir dasjenige bezeugen können, was sich ereignet, wenn die dualistische Ebene des Alltagsbewusstseins sich in einen nicht-dualistischen Zustand verwandelt. Die Studie kann uns mit einem Vokabular ausstatten, das unsere Gesprächspartner an einen inneren Ort führen kann, an dem sie ähnliche Beobachtungen machen können. Dies ermöglicht uns, von einem vergleichbaren Gesichtspunkt aus solche Erfahrungen auszutauschen. Damit stellt *Die Metamorphose des Gegebenen* eine Meditation dar, deren Stufen in einer solchen Weise beschrieben sind, dass sie Fenster und Türen für jeden werden können.*

---

[5] Schwarzkopf, *Beholding the Nature of Reality,* Kapitel „Community Support to Healing," und „A meditative Approach to Healing", Chopra, *Quantum Healing.*

* Siehe auch: Schwarzkopf, „Ways of Meditative Experience", in: Steiner, *A Way of Self-Knowledge.*

Geschichte der Studie
Diese Studie entstand aus meinem Unterricht in Philosophie und Wissenschaftstheorie unter besonderer Berücksichtigung von Rudolf Steiners Erkenntnistheorie und seiner Anregungen zur Bewusstseinsschulung und ebenso von Goethes naturwissenschaftlichem Ansatz. Seit 1980 habe ich diese Themen am Rudolf Steiner College in Fair Oaks bei Sacramento, Kalifornien, behandelt. In diesem Zusammenhang hatte ich eine Vielzahl von Gegenständen im Umfeld meines eigenen Bereichs der Erkenntnistheorie zu untersuchen. Ich wurde dadurch mit dem ungarischen Naturwissenschaftler und geisteswissenschaftlichen Lehrer Dr. Georg Kühlewind bekannt, dessen Werke bis dahin hauptsächlich in Deutschland veröffentlicht waren. Zu jener Zeit hatte sich Kühlewind von seiner Tätigkeit als Professor für physikalische Chemie an der Universität von Budapest zurückgezogen und widmete sich vor allem seiner philosophischen Arbeit als Schriftsteller und Vortragender.

Ich übersetzte damals mehrere Werke Kühlewinds ins Englische: zwei Bücher[6] und eine Anzahl von Essays, die in verschiedenen deutschen Zeitschriften und Magazinen veröffentlicht waren. Diese Essays sind mittlerweile als Sammlung im Englischen veröffentlicht.[7]

Meine eigene Vortrags- und Forschungsarbeit wurde im hohen Maße durch die Schriften Kühlewinds unterstützt. Und nachdem unser Dialog in dem Übersetzungsprozess sehr rege geworden war, entstand ganz organisch ein gemeinsames Forschungsprojekt.

Damals trug Kühlewind die Grundgedanken seiner Arbeit in vielen Teilen der Welt vor, so auch in den Vereinigten Staaten, eine Tätigkeit, die er bis heute fortgeführt hat. Durch diese Vortragstätigkeit wurde er Mitglied der Guild of Tutors des International College in Los Angeles, einer akademischen Lehranstalt, die 1986 mit der William Lyon University in San Diego fusionierte; 1992 erhielt diese Institution den Namen American Commonwealth University.

Die vorliegende Studie wurde unter der Anleitung Kühlewinds begonnen und 1992 der American Commonwealth University als Doktorarbeit in Philosophie vorgelegt. Sie trug den Titel: *The Metamorphosis of the Given: Toward an Ecology of Consciousness. Empirical Idealism as Foundation for Paradigmatic Thinking (Also under Consideration of J. W. Goethe, R. Steiner and G. Kühlewind).*

Während meiner Forschungsarbeiten erhielt diese Studie sehr fruchtbare Impulse durch die Fragen und Anregungen derjenigen, die später Mitglieder mei-

---

[6] Kühlewind, *Das Gewahrwerden des Logos: Die Wissenschaft des Evangelisten Johannes,* und *Die Logos-Struktur der Welt: Sprache als Modell der Wirklichkeit.*
[7] Kühlewind, *Schooling of Consciousness; Thinking of the Heart,* und *Feeling Knowing.*

nes Dissertationsgremiums wurden: Georg Kühlewind als Vorsitzendem, Robert McDermott, Präsident des California Institute for Integral Studies in San Francisco, Tyrone (Ty) Cashman, und ebenso der Dekanin der American Commonwealth University, Malak Eversole.

Viele der in der Studie angesprochenen Fragen wurden durch einen interdisziplinären Dialog, den ich zu pflegen mich bemühte, angeregt, einerseits mit der philosophischen Schule, welche aus der Arbeit Rudolf Steiners entstanden ist, und andererseits mit der klassischen Naturwissenschaft und verschiedenen anderen philosophischen Schulen. Beispiel solch eines Dialogs war eine Tagung zum Thema einer Erkenntnistheorie dessen, was damals *New Paradigm Thinking* genannt wurde. Ein Hauptvertreter dieses Impulses war der Physiker Fritjof Capra,[8] Gründer des Elmwood Institute (heute Center for Ecoliteracy) in Berkeley, Kalifornien, welches die heutige ökologische Krise untersucht und Strategien entwirft, um dieser Situation zu begegnen. Einer Zusammenarbeit zwischen Fritjof Capra, Ty Cashman und mir entsprang eine Tagung zum Thema „Cognition and Creation" (Erkenntnis und Schöpfung)[9] in Sausalito, Kalifornien. Manche Aspekte der vorliegenden Schrift können als Früchte dieses Symposiums angesehen werden, das die zentralen wissenschaftlichen und philosophischen Fragen der damaligen Zeit zu behandeln suchte.[10]

Weitere Anregungen brachte die Tagung über „Philosophy and the Human Future" (Philosophie und die Zukunft des Menschen),[11] in Cambridge, England, mit Teilnehmern aus Ost und West, wo Georg Kühlewind die Grundzüge seines empirischen Idealismus vortrug.[12]

Das Thema dieser Studie, das Gegebene, wurde von Georg Kühlewind angeregt aufgrund der Bedeutung dieses Begriffs für einen *empirischen Idealismus*, d.h. für eine empirische Integration des Elements des menschlichen Bewusstseins als Bestandteil der Wirklichkeit.

---

[8] Capras bekannteste Bücher sind *Das Tao der Physik* und *The Turning Point*.

[9] Die Tagung wurde vom Elmwood Institute getragen und fand vom 11.–13. März 1988 statt im Gästehaus des Green Gulch Farm Zen Center, nördlich von San Francisco. An ihr nahmen amerikanische wie auch europäische Philosophen und Wissenschaftler teil. Siehe auch Capra, Cashman, Schwarzkopf (Hgg.), *Cognition and Creation*.

[10] Kapitel 14 der vorliegenden Studie spiegelt in mancher Hinsicht die Folgerungen des Verfassers aus dem Cognition and Creation Symposium.

[11] St. John‚s College, Cambridge University, 6.–11. August 1989. Getragen vom Esalen Institute Program on Revisioning Philosophy.

[12] Kühlewind, „Empirical Idealism", und „Fundamentals of an Ideal-Empirical Philosophy," in Schwarzkopf, *The Metamorphosis of the Given: Towards an Ecology of Consciousness: Empirical Idealism as Foundation for Paradigmatic Thinking* (Dissertation, San Diego, Kalifornien 1992), S. 554 und 559.

Der Gegenstand ist auch relevant im Zusammenhang mit dem Begriff *Geisteswissenschaft*. Während Geisteswissenschaft im deutschsprachigen Raum auf eine sehr lange Tradition zurückblicken kann – indem sie alle Wissenschaften bezeichnet, welche nur ausgeübt werden können unter Berücksichtigung der Aktivität und der Schöpfungen oder Ergebnisse der Aktivität des menschlichen Geistes im Bereich der Forschung –, ist die Bezeichnung *spiritual science* im englischen und amerikanischen Sprachraum ungewohnt; die entsprechenden Disziplinen werden hier unter der Bezeichnung *humanities* erfasst. Die Bezugnahme auf eine Wissenschaft des Geistes scheint hier auf die Beschäftigung mit einer Spielart von Spiritismus zu weisen. Die Bezeichnung *spiritual science* identifiziert denjenigen, der sie vertritt, mit dem Bereich von Religion und Theologie. Die Disziplin wird von der akademischen Welt zwar toleriert, aber nicht ernsthaft verfolgt, weil die notwendigen erkenntnistheoretischen und begrifflichen Grundlagen einer solchen empirischen Annäherung an den Bereich des Bewusstseins noch nicht hinreichend erforscht und erarbeitet wurden.

Nichtsdestoweniger hat Rudolf Steiner, wie ausgeführt, am Endes des 19. Jahrhunderts in seiner *Philosophie der Freiheit* einen Forschungsansatz in der Sphäre des Bewusstseins umrissen, welcher den methodischen Forderungen der Naturwissenschaft entspricht. Dies ist der Grund, warum Steiners Werk eine solche Bedeutung gewinnt für ein Studium sowohl im Bereich des Bewusstseins als auch der Naturwissenschaft, wie auch für verwandte Disziplinen, etwa Philosophie, Psychologie, Linguistik, Pädagogik, Medizin usw.

Daher musste der Ausgangspunkt dieser Schrift als einer empirischen Annäherung an das Bewusstsein mit wissenschaftlicher Methodik eine Beobachtung unserer Akte des Verstehens sein, besonders in bezug auf die Frage des Gegebenen.

Aus diesem Grunde musste die Vorgehensweise eine zweifache sein: einerseits das geschichtliche Hervorgehen des Begriffs, und der Bezeichnung „Gegebenes" oder „gegeben", die erst später in der Philosophie erscheint, aufzuzeigen; und andererseits die Methode der inneren Beobachtung auf das Phänomen des *Verstehens* selbst anzuwenden.

In der folgenden Studie wird die Methode der inneren Beobachtung beschrieben, indem die verschiedenen Perspektiven zurückverfolgt werden, in welchen das Gegebene für das innere Auge in der vergangenen Entwicklung des Bewusstseins erscheint, und indem die sich daraus ergebenden Möglichkeiten in Grundzügen dargestellt werden.

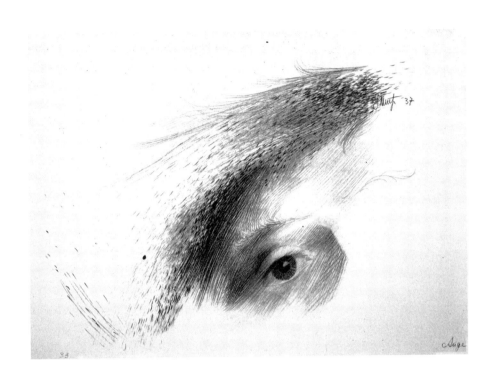

Georg Muche
„1937"

EINFÜHRUNG

> Im reinen Gedanken findest du
> Das Selbst, das sich halten kann.
>
> Wandelst zum Bilde du den Gedanken,
> Erlebst du die schaffende Weisheit.
>
> Verdichtest du das Gefühl zum Licht,
> Offenbarst du die formende Kraft.
>
> Verdinglichst du den Willen zum Wesen,
> So schaffest du im Weltensein.
>
> *Rudolf Steiner*[1]

In dem Augenblick im Leben, wo wir zuerst anfangen, unser Bewusstsein und seine Inhalte zu beobachten und unterscheidend zu hinterfragen, erleben wir uns in einem ständigen Pendeln zwischen zwei Polen: der Sphäre der Sinneswahrnehmung und dem Bereich des Gedankens. Wir empfinden uns in hohem Maße als Erben einer Wirklichkeit, die uns von diesen „Eltern", d.h. Sinneswahrnehmung und Gedanken, zugeführt wird, wir werden schmerzlich inne, wie schwer es ist, uns von den gegenseitigen Abhängigkeiten dieser beiden Bereiche frei zu machen. Wir entdecken schnell, dass das, was wir in unserer Welt beobachten, auf die Gedanken, die wir uns von der Welt machen, Wirkungen hat, und dass unsere Gedanken, Pläne, Entwürfe, Diagramme und Projektionen rasch die Welt beeinflussen, die auf unsere Kinder übergehen wird, die dann mit den Ergebnissen werden leben müssen.

Unser Bewusstseinsleben findet sich in einer ähnlichen systemischen Interdependenz wie das ökologische Gleichgewicht der Welt: das Gleichgewicht zwischen dem Leben der Natur und der menschlichen Zivilisation, das von jedem Eingriff betroffen ist, der ohne Berücksichtigung seiner Konsequenzen für das Ganze vorgenommen wird. Unsere philosophisch-psychologische, geistig-religiöse Orientierung ist ebenso labil: jede Veränderung beeinflusst unsere Entscheidungen und Handlungen, und gleichzeitig beeinflusst die Art, wie wir die Welt

---

[1] Steiner, „Die vier Sprüche der Säulenweisheit," München 1907, in *Wahrspruchworte*, GA 40, S. 74.

interpretieren – die Art wie wir sie sehen –, die Weise, wie wir uns in die gegebene Welt integrieren.

Wollen wir nun bestimmen, was uns essentiell gegeben ist, so können wir versuchen, die rhythmische Zirkulation und Oszillation unserer Aufmerksamkeit zu beobachten, um zu sehen, ob alles in mehr oder weniger fertigen Formen *gegeben* ist, oder ob es etwas gibt, dass nicht-gegeben ist. Die Untersuchung kann uns zeigen, ob wir in einem determinierten Kreislauf eingeschlossen sind – von einem ursprünglichen „Programm" bestimmt –, oder ob es eine Öffnung gibt, die etwas *Neuem* erlauben würde einzutreten.

Die Geschichte der religiösen und philosophischen Ideen zeigt, wie ganze Kulturen ihre grundsätzliche Orientierung geordnet haben, indem sie ihr Wertsystem irgendwo zwischen Himmel und Erde, Geist und Materie, unter Göttern, Mitmenschen, verschiedenen Ebenen des natürlichen Lebens sowie zwischen der Natur und den Erfordernissen der Zivilisation eingerichtet haben.

In einem cartesischen Koordinatenkreuz würde der Anker irgendwo zwischen verschiedenen vertikalen und horizontalen Möglichkeiten gesetzt. Man sollte sich indes bewusst sein, dass die cartesische Perspektive an sich bereits ein „Fenster" ist, das die eigene Anschauungsweise festlegt.

Wir können die wechselnde Bewegung unseres Bewusstseins zwischen diesen Polen beobachten, wenn wir einige der prägnanten Perspektiven der westlichen Philosophie der letzten Jahrhunderte verfolgen, weil wir uns selbst in einer Periode der Geschichte finden, wo die Zivilisation und die Technologie, die jetzt unsere Lebensweise auf der Erde bestimmen und gestalten, weitgehend auf europäische Quellen[2] zurückverfolgt werden können.

So gestalten heute z.B. die meisten technologischen Verbesserungen, die wir entwickeln, um unser Leben *bequemer* (!) zu machen und um Zeit zu sparen – Autos, Flugzeuge, Telefone, Computer, Kopiergeräte, Internet usw. – das tägliche Leben von Menschen auf der ganzen Welt. Diese Priorität wird bereits in der heutigen Erziehung festgelegt, die junge Menschen mit einem Wissen ausstatten muss, das ihnen in einer Gesellschaft Anstellung geben kann, deren wirtschaftliches Gedeihen von der fortwährenden Ausdehnung der Märkte für weitere, der Bequemlichkeit dienende Innovationen und Erfindungen immer der gleichen Art abhängig ist.

So ist auch das Denken eines Kindes im unberührten Urwald, das einem Maschinengewehr begegnet, oder die Wirklichkeit eines Kindes in der Wüste, das

---

[2] Es muss betont werden, dass nicht alle wichtigen Knotenpunkte der westlichen Philosophie aufgegriffen werden konnten. Die folgenden Beispiele wurden gewählt, um den Leser von einer anfänglichen Dualität zu einer letztlichen Nicht-Dualität im Bewusstsein zu führen.

moderne Weltansichten durch das Fernsehgerät im Zelt empfängt, bereits vorgeformt von den erkenntnismässigen Bestandteilen, welche alle diese Erfindungen zuerst möglich und dann notwendig machten.

Solche Bestandteile – a priori und unbewusst rezipierte Formen und Weisen des Denkens – gestalten unseren Wirklichkeitssinn von der Wiege bis zum Grab.

Ein Überblick über die Geschichte der Wissenschaft und der Technologie führt uns zurück zum 15. und 16. Jahrhundert in Europa, zu Weltanschauungen, die entwickelt und getragen wurden von Persönlichkeiten wie Galileo Galilei und Francis Bacon. Sie spiegeln nur Seelenstimmungen, die in der europäischen Gesellschaft nach der Abenddämmerung des Zeitalters des Glaubens lebten.

Der Wechsel vom Universum der Antike zur modernen Weltanschauung kann auch in der Zeit der Scholastik des 12. und 13. Jahrhunderts verfolgt werden, als die Grundlage der Natur nicht länger in ihrem lebendigen *Wesen* erlebt wurde. Dies führte zur philosophischen Position des *Nominalismus*, der von denen aufs heftigste bekämpft wurde, welche weiterhin von der lebendigen Wirklichkeit wesenhafter Ideen in der Natur ausgingen, weshalb ihre Perspektive als *Realismus*[3] bezeichnet wurde.

Ein ganzes *Paradigma* der Wirklichkeit, gemeinsam geteilter Annahmen und vorherrschender Anschauungen hat sich seit dieser Zeit entwickelt. Zahllose Erfindungen, Entdeckungen und wechselnde Sehensweisen haben die Stellung des Menschen zwischen Himmel und Erde revolutioniert und verändert.

In *Saving the Appearances: A Study in Idolatry* stellt Owen Barfield dar, dass sich nichts ausser der Perspektive verändert hat.[4] Wenn wir fähig sind, zu verstehen und zu *erfahren*, dass die ptolemäische, geozentrische Anschauung ebenso Er-

---

[3] Der Streit zwischen Nominalismus und Realismus kann von heutiger Warte aus als ein tragisches Missverstehen auf beiden Seiten angesehen werden. Die Argumentation zwischen den zwei Positionen nimmt ihren Ausgangspunkt in der Frage, inwieweit *Worte* „Dinge" bezeichnen, oder auf Begriffe und Ideen deuten. Der Realismus behauptet, dass Worte auf ein Verstehen hindeuten. Dies könnte zu dem nominalistischen Missverständnis führen, dass sie „blosse" Worte sind. Eine solche Schlussfolgerung übersieht, dass jede Idee eine Intelligenz (intelligente Substanz) erfordert, nicht nur um verstanden zu werden, sondern auch, um einer Manifestation in der phänomenalen Welt *Sein* (Verb) zuzuschreiben. Dieser Bezug auf die Wirklichkeit (Realität) des Seins war der Grund, warum die Position *Realismus* genannt wurde. Da die *Erfahrung* der lebenden, schöpferischen Ideen in jener Zeit weitgehend verloren ging, war es gleichzeitig unvermeidbar zu schliessen, dass ein Wort nur ein Name (*nomen*) war, welches im Wesentlichen die nominalistische Position darstellt. Und als der Begriff *Sein* den Bezug auf eine geistige Substanz (*substantia* leitet sich im Lateinischen ab von *sub-stare*, mit der Bedeutung „verstehen, unterstützen, tragen") verlor, war es ein Leichtes, Substanz als Materie aufzufassen. Doch es war ebenso möglich, die nominalistische Position misszuverstehen. Ihre ursprüngliche Aussage (ehe sie zum Dogma wurde) war wahrscheinlich die einfache Beobachtung, dass das menschliche Bewusstsein nicht länger in der Lage war, die geistige Substanz zu erfahren; aus diesem Grund musste die menschliche Aufmerksamkeit sich dem Gegenständlichen – den äußeren Manifestationen des Seins – zuwenden, um der Wirklichkeit der Natur zu begegnen.

[4] Barfield, *Saving the Appearances*.

gebnis einer *Perspektive* ist wie das kopernikanische, heliozentrische System, sind wir dabei, uns auf eine neue Reise einzulassen.

In einfacheren Worten ausgedrückt: Zwei Menschen können endlos über die richtige Vorstellung von der Dorfkirche diskutieren, wenn der eine sie aus dem Osten anschaut, der andere aus dem Westen; doch sobald sie einsehen und *verstehen* können, dass sie von *derselben* Kirche sprechen – die ihren Schatten „hier" und „dort" wirft – haben sie ihre einseitige Position überwunden.

Wir leben in einer Zeit, in welcher die Menschheit viele Annahmen neu überdenkt – Annahmen, die unsere Geschichte und unser Schicksal der letzten zweitausend Jahre bestimmt haben. Es gilt nicht länger, einfach eine neue oder geeignetere Perspektive zu „erfinden", sondern die *Quelle* aller solcher Perspektiven zu entdecken.

Dies ist die Aufgabe und Möglichkeit der Philosophie, und im spezifischeren Sinne der Erkenntnis, unserer Praxis und Gewohnheit des Wissens, des Erkennens und seiner Möglichkeiten.

Um aber einen festen Boden zu finden, müssen wir noch einmal die grundlegenden Bedingungen menschlicher Wirklichkeit auf Erden genau ins Auge fassen, namentlich wie wir hineingestellt sind in ein Leben in zwei Bereichen – die Welt der Materie und das Leben des Bewusstseins.

Beide sind ursprünglich *gegeben,* wenn unsere Suche beginnt, uns selbst zwischen diesen Polen einzuordnen. Aber die Identifizierung der zwei Pole schafft zunächst neues Leid: den Dualismus, das Leben in der Dualität.

Darum suchte der Mensch durch zahlreiche Modelle – des Denkens, der Religionen, geistiger Wege usw. –, diesen Widerspruch aufzulösen.

Doch seit das herrschende Paradigma der westlichen wissenschaftlichen Weltanschauung (die heute weltweit dominierend ist) auf der Annahme beruht, dass Bewusstsein eine Funktion der Materie und der Geist eine Spiegelung des Gehirns ist, werden die Begriffe Geist und Gehirn synonym verwendet. Und selbst wenn leise Regungen des Zweifels unterhalb der Ebene des bewussten Gewahrens vorhanden sein mögen, wird immer noch die Auffassung des Bewusstseins als einer Spiegelung des Gehirns als Bild verwendet, um unsere Modelle der Wirklichkeit zu veranschaulichen. Wir sehen dies überall. Bücherauslagen etwa können dies eindrücklich belegen: Titel wollen uns suggerieren, dass der Geist so arbeitet wie die veranschaulichten biochemischen Prozesse des Gehirns, wo Modelle der Quantenphysik verwendet werden, um uns ein Bild unserer natürlich-leiblichen „Basis" zu geben, von der aus wir das, was wir „Welt" nennen, erklären. Doch diese Bilder legen nur unsere impliziten Annahmen über das Wesen der Seinsverwurzelung in der Materie oder in „Feldkräften", wie sie von der heutigen Naturwissenschaft angenommen werden, bloß. Kann dies aber denjenigen mit einschließen, der diese Modelle schuf und artikulierte, denjenigen, der glaubt und voraussetzt, dass er sie versteht?

Die Struktur unserer Studie ergibt sich daraus, dass sie die Oszillation des Bewusstseins zwischen den Polen der Sinneswahrnehmung und der Idee zu veranschaulichen sucht.

Im ersten Kapitel, über den „Empirismus", werden wir in der Haltung des naiven Realismus den Pol der sinneswahrnehmlichen Wirklichkeit betrachten, wo wir die empirische Welt, so wie sie uns gegeben ist, ohne Abstriche oder Hinzufügungen einfach hinnehmen.

In Kapitel 2 werden wir uns am anderen Pol einfinden, in der Welt der bildhaften Vorstellungen eines „kritischen Idealismus", ohne glaubwürdige Verbindung mit den Dingen-an-sich.

In Kapitel 3 werden wir wieder die gegenüberliegende Begrenzung im „Empirismus der Sinnesempfindung" erleben, der die Gestalt der Seele zu einem blossen Ergebnis der Sinneswahrnehmung macht.

In Kapitel 4, über „Idealismus" werden wir durch den Ausblick, den uns die Perspektive der Fichteschen Wissenschaftslehre bietet, beginnen, die Trennung zwischen sinneswahrnehmlicher und ideeller Welt zu heilen, wenn wir uns selbst als bewusstes Ich empfinden, als einen Mittelpunkt, von dem aus wir die Pole der empirischen und der ideellen Wirklichkeit überblicken können.

In Kapitel 5 werden wir anhand der *Phänomenologie des Geistes* von Hegels Perspektive aus das Gegebensein der *Ideen* betrachten, so wie wir zu Beginn der Studie das Gegebensein der Welt der Sinneswahrnehmung anschauen.

In Kapitel 6 können wir, durch die Erfahrung des Empfangens und Gebens rein ideeller Strukturen bereichert, die *ideelle Natur des sinneswahrnehmlich Gegebenen* in der Gebärde der *Phänomenologie* Husserls erforschen.

Kapitel 7 wird uns anhand der Erkenntnisschritte bei Rudolf Steiner zur Erforschung des Phänomens der *Aktivität* des Denkens führen als eines Elementes, das sowohl ideell wie empirisch ist. Wir nennen diesen Ansatz hier „Phänomenologie des Bewusstseins".

In Kapitel 8, „Hülle und Wesen", erfahren wir Goethes Art, die Natur anzuschauen. Auf dieser Stufe der Studie wird unsere Aktivität des Sehens mit dem notwendigen *Leben* erfüllt, um das *Urphänomen* in dem form-bildenden Organismus der sinneswahrnehmlichen Natur zu erfahren.

Kapitel 9 beschreibt die Erfahrung des *Denkens* als solche, d.h. als ein Urphänomen. Dies hilft uns wahrzunehmen, wie das Denken gegeben ist, nämlich als Gegebensein der überbewussten Strukturen, die das *Wie* unseres Denkens lenken. Im Nachvollzug von Georg Kühlewinds Umriss für einen „empirischen Idealismus" können wir der *Fähigkeit* des Denkens begegnen.

In Kapitel 10, „Der Logos-Funke", sind wir nunmehr hinreichend ausgestattet, um die Fähigkeit der *Aufmerksamkeit* und ihre *Logosnatur* zu beobachten, die charakterisiert werden durch die begrifflich-ideelle Aktivität des „Zusammenhaltens" der zwei Aspekte der Sprache: die sinneswahrnehmliche und die innere Seite der Worte. Wir finden den Logos als das *Urbild des Wortes*, als die Quelle für die Intuition, die das Wahrnehmliche und das Ideelle verbindet.

In Kapitel 11, „Die Umkehrung des Willens", beobachten wir die Gebärde der *empfangenden* Aufmerksamkeit. Die Fähigkeit, Worte zu identifizieren – d.h. die Fähigkeit des Sprechens und Verstehens, des Lesens und Schreibens – demonstriert die Fähigkeit des Unterscheidens und Vereinens (auf verschiedenen Ebenen des Bewusstseins): Das Gegebene ist unterscheidbar, das Nicht-Gegebene ist die Fähigkeit zu vereinigen. Die Anlage für diese Fähigkeit ist die *Logosnatur* des Menschen, welche die Kluft zwischen Gegebenem und Nicht-Gegebenem in der empfangenden Aufmerksamkeit überbrückt.

In Kapitel 12, „Die Angleichung an die Wahrheit", versetzt uns die Gedankenrichtung des Thomas von Aquin in die Lage, unseren Erkenntnisprozess innerhalb des Welt-Zusammenhanges darzustellen. Mit der Fähigkeit des Verstehens und des Sinnverleihens kann unsere Erkenntnistätigkeit transparent werden als Angleichung (*adaequatio*) an die Quelle des Sinns, an das Licht der *Wahrheit* in der Erfahrung der Erkenntnis.

Kapitel 13, „Wirklichkeit und das Buch der Natur", umreißt einen Ansatz, der zu einer höheren Vereinigung mit der Natur führen könnte. In dem Maße, wie *Wahrheit* uns als Sicherheit der Evidenz erfüllt, dass der Logos, den wir in unserer erkennenden Aktivität erfahren, Zeuge einer sprechenden Substanz ist, erscheint die *Wirklichkeit* des Gegebenen – in unserem umgekehrten *Willen*, in der Wahrnehmung hingegeben – als der äußerlich manifeste Text der gleichen sprechenden Substanz. Sie öffnet uns die Möglichkeit, die Trennung zwischen dem Pol der sinneswahrnehmlichen Natur und dem Pol des menschlichen Geistes zu heilen, indem sie die Natur als ein Buch erfährt, in welchem der Sinn des Urhebers und das Verstehen des Lesers vereinigt werden in der Kommunion von *Sinn*.

Kapitel 14, „Zu einer Ökologie des Bewusstseins", beschreibt, wie wir uns selbst, als Einzelne, in einen *gemeinsamen Zusammenhang* mit anderen Menschen und der natürlichen Welt integrieren können. Innerhalb dieses Zusammenhangs gleicht jeder Mensch einem Wort in einem Satz, und der Sinn des Satzes verändert sich je nach der Art, wie die Kommunikationsgemeinschaft alles, was gegeben ist, integriert – die sinneswahrnehmliche Sphäre der Welt wie auch die Mitglieder dieser Kommunikationsgemeinschaft selber und ihre offenen Möglichkeiten. Diese interaktive Abhängigkeit ist so sensibel wie die *Ökologie* der natürlichen Welt und hängt von einer gesunden Integration jedes ihrer Teile ab. Verstehen, dass das Potential des menschlichen Bewusstseins auch in eine ökologische Interaktion integriert werden kann zwischen menschlicher Gesellschaft und der Welt, ist ähnlich vielversprechend wie die Komposition eines Musikstücks, in welchem alle Stimmen im Einklang sind und dadurch ein Ganzes tragen.

Kapitel 15, „Verwandlung des Gegebenen", fasst das Ergebnis dieser Studie zusammen. Es umschreibt einen *Sinn,* den der Mensch irdischer Existenz verleihen kann. Dieser Sinn ist nicht-gegeben; der Mensch muss ihn geben. Wenn dieses Potential vom menschlichen Geist entdeckt und verwirklicht wird, findet er das Nicht-Gegebene (d.h. das *Potential,* neuen Sinn zu geben) als eines der gegebenen Elemente. Und dann kann dieses Potential *am Ende* erscheinen als das, was *am Anfang Gegenwärtigkeit* war.

Kapitel 16, „Das Wirken des Logos beim Wandel des Weltbildes", veranschaulicht die Konsequenzen dieser Studie: Was es für die menschliche Gesellschaft bedeuten würde, zu einem neuen Paradigma zu kommen, welche inneren und äußeren Veränderungen also ein solcher Paradigmenwechsel mit sich bringen würde.[5]

---

[5] Viele der in diesem Kapitel 16 angedeuteten Themen wurden in einem Gespräch zwischen den Mitgliedern der Komitees und dem Verfasser als Teil der mündlichen Verteidigung seiner Dissertation erörtert. Daher wurde dieses Kaiptel dem Buch als Teil 3 hinzugefügt.

Teil I

Das Gegebene

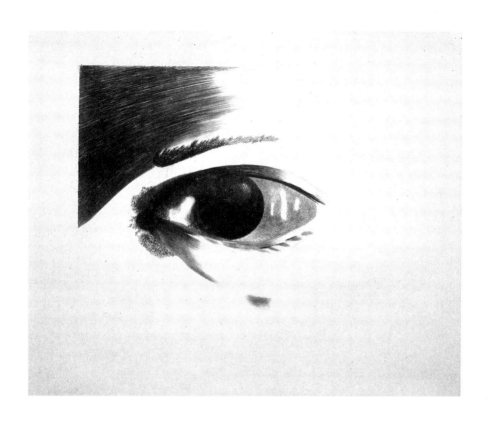

Georg Muche
Ohne Signatur

KAPITEL 1
ERFAHRUNG IN DER WISSENSCHAFT: DER EMPIRISMUS

Weil wir eine empirische Annäherung an das Bewusstsein verfolgen wollen, setzen wir mit unserer Betrachtung bei der Sichtweise der *naturwissenschaftlichen Weltanschauung* an. Diese Perspektive gewinnt ihre Orientierung, indem sie den Bereich der Sinneswahrnehmung als Ausgangspunkt nimmt und dabei den Wahrnehmungsinhalt als *gegeben* auffasst. Die gegebenen Inhalte liefern die Daten, die Gegenstand weiterer Analysen werden und dadurch die Grundlage für spätere Rückschlüsse auf die Beschaffenheit der betreffenden Daten abgeben. Diese Anschauung fasst das *Gegebene* als ein *Sinnlich-Gegebenes* auf. Aus dieser Perspektive aus betrachtet man auch den Menschen, seine physische Organisation und die Wirkungsweise seiner mentalen, emotionalen und Willens-Fähigkeiten, als einen Organismus, den man auf gleiche Weise analysieren kann wie den übrigen Weltinhalt. Die Konsequenz einer solchen Vorgehensweise ist, dass der Mensch weitgehend als komplexe, von mikrobiologischen Programmen gesteuerte Summe organischer Substanzen und biochemischer Prozesse angesehen wird.

Die Grundlage dieser Weltanschauung ergab sich, als in Europa allmählich das Erleben geistiger Realitäten hinter und in den Naturphänomenen verloren ging. Aus den wenigen Urkunden, die wir über das Naturerleben der Antike und des christlichen Mittelalters besitzen, läßt sich schließen, dass die Natur als das lebendige Wesen verstanden wurde, das die sinnlich wahrnehmbaren Naturphänomene *hervorbringt*. Die Urkunden der Schule von Chartres[6], wie beispielsweise die *Cosmographia* des Bernardus Silvestris, sind späte Zeugnisse dieses Erlebens. Auch die Bedeutung des lateinischen Wortes *natura*, „sie, die geboren werden wird" (Partizip futur, weiblich), stützt diese Ansicht.

Als diese Perspektive verblasste, wurde in der Zeit der Scholastik die Änderung der Wirklichkeitserfahrung zunächst mit großem Engagement diskutiert; später jedoch kam es zum Zugeständnis, dass man die Natur eigentlich nicht mehr wesenhaft erfahren könne – eine ernüchternde Feststellung, die nicht mehr zu einer Umkehr in der Bewusstseinsentwicklung ermutigen wollte, als die Philosophie des Empirismus mit ihrem Postulat vom Vorrang des Gegebenseins der Sinnes-Daten Fuß fassen konnte. Diese philosophische Weltanschauung lieferte

---

[6] Vgl. René Querido, *Vision und Morgenruf von Chartres*

bald die theoretische Rechtfertigung der systematischen naturwissenschaftlichen Vorgehensweise, mit dem Ergebnis, dass schnell vergessen wurde, wie diese Weltsicht jenen dogmatischen Charakter annahm, der nunmehr unser Wirklichkeitsempfinden, gleichsam mit Wänden aus Stahlbeton, dominiert. Eine weitere Folge war, dass das Wesenhafte des Menschen selbst ebenfalls verloren ging. Die Philosophie wurdee weitgehend zum Diener dieser Anschauung.

Wenn wir unsere Aufmerksamkeit auf den Pol der Sinneswahrnehmung gerichtet halten, können wir den Entwicklungsweg in unserer Kontemplation nachzeichnen. Innerhalb dessen, was gegeben ist (d.h. das in naiver Weise wahrgenomme Bild der Welt – naiv in dem Sinne, dass es den Bestand unseres normalen Alltagsbewusstseins ausmacht, ein naiver Realismus), beginnen wir zu unterscheiden zwischen dem *direkt Gegebenen* als solchem und dem, was *gedacht* ist. Diese Unterscheidung wird durch *denkende Betätigung* erreicht, in einem Akt der Selbstreflexion, indem wir Denken und Wahrnehmen beobachten – ein Vorgang, der *nicht* automatisch gegeben ist, sondern unserer bewussten Anstrengung bedarf.[7] So lange wir noch *gedankliche* Elemente innerhalb des Gegebenen finden, sehen wir, dass die Produkte des Denkens mit dem Gegebenen als solchem noch vermischt sind. Wir müssen deshalb so vorgehen, dass alle begrifflichen Elemente von dem, was wir innerhalb der Welt der Wahrnehmung vorfinden, abgeschält werden.

Wir geben uns Rechenschaft von dem, was wir an dieser Grenze der sinnlich wahrnehmbaren Welt finden. Zuerst sehen wir eine Agglomeration von menschengemachten Objekten und Naturphänomenen: Häusern, Autos, Bäumen, Felsen usw. Diese können wir rasch entlarven als Gebilde unserer begrifflichen Tätigkeit. Das Haus ist nur für uns Menschen ein „Haus": Falls es aus Holz gemacht ist, würde es für Termiten „Nahrung" bedeuten. Gleicherweise hängt die spezifische Identität aller menschengemachten Objekte ab von ihrem Gebrauch oder ihrer Funktion. Schließlich sind sie jedoch alle aus Substanzen zusammengesetzt, die der Natur entnommen sind. Diese klassifizierten wir zunächst anhand ihrer *Form,* wie z.B. Bäume durch ihre „Blätter" und „Zweige", „Stämme" und „Wurzeln": doch am Ende werden auch diese reduziert, z.B. auf eine spezifisch strukturierte Variante von Zellulose. Und auch die „Gebirge" – Felsen verschiedener Farbe, Oberfläche, Dichte und verschiedenen Gewichts – werden am Ende reduziert auf das, was wir heute „Mineralressourcen" nennen.

So vorgehend haben wir die begriffliche Überstruktur, die bislang unserer natürlichen Umwelt ihren Sinngehalt gab, schnell aufgelöst und abgeschält. Und wo uns weiterhin Elemente sinnlich wahrnehmlicher Qualitäten verblieben –

---

[7] Steiner, *Wahrheit und Wissenschaft,* S. 74.

wie etwa „Farbe", „hell und dunkel", „Geräusch", „Geruch" und „Geschmack" –, haben wir nicht innegehalten, sondern diese Erfahrungen, die immer noch gefühlsdurchtränkt waren, weiterhin atomisiert und sie zu *Quantitäten* reduziert: Maß, Zahl, Gewicht, d.h. in molekulare, atomare und subatomare Strukturen mit entsprechenden Ladungen und Schwingungen, die wir zahlenmäßig bezeichnen können (was uns erlaubt, sie mit Hilfe unserer auf binären Systemen beruhenden Computer zu handhaben). Am Ende haben wir nur ‚nein/nein'-, ‚ja/ja'-, ‚nein/nein/nein'-Symbole. Damit verschwinden „das Gebirge", „die Eiche" und alle anderen Phänomene der Welt, die bis dahin Teile eines integrierten, sinnvollen Organismus waren.

Die Etappen dieses Weges treten beispielhaft hervor in den Positionen der Philosophen des frühen *englischen Empirismus* wie Bacon, Hobbes und Locke. Den Folgerungen können noch immer die Positionen des naiven Realismus stützen, der behauptet, dass wir der Welt vertrauen können, wie sie sich unseren Sinnen darbietet.

Das Gemeinsame der meisten Varianten des englischen Empirismus ist sein Nominalismus, der ein Symptom dafür ist, dass die Menschen die Natur oder das sinneswahrnehmlich Gegebene nicht länger als von den Substanzen im Sinne der *substantia*, d.h. von spirituellen Hierarchien getragen, erlebten, wie man das etwa noch in Dantes *Paradiso* finden kann. Mittlerweile bedeutet „Substanz" so viel wie „Materie". So wurden die Phänomene der natürlichen Umgebungen des Menschen, einschließlich des menschlichen Körpers, als *primäre* Grundlage der Existenz gedeutet.

Die *Wirklichkeit* der Ideen, welche die Naturphänomene stützen und tragen, wurde nicht mehr in einer verstehenden Weise erlebt. Die Ideen trockneten zu bloßen *Namen* aus. Namen bezogen sich nicht länger auf das der Natur zugrundeliegende, sie tragende und stützende Wesen, sondern lediglich auf ihre materielle Erscheinung. Namen waren nicht mehr ein Zeichen für diejenige Wirklichkeit, welche die Wesen ins Dasein rief. So wurden Namen als „bloße Namen" begriffen, d.h. als Bezeichnungen, Etiketten.

Francis Bacon
Anfangs des 17. Jahrhunderts reduzierte Francis Bacon (1561-1626) das, was von dem ehemaligen Ideenerleben noch übrig war, auf reine Idole (abstrakte Idealvorstellungen, *Idols*). Bacon bezeichnete alle ideell konfigurierten Formen des Denkens in diesem Sinne als „Götzen" – wohl aus der Sorge, dass diese Vorstellungsgebilde *ohne bewusstes Gewahrwerden* als Grundlage des menschlichen Wirklichkeitsempfindens aufgefasst werden könnten. In dem Augenblick, wo sie bemerkt werden, könnte man sie als *gegeben* bezeichnen; gegebene Gedanken-

strukturen. Man findet zum Beispiel „die Stammesidole"[8], ähnlich dem, was in unserem Jahrhundert C.G. Jung „das *kollektive* Unbewusste" nennt. „Idole der Höhle"[9] sind die konstituierenden Elemente des *individuellen* Unterbewusstseins, charakterologische Prädispositionen die von der Sozialisation des Einzelnen abhängen. „Idole des Schauplatzes"[9a] sind die Ergebnisse der Philosophien, Wissenschaften und Religionen, sämtlich begriffliche Koordinaten einer ideell bestimmten Weltanschauung. Bacon verglich die Weltanschauungen mit Bühnenstücken, die jeweils ihre eigene, selbstgeschaffene Welt darstellten in einer eigentümlichen und der Bühne angepassten Erscheinungsform. „Idole des Marktplatzes"[10] würden den überbewussten Sprachstrukturen entsprechen, die unsere Art zu denken lenken.

Im 20. Jahrhundert wurden solche Strukturen zum linguistischen Forschungsanliegen beispielsweise von Wittgenstein und Benjamin Whorf. Bacon erschienen alle Arten von ‚Idolen' als gefährlich, weil ihre Grundlage „Worte" waren, und weil Worte „bloße Worte" sind „von Dingen, die nicht existieren, wie etwa Glück, erster Beweger, Feuerelement, planetarische Sphären" usw.;[11] all dies seien Ergebnisse fantastischer Annahmen, für die es aber in Wirklichkeit keinerlei Entsprechungen gäbe.

Diese Anschauungsweise ist charakteristisch für Bacons Nominalismus: Worte deuten nicht länger auf ein spezifisches Verstehen – was wir heute den *Begriff* nennen –, sondern nur auf „Dinge"; und weil wir Dinge durch weitere Begriffe – für Bacon blosse Worte – definieren, müssen – im Sinne Bacons – die Dinge bis zu ihrer reinen, physischen Substanz geschält werden.

Dies ist der Grund dafür, dass Bacon eine radikale Erforschung der Materie forderte, da sie das konstituiert, was für ihn im Wesentlichen gegeben war.

Die Materie sollte das Objekt unserer Aufmerksamkeit sein, vorrangig vor ihren Formen, ihren Konfigurationen und deren Wandel; ebenso sollten einfache Vorgänge, Handlungs- oder Bewegungsgesetze vor den Formen behandelt werden, denn Formen sind Erfindungen [figments] des menschlichen Geistes *[human mind]*[11a] – es sei denn, man will diese Bewegungsgesetze Formen nen-

---

[8] Francis Bacon, *Novum Organum*, I 41.52. (Idols of the tribe), d.h. volksspezifische Idole.

[9] Ibid. I:42, 53-58. (Idols of the cave)

[9a] (Idols of the theatre)

[10] Ibid. I:59. (Idols of the marketplace)

[11] Ibid. I:50.

[11a] Im Englischen wird das Wort ‚mind' im allgemeinen so gebraucht, wie wir zum Beispiel im deutschen sagen: „Ich habe etwas im *Sinn*". ‚Mind' darf keineswegs einseitig als ‚Vernunft' oder ‚Verstand'

nen.¹² [...] Untersuchungen der Natur bringen die besten Resultate, wenn sie mit Physik beginnen und in Mathematik enden.¹³

Bacon sucht nach den primären Bausteinen, aus denen die Natur zusammengesetzt ist, nicht nach den höheren Formen der Natur, sondern ihrem kleinsten Nenner, nicht nach Atomen, sondern Buchstaben eines Alphabets *ohne* die Mehrdeutigkeit der Sprache, nach endgültigen und gewissen Formen. Die moderne Naturwissenschaft hat dieses Programmkonsequent weiter verfolgt – bis zu den Modellen von subatomaren Strukturen und „Informationsträgern" wie dem DNA-Code. Und mittlerweile ist der größte Teil seiner Visionen aus *Nova Atlantis* ebenfalls verwirklicht.

Obwohl viele von Bacons Beobachtungen bezüglich der kollektiven, unterbewussten Natur jener Wirklichkeitsfilter keineswegs falsch waren,¹⁴ opferte er andererseits die letzten Überreste der alten Weisheit, in der die Vorstellung, das *Bild* immer noch Zeugnis war der ursprünglichen Wahrheit und des lebendigen Charakters der Idee, wie dies in echter Inspiration erlebt wird. Die Götterbilder wurden zu Idolen, als sie die Aufmerksamkeit des Betrachters nicht mehr so lenkten, dass er die Wirklichkeit des abgebildeten spirituell-göttlichen Wesens in einem entsprechend angeglichenen Bewusstsein finden und ihrer inne werden konnte. Statt dessen begann der Betrachter, ein physisches Bild des Göttlichen und nicht mehr dessen lebendiges Wesen zu verehren.

Wohl aus diesem Grunde nannte Bacon die Leichname der früheren ideellen Wesenserfahrungen „Idole" (Götzen). Seine dogmatische Grundhaltung erlaubte ihm nicht, die äußeren Reste des alten Wissens erneut mit ihrer lebendigen Quelle zu verbinden.

In Bacons Philosophie erblicken wir jedoch den Anfang eines Schälprozesses des sinneswahrnehmlich Gegebenen, d.h. dessen Befreiung von begrifflichen

---

übersetzt werden. ‚Mind' ist viel umfassender: eher in Richtung dessen, was wir im deutschen ‚Gemüt' oder ‚Bewusstsein' nennen. Um Überschneidungen mit dem ‚Sinn' als Sinnesorgan oder dem ‚Sinn' als Logos zu vermeiden, könnte ‚mind' zwar mit ‚Bewusstsein' übersetzt werden. Doch um Verwechslungen mit dem häufigen Gebrauch des Wortes ‚Bewusstsein' in dieser Schrift zu vermeiden, darf man ‚mind' durchaus im Sinne des englischen Sprachgebrauchs als ‚*menschlicher Geist*' übersetzen. Bacon zum Beispiel benutzt auch spezifisch den Ausdruck *human* mind.

12 Ibid. II:2.
13 Ibid. II:8.
14 Dies ist die endgültige Tragödie unseres nominalistisch eingefärbten Bewusstseins. Worte deuten nicht mehr auf Formen des Verstehens, sondern auf Dinge, und damit werden sie zu „Idolen". An dieser Stelle hätte Bacon recht, wenn man seine Kritik wesentlich als Einwand gegen eine besondere *Stufe* in der Bewusstseinsentwicklung versteht. Seine Perspektive erlaubt ihm aber keine Anerkennung des Umstandes, dass Worte ursprünglich auf Formen des Verstehens deuteten, d.h. auf Begriffe und Ideen.

Aspekten. Wir werden im folgenden die weitere Entwicklung dieses Prozesses betrachten.

Thomas Hobbes
Mit Thomas Hobbes (1588-1679) setzt sich dieser Prozess fort, jedoch mit einer leichten Modifikation. Der Vorrang des sinneswahrnehmlich Gegebenen wird noch mit gesteigertem Nachdruck behauptet, gleichzeitig aber wird das begriffliche Leben des Bewusstseins isoliert und für sich behandelt, indem angenommen wird, dass es ein Eigenleben habe ohne jegliche ursprüngliche Verbindung zu dem wahrnehmlich Gegebenen. Die Kluft zwischen dem menschlichen Bewusstsein und der physischen Natur wird so noch vertieft.
Einerseits liefert die Sinneswahrnehmung die Quellen unserer Vorstellungen:

> Das ursprüngliche Vorbild [unserer Gedanken] nennen wir Sinn, denn im menschlichen Geist *[mind]* ist keine Vorstellung enthalten, die nicht vorerst – ganz oder teilweise – vom Sinnesorgan aufgenommen wurde.
> Die Ursache für den Sinn [die Sinneswahrnehmung] ist der äußere Körper, das Objekt, welches das entsprechende Sinnesorgan beeindruckt, entweder unmittelbar, wie beim Geschmack und beim Tasten, oder mittelbar, wie beim Sehen, Hören und Riechen...[15]

Andererseits sind die Bewusstseinsinhalte „Namen", welche die Menschen selbst geschaffen haben. Sie geben aus dem Grund hinreichende Gewissheit für das Erkennen, weil man wissen kann, wie die Namen gedacht wurden. Der beispielhafte Anwendungsbereich eines solchen Erkennens ist die Mathematik. Aus der Tatsache, dass wir die geometrischen Figuren selber schaffen, entsteht die Möglichkeit, ihre Wahrheit zu beweisen.[16] Die mathematischen Wahrheiten sind demnach etwas, das der Geist aus sich selbst hervorbringt.[17]

> Principia igitur mathematicae sunt veritates primae, quae non docemur, sed lumine naturali simul agnoscimus ac proferuntur. (Die mathematischen Prinzipien also sind primäre Wahrheiten, welche uns nicht aufoktroyiert werden, sondern

---

[15] Thomas Hobbes, *Leviathan*, Kapitel 1, in Hobbes, *Selection*. Man sollte Hobbes einfach fragen: „Wie verhält es sich nun mit dem Sinngehalt dieser Aussage, die du gerade machtest, wurde der auch von diesem Organ des Wahrnehmens erzeugt?"

[16] Hobbes, *De Corpore*, 1:5.

[17] Hobbes, *Principia et Problema*, L V, 155.

die wir gewissermaßen in ihrem natürlichen Licht erkennen, und welche in ihrem natürlichen Licht wiedergegeben werden.)

Hobbes geht nicht näher darauf ein, was er unter dem Begriff des „natürlichen Lichtes" versteht;[18] es läßt sich aber in zwei Richtungen deuten: Entweder bedeutet es, dass mathematische und geometrische Operationen durch Erfahrung in der Sinneswelt bestätigt werden und somit aufgrund der „Erfahrung" als wahr gelten können, oder dass ihre Evidenz erfahren wird im Lichte des Bewusstseins selbst. In beiden Fällen würde er dem Prinzip der *Erfahrung* treu bleiben. Die zweite Interpretation würde indes das Zugeständnis einer von der Sinneswahrnehmung verschiedenen Erfahrung mit einschließen, was seine ansonsten einheitliche Weltauffassung widersprüchlich machen würde.

Hobbes betont die Ansicht, dass die Natur und der Mensch von Gott erschaffen wurden, der Mensch aber keine Erkenntnis von den Beweggründen Gottes haben kann, den Ideen der Natur.[19] Die Ursprünge dieser Spaltung sind wiederum die nominalistischen Denkgewohnheiten. Um Gedanken mitzuteilen, braucht der Mensch „Zeichen und Markierungen": sie sind gleichsam symbolische Repräsentationen für unser Verstehen:

> Ein Name ist ein Wort, das willkürlich gewählt wird, um als Hinweis zu dienen; dieser ruft in unserem Geist *[mind]* einen Gedanken hervor, der einem ähnlichen früheren Gedanken entspricht; und wenn solch ein Wort anderen mitgeteilt wird, weist es auf den Gedanken hin, den der Sprechende wohl im Sinn *[mind]* hatte.[20]

Im Gegensatz zu dem, was wir hätten erwarten können, bezieht Hobbes die Namen nicht auf Dinge, sondern auf Begriffe.[21] Nun sind aber Namen willkürliche Gebilde, weil sie lediglich Bezeichnungen darstellen. Obwohl er den Bezug von Namen auf Begriffe sieht, vermag es Hobbes nicht, dem *Verstehen* der Begriffe zu trauen, wie die folgenden Worte belegen:

> V e r s t e h e n wird nur durch die Sprache hervorgerufen. [...] Und daher kann es kein Verstehen geben von absurden oder falschen Behauptungen, die sich

---

18 Grimm, *Von Bacon zu Hume*, S. 83.
19 Grimm, *Von Bacon zu Hume*.
20 Hobbes, *De Corpore*, Kapitel 2, S. 15.
21 Hobbes, *Leviathan*, Kapitel 4, S. 173 und *De Corpore*, Kapitel 25; Grimm, *Von Bacon zu Hume*, S. 75.

auf etwas Allgemeines *[universal]* beziehen – obwohl man meint, man verstehe, wenn man die Worte leise wiederholt oder im Sinne *[mind]* hält.[22]

In einer gedanklichen Kreisbewegung hat er damit die Möglichkeit der *Gewissheit* ausgeschlossen: Die Namen der Dinge sind Bezeichnungen begrifflicher Gebilde, begriffliche Gebilde müssen verstanden werden, das Verstehen aber besteht wiederum nur aus neuen Namen usw. Aus diesem Grund können Universalien, Gattungen, Arten oder andere Definitionen von Namen nicht für das Wesen eines Dinges gehalten werden. Namen wie etwa *Löwe* sind nicht Namen für eine ganze Gruppe, sondern immer nur Namen für die einzelnen Exemplare, wie zahlreich sie auch vorhanden sein mögen. Das Allgemeine hingegen bezieht sich nicht auf das Ding, sondern auf den Namen. Das Universale ist lediglich ein Name.[23] Um das Bedürfnis nach einem festen Boden zu befriedigen, müssen körperliche, materielle Dinge in einer solchen Weise umbenannt werden, dass man mit ihren Namen „rechnen" kann; dann können die Qualitäten und Eigenschaftsmerkmale – möglichst mathematisch definiert – addiert oder subtrahiert werden.

Man spricht von Eigenschaften *[accidents i. S. von attributes, qualities]*, als ob diese von den körperlichen Gegenständen getrennt werden könnten. Und daraus ergeben sich die schweren Irrtümer metaphysischer Schriftsteller; denn da sie sich einen Gedanken vorstellen können, ohne das Körperliche zu berücksichtigen, schließen sie, dass man keinen denkenden Körper benötige; und da Menge *[quantity]* vorgestellt werden kann ohne Körper, denken sie, es gäbe Menge ohne Körper und Körper ohne Menge...[24]

Nun werden Körpern durch Abstraktion der zufälligen Qualitäten von den Dingen, durch das Mittel der Analyse, quantifizierbare Eigenschaften zugeschrieben. Diese werden dann verwendet, um die Namen neu zu definieren. Solche Abstraktion ist unser Tun, ebenso die Namen, mit denen wir die Begriffe bezeichnen. *Wir* bestimmen den Inhalt der Namen. Hier finden wir uns aber in einen neuen Widerspruch verwickelt:[25] Einerseits sind diese Inhalte nicht willkürlich bestimmt, sondern den Dingen entnommen, andererseits werden die Aussagen dieser Erkenntnis in der Form behandelt, in welcher sie von uns erschaffen wur-

---

[22] Hobbes, *Leviathan*, Kapitel 4, S. 173.
[23] Grimm, *Von Bacon zu Hume*, S. 76.
[24] Ibid., S. 76.
[25] Ibid., S. 162.

den, und werden dann *in Verbindung gebracht* mit den Phänomenen der wirklichen Welt, die wir nicht erschaffen haben.

Hobbes' Lösung ist, die „Bewegung" zu analysieren, die – so seine Annahme – von den äußeren Objekten auf die Sinnesorgane der Menschen einwirkt.[26] Und auf diese Weise hofft er, diejenige Bewegung (heute würden man sie wohl eher ‚Schwingung' nennen) zu finden, die jeweils für eine Substanz spezifisch wäre. Es ist tragisch, dass dieser Weg vom Verstehen der Natur wegführt. Zunehmend wird dabei der Geist im Menschen ausgeschaltet – in dem Maße, wie die im Sinneswahrnehmen vorhandenen Erkenntnisfähigkeiten nicht mehr aufgesucht werden.

John Locke
Ähnlich wie Hobbes, der die Quellen der *Erfahrung* in den zwei gegenüberliegenden Polen von Sinneswahrnehmung und Erinnerung[27] erblickte, fasste John Locke (1632 – 1704), eine Generation später *Erfahrung* als eine Zusammensetzung von Sinneswahrnehmung und Bewusstsein auf. Locke unterscheidet sich von Hobbes darin, dass er weniger auf die bereits fertigen Inhalte des menschlichen Geistes (Erinnerung) hinblickte, sondern mehr auf die Funktion des Geistes, auf den Prozess des *Verstehens* – eine Wendung, die auch durch den Titel seines Hauptwerkes, *An Essay Concerning Human Understanding* (Essay über das menschliche Verstehen) betont wird. Doch Locke kann auch die Perspektive von Descartes nicht teilen, dass es ‚angeborene' Ideen' gäbe.

Für Locke ist die *Fähigkeit* des Erkennens „angeboren" (d.h. *gegeben* in der Terminologie und dem Zusammenhang unserer Studie), Kenntnisse jedoch sind *angeeignet*:

> Die Beobachtung von äußeren Objekten der Sinneswahrnehmung oder von inneren Vorgängen des menschlichen Geistes – von uns wahrgenommen und reflektiert – ist das, was unserem Verstehen das Gedankenmaterial gibt; diese beiden sind die Quellen des Wissens *[knowledge]*,[*] woraus alle unsere Vorstellungen *[ideas]*,[**] die wir haben, oder natürlicherweise haben können, hervorgehen.[28]

---

[26] Hobbes, *De Corpore*, Kapitel 2, S. 13.
[27] Grimm, *Von Bacon zu Hume*, S. 70, Hobbes, *Leviathan*, Kapitel 3, S, 163.
[*] In diesem Zusammenhang verwendet Locke das englische Wort ‚knowledge' im Sinne dessen, was wir im Deutschen ‚Wissen' nennen: ein Wissen das man „hat", „Gewusstes."
[**] Locke gebraucht das englische Wort ‚idea' für das, was wir im deutschen ‚Vorstellung' nennen würden.
[28] Locke, *An Essay Concerning Human Understanding*, II.1.2.

Sinnesempfindung liefert die „*einfache* Ideen", von denen wir viel mehr haben als Namen, sie zu benennen; z. B. ist der Geruch einer Rose oder eines Veilchens eine jeweils *bestimmte* Vorstellung.[29]

Er nennt *Reflexion* die „Wahrnehmung der Bewegungen unseres eigenen Geistes"[30], gleich einem „inneren Sinn". Sowohl Sinnesempfindung als auch Reflexion sind Gegenstand der *Erfahrung*. Äußere Objekte beliefern den Geist mit den Ideen sinneswahrnehmlicher Qualitäten, und der Geist beliefert das Verstehen mit den „selbsterschaffenen Ideen",[31] eine Folgerung, die ihn dazu führte, dem sinneswahrnehmlich Gegebenen den Vorrang zu geben.

Wahrnehmung ist die begrifflich belehrte Aufmerksamkeit. Der Geist weiß oder versteht bereits wonach er Ausschau halten muss: Damit haben wir den *erkennenden* Aspekt unserer Sinne identifiziert.

Was die Wahrnehmung betrifft, müssen wir darüber hinaus bedenken, dass die Vorstellungen, die wir durch die Empfindung empfangen, bei Erwachsenen oft *durch das Urteil verändert werden*, ohne dass wir es bemerken.[32]

Doch diese Art des Verstehens scheint mehr eine vorstellungshaft-bildliche Auffassung als ein vollumfänglich begrifflich-ideelles Verstehen zu sein. Dies wird eindeutig, wenn man liest, wie Locke die Bildung des Kugel- oder Würfelbegriffes aus dem Sehsinn erklärt. Er nimmt an, dass ein blinder Mensch, der sich eine durch Berührung gewonnene Kugel- oder Würfelvorstellung bildet, nicht imstande wäre, den Begriff „Kugel" oder „Würfel" zu verstehen, außer er würde plötzlich die Sehkraft erlangen.[33] Mit anderen Worten: das sinnliche *Erscheinungsbild* und nicht ein geometrisch-räumliches Verstehen bestimmt die Aufmerksamkeit der Sinneswahrnehmung.

In dieser Perspektive werden die meisten Inhalte des Bewusstseins als „komplexe Ideen" erscheinen, zusammengesetzt aus den einfachen Ideen der Sinneswahrnehmung und den Verrichtungen des inneren Sinnes. Je nach ihrer Natur – einfach oder komplex – geben diese Ideen unterschiedliche Arten von Wahrheit, gemäß unserer Bereitschaft zu verstehen. So lange wir in der Lage sind, das begrifflich-funktionelle *Verstehen* aufzuspüren, das wir mit einem Namen oder Zei-

---

[29] Ibid., II.1.2.

[30] Ibid., II.1.4.

[31] Locke vergleicht diese *Erfahrung* mit einem inneren Sinn, und nennt ihn „reflection". In dieser Annäherung können wir den Anfang einer Analyse des „empirischen Bewusstseins" erblicken (Kröner, Stichwort „Locke").

[32] Locke, *An Essay Concerning Human Understanding*, II.9.4., II. 9.8.

[33] Ibid., II. 9.8.

chen bestimmen, spricht Locke von „realem Wesen" (*real essence*). Doch wenn wir mit den als Ersatz verwendeten „Namen" zu tun haben – zum Beispiel die sinnlichen Qualitäten von Gold – nennt Locke das, was bestimmt ist durch einen solchen Namen (Gold), „Wesen dem Namen nach" (*nominal essence*).

Erstens: Das W e s e n *[essence]* ist das eigentliche Sein [the very *being*] eines Dinges, wodurch es das *ist*, was es ist, und daher dürfen wir die wirklich innere – aber in den Substanzen im allgemeinen unbekannte – Zusammensetzung der Dinge, von welcher deren erkennbare Qualitäten abhängen, deren W e s e n nennen. [...]

Zweitens, [...] das Wort W e s e n *[essence]* hat fast ganz seinen ursprünglichen Sinn verloren; und statt auf die *wirkliche* Zusammensetzung der Dinge ist es fast ausschließlich auf die *künstliche* Zusammensetzung bei G a t t u n g *[genus]* und A r t *[species]* angewandt worden. Das W e s e n einer G a t t u n g oder Klasse *[sort]* ist am Ende nichts anderes als die abstrakte V o r s t e l l u n g *[idea]*, die durch den allgemeinen Namen *repräsentiert* wird.

Diese beiden Gruppen von W e s e n *[essences]* wären meines Erachtens nicht unpassend bezeichnet, die eine als w i r k l i c h e s W e s e n *[real essence]*, die andere als n o m i n a l e s W e s e n *[nominal essence]*.

Zwischen dem nominalen Wesen *[nominal essence]* und dem Namen ist eine so nahe Verknüpfung, dass der Name einer Klasse von Dingen nicht auf irgend ein ganz spezifisches Sein *[particular Being]* angewandt werden kann: nur auf diese Klasse von Wesen *[essence]*, welche sich auf die abstrakte Vorstellung bezieht, die durch den Namen bezeichnet *[sign]* wird.

[...] Nachdem wir das W e s e n [essence] so unterschieden haben in n o m i n a l e s und w i r k l i c h e s Wesen *[nominal and real]*, können wir weiterhin beobachten, dass diese in der Gruppe *einfacher* Vorstellungen und Erscheinungsformen immer identisch sind. Bezüglich der Substanzen aber sind sie immer ganz verschieden. In diesem Sinne nennen wir die Figur, die einen Raum zwischen drei Linien bezeichnet, das wirkliche *[real]*, wie auch ebenso das nominale *[nominal]* W e s e n des Dreiecks. [...] Dies aber ist völlig anders, wenn es sich auf das Stück Materie bezieht, aus welchem [zum Beispiel] der Ring an meinem Finger gemacht ist, wo diese zwei Arten von W e s e n *[essences]* ganz offensichtlich verschieden sind. Denn es ist die *wirkliche* Zusammensetzung *[real constitution]* seiner sinnlich nicht erfassbaren Bestandteile, auf der all dessen Eigenschaften, wie Farbe, Gewicht, Schmelzbarkeit, Härte usw., beruhen, die man darin entdecken kann. Diese Zusammensetzung kennen wir nicht; wir haben keine spezifische *Vorstellung [idea]*, keinen Namen, der sie bezeichnen könnte. So sind es daher Farbe, Gewicht, Schmelzpunkt und Härte, welche ihr *nominales* Wesen *[nominal essence]* ausmachen, da zum Beispiel nichts anderes „Gold" genannt werden kann als dasjenige, dessen Qualitäten jenem abstrakten Vorstellungskomplex entsprechen, der mit diesem Namen bezeichnet ist.[34]

Es ist zu betonen, dass Locke, während er die Unterscheidung zwischen wirklichem Wesen und Wesen dem Namen nach vornimmt, zugleich sagt, dass wir das eigentliche Wesen von Substanzen nicht erkennen können. Nur ihre Eigenschaften sind uns zugänglich, und von ihnen müssen wir ihren gemeinsamen Nenner *abstrahieren* und ihrer jeweiligen Gruppe oder Gattung klar definierte Namen geben. Er behauptet nicht, dass es uns *prinzipiell* unmöglich ist, das *wirkliche* Wesen zu erkennen; er *zeichnet nur die Weise auf*, in welcher er selbst und vermutlich die Mehrheit seiner Zeitgenossen dieses Wesen erlebten. Die ‚Wesen dem Namen nach' sind vom *menschlichen Geist* bestimmt, die *realen* Wesen von der Natur."[35]

Dies charakterisiert auch zu einem gewissen Grad, wie für Locke das *Verstehen* gegeben ist. Verstehen kann differenziert werden nach dem Grad der inneren Durchsichtigkeit und äußeren Greifbarkeit. Einerseits wird Verstehen von nominalem Wesen (*nominal* essence) Wahrheit genannt.* Sinnliche Erfahrung wirklichen Wesens wird andererseits von einem *Wirklichkeitsgefühl* begleitet. Locke beschreibt jedoch auch die Möglichkeit einer Art von Evidenzerfahrung, wo zwei Formen erkennenden Fühlens – das Gefühl für die Übereinstimmung eines nominalen Wesens mit seinem Urbild und das Gefühl für die Wirklichkeit der sinneswahrnehmlichen Natur – einander ergänzen können. Wenn die Ideen ihren „Archetypen" entsprechen, wird es eine Übereinstimmung zwischen unseren Ideen und der Wirklichkeit der Dinge geben können. Eine solche Evidenz wird etwas gewahr, das man, in Anknüpfung an Kühlewind[36], ein *Gefühl der Wahrheit* nennen kann. Bei Locke klingt dies so:

Wahrheit *[truth]* ist das, was man in Worten ausdrückt, die Übereinstimmung oder Nichtübereinstimmung von Vorstellungen *[ideas]* mit dem wirklichen

---

[34] Ibid., III. 3.15–18.

[35] Ibid., III.6.26.

* Man müsste es eher „Richtigkeit" nennen, weil „Wahrheit", im eigentlichen Sinne, im späteren Teil dieser Schrift in einem höheren Sinne zur Darstellung kommen wird.

[36] Kühlewind, „Cháris und Alétheia", in: *Das Gewahrwerden des Logos. Die Wissenschaft des Evangelisten Johannes* (Verlag Freies Geistesleben, Stuttgart 1979).

Tatbestand. **Falschheit** *[falsehood]* ist der Ausdruck in Worten für die Übereinstimmung oder Nichtübereinstimmung von Vorstellungen: wie es sich tatsächlich *nicht* verhält. Und nur in dem Grade, in welchem diese Vorstellungen – die so durch Laute [Worte] bezeichnet werden – ihren *Vorbildern [archetypes]* entsprechen, ist **Wahrheit wirklich** *[real]*.

Es ist evident, dass unser Geist *[mind]* die Dinge nicht unmittelbar kennt, sondern nur durch die Vermittlung der Vorstellungen, die er von ihnen hat. Daher ist unser **Wissen** *[knowledge]* **wirklich** *[real]* nur in dem Maß, in dem unsere **Vorstellungen** *[ideas]* der Wirklichkeit der Dinge entsprechen. Doch was soll hier der Unterscheidung dienen? Wie soll unser Geist *[mind]*, wenn er nichts außer seinen eigenen **Vorstellungen** wahrnimmt, wissen, ob diese mit den Dingen selbst übereinstimmen?[37]

In dieser Hinsicht finden wir hier eine Vorwegnahme einer Anschauung von der Natur des *Urphänomens* im Sinne Goethes. Locke nennt diese Erfahrung *Intuition*. Die folgende Ausführung kann dies erhellen:

Denn wenn wir so auf unsere eigenen Denkweisen reflektieren, werden wir finden, dass unser Geist *[mind]* die Übereinstimmung oder Nichtübereinstimmung zweier Vorstellungen unmittelbar durch diese selbst feststellen kann, ohne die Vermittlung von irgend etwas anderem; und dies könnten wir intuitive Erkenntnis *[intuitive knowledge]* nennen. Denn darin hat unser Geist keine Mühe mit dem Beweis oder der Untersuchung, sondern er nimmt die Wahrheit so wahr wie das Auge das Licht, einfach indem er darauf ausgerichtet ist. So nimmt unser Geist wahr, dass weiß nicht schwarz ist, ein Kreis kein Dreieck, drei mehr als zwei ist, gleich eins plus zwei. Solche Wahrheiten nimmt unser Geist beim ersten Gewahrwerden der Vorstellungen wahr, durch reine *Intuition*, ohne die Vermittlung irgend einer anderen Vorstellung; und diese Art von Erkenntnis *[knowledge]* ist die klarste, sicherste, welche die menschliche Schwachheit vermag. Diese Art von Erkenntnis ist unwiderstehlich, und wie der helle Sonnenschein lädt sie unmittelbar ein, wahrgenommen zu werden, sobald auch immer unser Geist seinen Blick in diese Richtung wendet. [...] Auf der Grundlage dieser *Intuition* beruhen alle Sicherheit und Evidenz unseres ganzen Wissens. [...] Denn ein Mensch kann sich keine größere Sicherheit vorstellen, als dass irgend eine *Vorstellung [idea]* in unserem Geist so ist, wie wir sie wahrnehmen. Wer eine größere Sicherheit fordert als diese, erwartet Un-

---

[37] Locke, *An Essay Concerning Human Understanding*, IV.4.9. und 4.3.

mögliches; und das zeigt nur, dass er den Geist eines Skeptikers hat, unfähig *so* [in der Evidenz] *zu sein*."[38]

Hier sehen wir, wie Locke weit über Bacon hinausgeht. Für Bacon ist die Erfahrung *die* erkennende Methode schlechthin, während Locke die Idee der *Wahrheit* jenseits der Induktion kennt; diese findet er unmittelbar erfüllt in Mathematik und Ethik.

Gemäß Lockes Auffassung sind es die einfachen Empfindungen, die ihren äußeren Ursachen genau entsprechen, weil sie in ihrer charakteristischen Qualität von dem menschlichen Bewusstsein *nicht erschaffen wurden*, sondern mit diesem Charakteristikum *vorgefunden* wurden. Die Empfindung bezeugt nicht nur ihren eigenen Inhalt, sondern ermöglicht auch, diesem Inhalt zu erscheinen: als die Affizierung durch das äußere Objekt, das in der Empfindung angemessen nachgeformt wird.[39] Lockes Nachfolger werden fragen: Woher kommt die Gewissheit, dass die Wirkung tatsächlich der Ursache entspricht?

Wir finden hier einen Abgrund: *Wirklichkeit* ist von *Erfahrung* abhängig, *Wahrheit* von *Intuition*. Wahrheit ist jedoch nur wirklich, wenn sie mit der „Wirklichkeit der Dinge" übereinstimmt. Dies bedeutet aber Bezug auf eine Sphäre, die von der Erfahrung abhängt, die, wie Locke es genannt haben würde, ‚gegeben' ist. Die Widersprüche entstehen aufgrund dieser Bezugnahme, und eine Lösung könnte versucht werden dadurch, dass wir das Gegebensein der Wahrheit genauer untersuchen und damit ein empirisches Prinzip auch in diesen Bereich einführen[40], was wir in einem späteren Abschnitt dieser Studie erörtern werden.

George Berkeley
Trotz seiner spiritualistischen Position ist die sinneswahrnehmliche Wirklichkeit auch für George Berkeley (1684–1753) ein primär Gegebenes. Die Gründe hierfür sind wiederum die nominalistischen Gedankengewohnheiten der Zeit, in der er lebt.

Für Berkeley ist Erfahrung nicht, wie bei Locke, ein Produkt der äußeren Wirklichkeit, sondern ihr Erzeuger. Er versteht, dass selbst die grundlegendsten materiellen und physischen Manifestationen, wie ‚Ausdehnung', ‚Gestalt', ‚Schwere', ‚Bewegung' und ‚Ruhe' auf bestimmte, unmittelbar gegebene Elemente zurückgeführt werden können, etwa Farbe, Härte, Klang usw. Es ist die

---

[38] Locke, *An Essay Concerning Human Understanding*, ibid.

[39] Ibid., IV.4.4.

[40] Bezüglich einer „Theorie der Erfahrung", siehe auch Cassirer, *Das Erkenntnisproblem*, Band 2, S. 260.

zusammenfassende Fähigkeit des menschlichen Geistes, welche die ‚Ideen' der Sinneserfahrung formt. Was Berkeley ‚Ideen' nennt, würden wir heute Vorstellungen nennen, weil sie den Charakter von verallgemeinerten Gedankenbildern haben, ohne notwendigerweise vom Licht des Verstehens durchdrungen zu sein.

In diesen Ideen erlebt Berkeley die Spiegelung des imaginativen Lichtes – was seine Philosophie zu einer vorwiegend spiritualistischen Position hinführt – doch diese bildhaften ‚Ideen' sind nicht vom Licht der Inspiration durchleuchtet, wie beispielsweise ein „funktionelles Verstehen". Daher sucht er nach den konstituierenden Elementen dieser sinnenhaften ‚Ideen'[41] im Bereich der Sinneswahrnehmung, wo er die Elemente findet, die für ihn unmittelbar gegeben sind[42] und aus welchen der Mensch die Erfahrungen schöpft:

Dinge der Sinneswahrnehmung sind solche, die durch den Sinn unmittelbar wahrgenommen werden. [...]

Die Sinne schlussfolgern nicht; daher betrifft die Suche nach Gründen oder Ursachen, abgeleitet von Wirkungen und Erscheinungen – das einzige, was durch den Sinn wahrgenommen wird –, ausschließlich die Vernunft.[43]

Heute werden solche Elemente in nominalistischer Weise behandelt, als „Namen", was bedeutet, dass sie nicht *verstanden* werden. In Lockes Terminologie wären sie „Wesen" nur dem Namen nach (*nominal essences*) genannt worden; sie sind durch „Worte" vertretene „Namen".

Worte stehen daher wie äußerliche Etiketten *[marks]* für unsere inneren Vorstellungen *[ideas]*; da sich diese Vorstellungen von spezifischen Gegenständen herleiten, müsste, wenn jede abgeleitete Vorstellung ihren eigenen Namen hätte, die Zahl der Namen endlos sein. Um das zu vermeiden, verallgemeinert der menschliche Geist *[mind]* die spezifischen Vorstellungen, die er von den einzelnen Gegenständen empfangen hat; dies geschieht, indem sie im Geist *[mind]* so behandelt werden, wie sie sind: als Erscheinungen. [...] Daher behandelt der Geist *[mind]* dieselbe Farbe, die heute am Kalk oder Schnee beobachtet wird und die gestern an der Milch wahrgenommen wur-

---

[41] Für Berkeley sind „Ideen" verallgemeinerte mentale Bilder, oder Vorstellungen in unserer Terminologie. Sie sind keine Ideen im engeren Sinne des Wortes.

[42] Wenn wir von dem „*unmittelbar* Gegebenen" sprechen, verstehen wir darunter das Gegebene in einer Form, *ehe* dieses *vollständig* von allen begrifflichen Elementen geschält wurde. Nach dieser Reduktion können wir das, was verbleibt, „direkt gegeben" nennen.

[43] Berkeley, „Dialogues of Hylas and Philonous" in *Berkeley's Complete Works*, Band 1, S. 383.

de, rein als Phänomen und macht sie zur Repräsentation all dessen, was ihr gleich ist: und nachdem er ihr den Namen **weiß** gegeben hat, bezeichnet er mit dieser Lautfolge dieselbe Eigenschaft, wo immer er diese sich vorstellt oder ihr begegnet; und auf diese Weise werden allgemeine Universale *[universals]* geschaffen, seien es Vorstellungen *[ideas]* oder Bezeichnungen.[44]

Wir können den beschriebenen Charakteristika entnehmen, dass diese „Ideen" nicht Ideen im eigentlichen Sinne sind, durchsichtig für das Verstehen des wirklichen Wesens. Heute würde man sie verallgemeinerte Vorstellungen nennen müssen. Für Berkeley werden diese ursprünglich *wahrnehmlichen* Elemente zu Garanten der Wirklichkeit. Daher ist Berkeleys *esse est percipi* normalerweise so gedeutet worden, dass Sein „wahrgenommen werden" bedeute. Somit betont Berkeley den Vorrang der Sinneswahrnehmung („Nichts ist im Geist, was nicht ursprünglich im Sinn war"[45]) als der ursprünglichen Quelle der Erfahrung: als primär gegeben. Doch wenn man *esse est percipi* aus der Perspektive des Thomas von Aquin[46] deutet, kann man verstehen, warum Berkeley gemeint haben könnte, dass die Quelle aller Ideen in dem sehenden Auge der Gottheit liegt:

> Es muss daher einen anderen Geist *[mind]** geben, worinnen diese Ideen leben.[47]

> Sie [die Ideen] haben daher **gewiss** eine Ursache, die unabhängig von mir und von den Ideen ist: Ich tue daher so, als ob ich davon nicht mehr wüsste, als dass diese die Ursache meiner Ideen ist.[48]

---

[44] Locke, *An Essay Concerning Human Understanding,* II.11.9.

[45] Locke: „Nihil est in intellectu quod non ante fuerit in sensu." Siehe auch Hobbes: „Denn es ist keine Begrifflichkeit in eines Menschen Geist, die nicht zuerst, vollständig oder teilweise, von diesem Organ des Sinns erzeugt wurde." *Leviathan,* Kapitel 1.

[46] Kühlewind wies darauf hin, dass die Gleichung „sein = wahrgenommen werden" („esse est percipi") auch bedeuten könne: *„sein heißt fähig sein, wahrgenommen zu werden",* oder „wahrnehmbar sein", im Sinne des Thomas von Aquin: „Die Wirklichkeit der Dinge ist selbst ihr Licht" (Kommentar zu *Liber de Causis* 1,6) [aus Notizen des Verfassers während einer Tagung von Georg Kühlewind über *Das Gespräch – Wie finde ich das andere Ich-Wesen?* in Colfax, California, vom 19.-21. April 1990]. „Esse est percipi" *(sein = wahrgenommen werden)* könnte jedoch noch in einem unendlich viel höheren Sinne verstanden werden.

* Wie schon in einer früheren Fußnote angedeutet, läßt sich das englische Wort ‚mind', nie eindeutig übersetzen. Im Sinne von Berkeley darf man ‚mind' mit dem deutschen Wort ‚Geist' übersetzen, in dem Sinne, wie man z.B. von einem Philosophen sagen könnte, er sei ein genialer „Geist".

[47] G. Berkeley, „Dialogues of Hylas and Philonous," I., in: *Berkeley's Complete Works,* S. 424–425.

[48] Ibid., S. 429-430.

„Nichts ist im Geist, was nicht ursprünglich im Sinn war," war auch eine Grundüberzeugung Lockes.[49] Der menschliche Geist fügt aber der Wahrnehmung im Erkenntnisakt etwas *hinzu*. Dieses Hinzufügen ist *nicht gegeben*, sondern ein Produkt des Bewusstseins, und Berkeley erlebte es als die Aktivität, die von Gott kommt, nämlich das „Erkennen" der Ideen der Natur. So verstanden, bekommt Berkeleys Spiritualismus einen tieferen Sinn. Das wäre Berkeleys Selbstdurchsichtigkeit bis zur Ebene der Inspiration, wo er den schöpferischen Bereich der Logoskräfte erlebt.[50]

Der innere Widerspruch der Berkeleyschen Anschauung besteht darin, dass er diese Folgerung nicht auf das, was er „unmittelbar wahrgenommen"[51] nennt, anwendet: Farbe, Härte, Klang usw. (Wenn er den Prozesss des Schälens weiter fortgesetzt hätte, bis sogar Farbe, Härte und Klang in ihrer ideell-begrifflichen Natur [siehe Kapitel 6] erfasst worden wären, würde das, was wir *direkt gegeben* nennen, erscheinen.) Berkeley stösst nur bis zur Reflexion der platonischen Idee vor, wenn er das nicht-gegebene „Hinzufügen" entdeckt, die menschlich-geistige Komponente der *Wirklichkeit*. Der ältere Zyklus der Schöpfung (Härte, Farbe, Klang) – der von dem jüngeren Zyklus der Schöpfung (den wir in den platonischen Ideen vertreten finden können) absorbiert wird und ihm substanzielle Sichtbarkeit verleiht – wird als gegeben aufgefasst.

Philonous: „… versuche einmal, die *Idee* irgend einer Figur abstrahiert von allen Einzelheiten wie Größe oder auch anderer Sinnesqualitäten zu erfassen."[52]

Denn solange Menschen glaubten, dass abstrakte Ideen ihren Worten entsprächen, lag es nicht fern, Worte für Ideen zu benutzen; denn es wäre unpraktisch, das Wort zur Seite zu legen und die abstrakte Idee im Geist zu halten – was völlig unvorstellbar wäre.[53]

Wir müssen nur den Vorhang der Worte heben, um den schönsten Baum der Erkenntnis zu sehen, dessen Frucht wunderbar und in unserer Reichweite ist.[54]

---

[49] Locke: „Nothing is in the mind that was not originally in the sense." Vgl. Fußnote 45.
[50] Kühlewind, *Die Logosstruktur der Welt*.
[51] Berkely, „Dialogues of Hylas and Philonous", I., in *Berkeley,s Complete Works*, S. 383.
[52] Ibid., I., S. 404.
[53] Berkeley, „Introduction", in: *Treatise Concerning the Principles of Human Knowledge*, S. 23.
[54] Ibid. S. 24.

Für Berkeley offenbart sich die Hälfte der Wirklichkeit in der Sphäre des Bewusstseins, in der Form von „Ideen" (im platonischen Sinne verstanden), die im Auge der Gottheit gehalten werden. Darin begründet sich sein Idealismus. Die andere Hälfte der Wirklichkeit wird durch die Sinneswahrnehmung offenbart. *Ideen* sind das *Einzige*, was durch den Menschen erkannt werden kann, denn nichts anderes kann Gegenstand der Erkenntnis sein. Und Ideen sind der alleinige Inhalt der Sinneswahrnehmung, welche „gegeben" ist, und diese „Ideen" sind Gegenstand der „Erfahrung". Dieser Idealismus im Kleide des Empirismus wäre ein Vorläufer eines empirischen Idealismus.

David Hume
Im Laufe der Zeit vollzog sich erneut eine Wandlung im Brennpunkt der Philosophie. Für David Hume (1711-1776) ist weiterhin das durch die Sinne Gegebene die primäre Quelle der Bewusstseinsinhalte, doch hat er einen geschärften Blick für das, was die imaginierende Vorstellung den Sinnesdaten hinzufügt. Weil seine Aufmerksamkeit so stark auf die Bewusstseinsebene gerichtet ist, wo die Gebilde der bildhaften Vorstellung (engl. *imagination*) erblickt werden, ist seine Anschauung eine im Prinzip skeptische, da sie keine Gewissheit über die *wesentliche* Natur der sinneswahrnehmlichen Welt findet.[55]

Die *Erfahrung* hat für Hume zwei Quellen: das durch die Sinne Gegebene, welches die Eindrücke für das Bewusstsein liefert, und die Ideen, die von der bildhaften Vorstellung geformt werden.

Dass unsere *Sinne* uns ihre Eindrücke nicht als Bilder von einer ganz Spezifischen und äußerlichen Einzelheit geben, ist evident; denn sie geben uns nichts außer der einzelnen Wahrnehmung und niemals die geringste Andeutung von irgend etwas, was darüber hinausginge.[56]

Impressionen – Eindrücke von Farben, Klängen, Festigkeit usw. – sind für Hume die grundlegenden Elemente der Sinneswahrnehmung, die das Bewusstsein durch die äußeren Sinne – Hören, Wärme, Sehen, Geschmack, Geruch oder Tasten – erreichen. Wir wissen aber nicht, was diese in Wirklichkeit sind. Diese Eindrücke werden dann von unserer bildhaften Vorstellung zu *Ideen* zusammengefügt:

Alle unsere Ideen sind abgeleitet von entsprechenden Eindrücken. […][57]

---

55 Hume, *Treatise of Human Nature*, Abteilung IV, Sektion II., S. 189.
56 Ibid.
57 Ibid., Abteilung III, Sektion VIII, S.105–106.

Heute würden wir Humes „Ideen" Repräsentationen oder stellvertretende Vorstellungen nennen, weil sie eher den inneren Nachbildungen unseres subjektiven Bildes der Welt ähnlich sind. Die Quelle dieser Bilder ist unsere bildhafte Vorstellung; Hume gebraucht das Wort ‚imagination'.

Da all unsere Eindrücke innerlichen und vergänglichen Bestand haben und in dieser Form erscheinen, muss die Annahme ihrer unabhängigen und fortgesetzten Existenz darin ihre Quelle haben, dass manche ihrer Qualitäten den Qualitäten der Imagination entsprechen.[58]

Die bildhafte Vorstellung ist also eine Tätigkeit, die dem Gegebenen etwas *hinzufügt*. Hume beschreibt diese Tätigkeit in einer Weise, dass man erlebt, wie die Sinnesdaten nicht einmal vor dem Auge des Geistes unabhängig stehen könnten ohne den „Zusammenfall", oder das Zutun der bildhaften Vorstellung.

Es scheint, dass das Wort *Imagination* im allgemeinen in zwei unterschiedlichen Bedeutungen benutzt wird. [...] Im Zusammenhang mit ‚Gedächtnis' *[memory]* bedeutet Imagination die Fähigkeit unseres blasseren Vorstellungsvermögens. Im Zusammenhang mit ‚Vernunft' *[reason]* meine ich dieselbe Fähigkeit, aber mit Verzicht auf alles Argumentieren, das versucht zu beweisen oder Wahrscheinlichkeiten aufzuzeigen. Wenn ich das Wort in keinem dieser Zusammenhänge benutze, bleibt es gleich, ob es im weiteren oder begrenzteren Sinne gebraucht ist. [...][59] Imagination ist daher die Fähigkeit, die uns erlaubt, unsere Eindrücke – in der Form von Vorstellungen – so wieder hervorzubringen, dass sie in ihrer neuen Erscheinungsweise – als Vorstellungen – praktisch nichts von ihrer ursprünglichen Lebendigkeit – als Eindrücke – verlieren; und in diesem Sinne sind sie vollendete Vorstellungen.[60]

Im Sinne Humes werden jedoch die bildhaften Vorstellungen durch „Gewohnheit" oder „Praxis"[61] den vorherrschenden Anschauungen der Umwelt angepasst.

Erfahrung ist ein Prinzip, das mich in verschiedener Hinsicht über Gegenstände der Vergangenheit belehrt. *Gewohnheit* ist ein anderes Prinzip, das mich bestimmt, dasselbe für die Zukunft zu erwarten; und beide wirken zusammen in

---

[58] Ibid., S. 194.
[59] Ibid., Abteilung III, Sektion IX, S. 117–118.
[60] Ibid., Abteilung III, S. 8–9.
[61] Ibid., Buch I, Abteilung I, Sektion VII., S. 20.

der *Imagination*, erlauben mir Vorstellungen *intensiver* und *lebendiger* zu bilden als andere, denen diese Vorzüge mangeln.[62]

Gewohnheit oder Praxis bedeutet hier, dass diese Anpassung nicht notwendigerweise der Evidenz folgt – beispielsweise der Evidenz des *Verstehens* der Funktion eines Gegenstandes. Statt dessen ist diese Bildung der „Ideen" (Vorstellungen) begleitet von „Gefühlen", die uns zwingen, in einer besonderen Weise zu fühlen und zu empfinden. Hume selbst charakterisiert dieses Fühlen folgendermaßen:

> So ist alles mögliche Erwägen und Abwägen nichts anderes als eine Art von *Empfindung*. Nicht nur in der Poesie und der Musik müssen wir unserem Geschmack und Gefühl folgen, sondern ebenso auch in der Philosophie. Wenn mich irgend ein Prinzip überzeugt, dann ist es nur eine [besondere] Vorstellung, die mich stärker als andere berührt. Wenn ich einer Kette von Argumenten vor anderen den Vorzug gebe, so tue ich nichts anderes, als von meinem Gefühl her die Überlegenheit ihrer Überzeugungskraft zu entscheiden.[63]

So liefert ‚Imagination' in Humes Sinne die imaginative Aktivität, die Möglichkeit eines *ganzheitlichen* Aspekts der Erfahrung, wo die unterscheidbaren Teile des sinneswahrnehmlichen Bereichs *vereinigt* werden in der *Kontinuität* des Bewusstseins.

Dieses vereinende Prinzip zwischen den Vorstellungen muss nicht als eine unlösliche Verbindung betrachtet werden; denn das wurde schon von der Imagination ausgenommen: Wir sollen noch nicht schließen, der menschliche Geist */mind/* könne zwei Vorstellungen ohne dieses Prinzip nicht vereinigen; denn nichts ist freier als diese Tätigkeit; wir sollen sie aber nur als eine sanfte Kraft betrachten, die ganz allgemein vorherrscht und bewirkt, dass zum Beispiel Sprachen einander so nah entsprechen.[64]

Die „Kraft", die bestimmte Gruppen von Eindrücken zu Ideen vereinigt, kann mit einem ‚erkennenden Gefühl' verglichen werden, das in der Erfahrung von

---

[62] Ibid., Abteilung II, Sektion VI., S. 67.

[63] Ibid., Abteilung III, Sektion VIII., S. 103. Dieses Zitat erhellt, wie sich Hume, in einer konservativen Weise, gleichsam an die sinnenhafte Seite der Welt „anlehnte" und sich somit hauptsächlich auf das stützte, was er als gegeben erlebte – wie wir es heute ausdrücken würden.

[64] Ibid., Abteilung I., Sektion IV.

„Evidenz", etwa in mathematischen Urteilsbildungen, entdeckt werden kann. Gewöhnlich verbleibt es überbewusst, oberhalb der Ebene des Alltagsbewusstseins. Doch hier kann es erfahren werden in der Zusammenfügung von Sinneswahrnehmungen zu „Ideen".

Wenn aber viele ähnliche Fälle zur Erscheinung kommen und demselben Objekt immer derselbe Vorgang folgt, bilden wir den Begriff *[notion]* von Ursache und Zusammenhang. Dann fühlen wir eine neue Empfindung oder einen neuen Eindruck; dann werden wir hier einer gewohnheitsmässigen Verbindung gewahr, im Gedanken oder in der Imagination, zwischen einem Gegenstand und seiner gewöhnlichen Folge; und dieses Gefühl ist das Modell für die Idee, die wir suchen.[65]

Diese Art von „Gefühl" oder „Empfindung" begleitet das erwägende Denken und die „Wahrnehmung" in der gleichen Weise wie „Kraft und Lebendigkeit" die Eindrücke und Ideen begleiten.

Ich würde es gerne als einen allgemeinen Grundzug für die Wissenschaft von der menschlichen Natur setzen, dass, wenn sich in uns irgend ein Eindruck bildet, dieser Eindruck unseren Geist [mind] nicht nur zu den in Bezug stehenden Vorstellungen führt, sondern diesen Vorstellungen ebenso einen Teil seiner Kraft und Vitalität vermittelt.[66]

Alle Wahrnehmungen unseres Geistes [mind] sind zweierlei Natur, nämlich Eindrücke und Vorstellungen, die sich voneinander nur durch ihren unterschiedlichen Grad von Stärke und Lebendigkeit unterscheiden.[67]

Und wenn ich einen Eindruck mit einer Vorstellung vergleiche und merke, dass ihr Unterschied nur in ihrer Stärke und Lebendigkeit liegt, ziehe ich den allgemeinen Schluss, dass Glaube ein lebendigeres und intensiveres Erfassen einer Vorstellung ist, die hervorgeht aus ihrem Bezug zu einem gegenwärtigen Eindruck.[68]

---

[65] Hume, *Enquiries Concerning Human Understanding.* Sektion VIII, Abteilung II, Nr. 61, S. 78.
[66] Hume, *Treatise of Human Nature.* Abteilung III, Sektion VIII., S. 98.
[67] Ibid., Abteilung III, Sektion VIII., S. 98
[68] Ibid., Abteilung III, Sektion VIII., S. 103.

> Die Vernunft kann uns niemals befriedigend vermitteln, dass das Bestehen einer Sache immer eine andere Sache zur Folge habe. Wir werden also *nicht durch die Vernunft* dazu geführt, den Eindruck einer Vorstellung mit einer anderen Vorstellung zu verbinden, sondern durch die *Gewohnheit,* oder ein Prinzip der *Assoziation.* Doch *Glaube* ist etwas mehr als eine einfache Vorstellung. Glaube ist eine besondere Art, sich eine Vorstellung zu bilden: Und so wie dieselbe Vorstellung sich nur in Graden von *Stärke* und *Lebendigkei* verändern kann, so folgt daraus für das Ganze, dass *Glaube eine lebendige Vorstellung* ist, die durch den *Bezug zu einem gegenwärtigen Eindruck* hervorgerufen wird, entsprechend der vorhergehenden Definition.[69]

Diese Art von „Glauben" (*belief*), der die imaginative Tätigkeit überbewusst begleitet, ist vielleicht die für Humes Perspektive bezeichnenste Entdeckung. Der „Glaube" berührt das *spirituelle* Element in der Bildung der Erfahrung. Er ist *nicht* in der gleichen Weise ‚gegeben'. wie die sinnenhaften Eindrücke, sondern ist innerlich und subtil wahrnehmbar in einer ähnlichen Weise wie die aristotelische Kategorie der ‚Lage' (ἔχειν, *habitus*) erfahrbar ist. Doch, wie bereits erwähnt, er ist noch nicht erhellt durch die Lichtkraft der Idee auf der intuitiven Ebene, die wir später von Fichte und Hegel beschrieben finden. Man könnte es einen Anfang einer *empirischen* Annäherung an die Phänomene des Bewusstseins und des Geistes nennen.

In der Beschreibung des „Verhaltens" der Imagination könnte man ebenso die Anfänge eines Versuchs in Richtung der *Involution* des Bewusstseins erblicken: von den äußeren, sinneswahrnehmlichen Aspekten der Natur in Richtung ihrer Auferstehung und Erfahrung.

---

[69] Ibid., Abteilung III, Sektion VIII., S. 97.

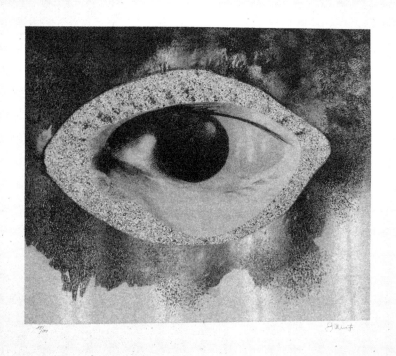

Georg Muche
15/100

KAPITEL 2
ERFAHRUNG IN DER IDEE:
DER KRITISCHE IDEALISMUS KANTS

Das transzendental Gegebene
Ehe wir die am Ende der vorhergehenden Beobachtungen beschriebene Tendenz weiter verfolgen, können wir beobachten, wie der *Bewusstseinspol* der Erfahrung indirekt verstärkt wurde durch Immanuel Kants (1724–1804) Form des Idealismus. Dies geschah in einem solchen Ausmaß, dass zum Schluss der Geist sich selbst einen Kerker gebaut hatte, worin er zu der Konklusion gelangt, dass er „die Dinge-an-sich nicht erkennen kann", dass wir für immer auf „dieser" Seite eines Abgrunds verbleiben werden, der unsere Erkenntnisbemühung von dem Wesen der Dinge trennt:

> Was die Gegenstände an sich selbst sein mögen, würde uns durch die aufgeklärteste Erkenntnis der *Erscheinung* derselben, die uns allein *gegeben* ist, doch niemals bekannt werden.[70]

Kant war ein Meister der Definition. Er formte begriffliche Werkzeuge und Erkenntnisschrittte, die uns als Gerüst dienen können, wenn wir versuchen, geistige Erfahrung durch eine philosphische Sprache zu vermitteln.

Sein Ansatz, die Perspektiven der Bestandteile aller sinneswahrnehmlichen, gedanklichen und transzendentalen *Erfahrung* zu beschreiben, ist im wesentlichen ein Schälen der Schichten des begrifflichen Rahmenwerkes. Denn mit jedem Begriff, den er für sich (und für die, die in seinen Fußspuren folgen) beschreibt, macht er einen weiteren Schleier der Wirklichkeit durchsichtig. Man kann hier das Bild von „Schleiern" verwenden, wie von halbtransparenten Filtern, die unsere Beoachtungen im Bewusstsein lenken.

Unsre Erkenntnis entspringt aus zwei Grundquellen des Gemüts, deren die erste ist, die Vorstellungen zu empfangen [die Rezeptivität der Eindrücke]*, die zweite das Vermögen, durch diese Vorstellungen einen Gegenstand zu erken-

---

[70] Immanuel Kant, Kritik der Reinen Vernunft, S. B 60.

* Klammern innerhalb der Zitate sind Klammern im Originaltext. Sie sind hier als „[ ]" gesetzt, um sie von den von mir gesetzten Einschüben in runden Klammern im Haupttext zu unterscheiden.

nen [Spontaneität der Begriffe]; durch die erstere wird uns ein Gegenstand gegeben, durch die zweite wird dieser im Verhältnis auf jene Vorstellung [als blosse Bestimmung des Gemüts] gedacht. *Anschauung* und *Begriffe* machen also die Elemente aller unserer Erkenntnis aus, so dass weder Begriffe, ohne ihnen auf einige Art korrespondierende Anschauung, noch Anschauung ohne Begriffe, eine Erkenntnis abgeben können. Beide sind entweder *rein*, oder *empirisch*. Empirisch, wenn Empfindung [die die wirkliche Gegenwart des Gegenstandes voraussetzt] darin enthalten ist; rein aber, wenn der Vorstellung keine Empfingung beigemischt ist. Man kann die letztere die Materie der sinnlichen Erkenntnis nennen. Daher enthält reine Anschauung lediglich die Form, unter welcher etwas angeschaut wird, und reiner Begriff allein die Form des Denkens eines Gegenstandes überhaupt. Nur allein reine Anschauungen oder Begriffe sind a priori möglich, empirische nur a posteriori.[73]

In Kants Verwendung des Wortes *Anschauung* können wir Humes plastizierbares Medium der *Imagination* wiederfinden, insofern es den ersten Schleier der Erfahrung betrifft, in welcher wir durch unsere Aufmerksamkeit sinneswahrnehmlicher oder begrifflicher Inhalte gewahr werden. In diesem Sinne unterscheidet Kant zwischen *empirischer* Wahrnehmung und *reiner* Wahrnehmung. Beide sind *gegeben*: empirische Wahrnehmung liefert die empfindungshafte Substanz, reine Wahrnehmung liefert die geistige Form, durch welche diese Substanz wahrgenommen wird, vergleichbar mit einer Matrix, einer gewissen Ordnung, welche unserer Wahrnehmung die empfindungshaften Elemente wie durch Richtstrahlen geordnet und arrangiert zuleitet.

Für Kant ist die *Form* der Wahrnehmung ein für den menschlichen Geist gegebener Bestandteil der Erfahrung, den er *a priori* nennt, d.h. bereits *vor* dem Ausgangsmoment unseres bewussten Fragens gegeben. Die *Substanz* der Wahrnehmung nennt er *a posteriori*, d.h. dasjenige, was die Form „nachher" füllt, also sinnenfällige Eindrücke.

So, wenn ich von der Vorstellung eines Körpers das, was der Verstand davon *denkt*, als Substanz, Kraft, Teilbarkeit etc., imgleichen, was davon zur *Empfindung* gehört, als Undurchdringlichkeit, Härte, Farbe etc. absondere, so bleibt mir aus dieser empirischen Anschauung noch etwas übrig, nämlich *Ausdehnung* und *Gestalt*. Diese gehören zur reinen Anschauung, die a priori, auch ohne einen wirklichen Gegenstand der Sinne oder Empfindung, als eine blosse *Form* der Sinnlichkeit im Gemüte stattfindet.[74]

---

[73] Kant, Kritik der Reinen Vernunft, S. B 74, 75.

[74] Ibid., S. B 35, 36.

Auf diese Weise verbleibt ein a priori, ein Gegebensein für das menschliche Bewusstsein, wenn alles sonstige von der Wahrnehmung geschält wurde. Die zwei Elemente a priori, die Kant nicht weiter reduzieren möchte, sind Raum und Zeit. Raum und Zeit sind die Formen, in welchen wir nach innen und nach aussen wahrnehmen, rein geistig, so, wie wir empirisch in der sinneswahrnehmlichen Welt wahrnehmen.

Er vertritt die Auffassung, dass wir uns die Gegenstände zum Zwecke des inneren Gewahrseins in räumlicher und zeitlicher Form selbst *geben*, wenn wir sie im Raume sehen oder sie uns im Bewusstsein vorstellen.[75] Doch hier vermeidet er die Frage, wie man das Objekt sich selbst geben kann, wenn man nicht – wenigstens überbewusst[76] – *versteht*, wie das zu tun ist. Diese Frage wäre bereits der Anfang einer Rückführung des a priori in Richtung *Verstehen* und der Quelle des Verstehens.

Raum ist ein Modus des Erfahrens, der etwas in *einem* Augenblick beschreibt, was in der Zeit nur als fortlaufende *Reihe* von Momenten erscheint. In diesem Sinne ist Raum aus der Zeit sozusagen „herausgesetzt". Und analog ist die Zeit aus dem Ich herausgesetzt.

In diesem Sinne ist zum Beispiel eine sinneswahrnehmlich sichtbare Pflanze die räumliche Manifestation eines Prozesses, der in der Zeit verläuft. Man könnte sie veranschaulichen als ein Gebilde, wo alle sukzessiven Stadien von Wachstum übereinander projiziert sind. So kann man sich überhaupt alle sinneswahrnehmlichen Phänomene als eine Momentaufnahme eines Prozesses vorstellen, wodurch sie Gestalt annehmen. Man könnte sagen, dass, wie die Pflanze räumliche Manifestationen aus ihrem eigenen Zeitkörper heraussetzt, das menschliche Ich Zeit (zeitliche Qualitäten) aus sich heraussetzt.

Wenn man beobachtet, welche Stadien die innere Imagination hervorbringt als Momente einer sukzessiven Folge von räumlichen Manifestationen, kann man in die Erfahrung des Sich-selbst-gebens der Glieder eintreten, in denen diese Manifestationsfolge erscheinen kann. In dieser Erfahrung kann man bemerken, dass ein bestimmtes, spezifisches *Verstehen* die Imagination im Vorstellen einer solchen Folge lenkt. Und *dieses* Verstehen ist nicht auf derselben Ebene des Bewusstseins wie die Vorstellungsbilder, welche wie Momentaufnahmen aus dieser verstehenden Ebene dann in der Zeit entfaltet werden. Es ist ein Schauen der sukzessiven

---

[75] Ibid., S. B 65.

[76] Der Ausdruck ‚überbewusst' bezeichnet eine Ebene des Bewusstseins oberhalb der Ebene des Alltagsbewusstseins: sie liegt der psychologischen Ebene des ‚Unterbewussten' diametral gegenüber. Beispielsweise belehrt uns die in der Struktur der Muttersprache vorgeformte Matrix „wie" wir innerhalb der Matrix ihrer inneren Logik denken können.

Momente gleichsam von oben. In diesem Sinne ist es eine Dimension kleiner als die zeitliche Zweidimensionalität – gleichsam außerhalb der Zeit.

Psychologisch gesprochen kann das moderne Phänomen des Zeitdrucks nur entstehen, wenn wir unsere Zeit nicht „besitzen", d.h. so lange wir nicht gewahr werden, dass wir uns selbst ein Pensum dessen setzen, was wir glauben, in einem bestimmten Zeitabschnitt, einer bestimmten zeitlichen Periode (Lebenzeit), manifestieren zu müssen – etwas, das wir in die räumliche Sichtbarkeit hinein gleichsam „ausstoßen". Falls ich aber *weiß*, was es ist, das ich zu erreichen wünsche, entsteht Zeitdruck nur so lange, wie ich versuche, meinen Prozess in die „herrschende Meinung" unserer Zivilisation einzufügen, wo Zeit fortwährend beschleunigt wird; weil wir uns an der Geschwindigkeit unserer mit Lichtfasern verkoppelten Computer messen, machen wir zugleich die Lichtgeschwindigkeit zu unserem Maßstab.

Die intuitive Aktivität des *Verstehens* und ihre Quelle (das verstehende Ich) existiert somit außerhalb der beschriebenen a priori Bestandteile der Erfahrung.

Das empirisch Gegebene

Kant schält diese a priori oder für das Denken gegebenen Elemente ab, die unsere *Form* der Erfahrung konstituieren. Dies erlaubt dem Beobachter, sich der *Substanz* der Erfahrung zuzuwenden. Dies ist der Bereich, den Kant als *gegeben* bezeichnet. Es ist die Vielfalt der Empfindungen, die *gegeben* ist für dasjenige Denken[77], welches das Gegebene ordnet und deutet als „dieses" oder „jenes".

In dem *Gegebensein* der sinnlich wahrnehmlichen, empirischen Welt unterscheidet Kant zwischen zwei Quellen: einerseits dem *Begriff*, der *empfangen* und im Gedanken *verständlich* ist, und der *Wahrnehmung* anderseits, die *gegeben* ist.

Zum Erkenntnisse gehören nämlich zwei Stücke: erstlich der Begriff, dadurch überhaupt ein Gegenstand gedacht wird [die Kategorie], und zweitens die Anschauung, dadurch er *gegeben* wird; denn, könnte dem Begriffe eine korrespondierende Anschauung gar nicht *gegeben* werden, so wäre er ein Gedanke der Form nach, aber ohne allen Gegenstand, und durch ihn gar keine Erkenntnis von irgend einem Dinge möglich;... Nun ist *alle* uns mögliche *Anschauung sinnlich* [Ästhetik], also kann das *Denken* eines Gegenstandes überhaupt durch einen reinen Verstandesbegriff bei uns nur Erkenntnis werden, so fern dieser auf Gegenstände der Sinne bezogen wird. Sinnliche Anschauung ist entweder reine Anschauung [Raum und Zeit] oder *empirische Anschauung* desjenigen, was im Raum und der Zeit unmittelbar als wirklich, durch Empfindung, vorgestellt wird.[78]

---

[77] Kant, Kritik der reinen Vernunft, B 143.
[78] Ibid., B 146, 147.

Dinge im Raum und der Zeit werden aber nur gegeben, sofern sie Wahrnehmungen [mit Empfindung begleitete Vorstellungen] sind, mithin durch empirische Vorstellungen.[79]

Von hier aus setzt Kant seine Untersuchung mit einem weiteren Schälen des begrifflichen *Überbaus* fort. Zuerst identifiziert er das Denken, das der empirischen Wahrnehmung Sinn und Ordnung verleiht,

... dass wir uns nichts, als im Objekt verbunden, vorstellen können, ohne es vorher selbst verbunden zu haben, und unter allen Vorstellungen, die Verbindung die einzige ist, die nicht durch Objekte gegeben, sondern nur vom Subjekte selbst verrichtet werden kann.[80]

Dieses Verbundensein ist *nicht gegeben*; es wird von uns hervorgebracht. Wenn wir aber diese Gedankenelemente identifizieren, schauen wir durch einen weiteren Schleier und stehen einem Rest gegenüber, der nicht Gedanke ist. Dieser Rest erscheint jetzt der empirischen Beobachtung als eine nicht-verbundene Vielfalt. Kant nennt diesen Rest „reine Apperzeption", und unterscheidet ihn damit von der „empirischen Perzeption" (oder „empirischen Wahrnehmung"), wo noch die Vielfalt in der gedanklichen Synthese vereinigt ist.

Ich denke also durch die reine Synthesis des Verstandes, welche a priori der empirischen zum Grunde liegt. Jene *Einheit* ist allein objektiv gültig.[81]

Und jetzt werden wir der Bedeutung des denkenden Bewusstseins ansichtig:

Diejenige Handlung des Verstandes aber, durch die das Mannigfaltige *gegebener* Vorstellungen [sie mögen Anschauungen oder Begriffe sein] unter eine Apperzeption überhaupt gebracht wird, ist die *logische Funktion der Urteile*.[82]

Die *logische Funktion des Urteils* ist die Rolle des Beurteilens – des Denkens – in der *Sinngebung*.

---

[79] Ibid., B 147.
[80] Ibid., B 130.
[81] Ibid., B 140.
[82] Ibid., B 143.

Kant erreicht – im Prinzip – die Ebene, wo das Bewusstsein nicht nur auf seine Inhalte, sondern auch auf seine Aktivität blicken kann – ein Anschauen (Apperzeption) seines (des Bewusstseins) *Lebens*. Er ordnet jedoch diese Ebene einem göttlichen Verstande zu, da sie oberhalb aller Kategorien sein würde.

> Allein von einem Stücke konnte ich im obigen Beweise doch nicht abstrahieren, nämlich davon, dass das Mannigfaltige für die Anschauung noch *vor* der Synthesis des Verstandes, und unabhängig von ihr, gegeben sein müsse; *wie* aber, bleibt hier unbestimmt. Denn, wollte ich mir einen Verstand denken, der selbst *anschauete* [wie etwa einen *göttlichen*, der nicht gegebene Gegenstände sich vorstellete, sondern durch dessen Vorstellungen die Gegenstände selbst zugleich gegeben, oder hervorgebracht werden], so würden die *Kategorien* in Ansehung eines solchen Erkenntnisses gar keine Bedeutung haben. Sie sind nur Regeln für einen Verstand, dessen ganzes Vermögen im Denken besteht.[83]

Kant zögert, diese Grenze zu überschreiten, und bestätigt sie dadurch als eine Begrenzung. Unsere Kontemplation hat jetzt den Pol erreicht, der dem sinneswahrnehmlich Gegebenen gegenüber liegt. Doch diese Grenze ist zugleich auch ein steiles Ansteigen, weil es eine Begegnung unterschiedlicher Bewusstseinsebenen – Vergangheit und Gegenwart – ist.

Indem Kant von der Gegenwartsebene aus zur Ebene der Vergangenheit blickt, kann er weiterhin von derjenigen „Handlung des Verstandes" sprechen, „durch die das Mannigfaltige *gegebener* Vorstellungen [sie mögen Anschauungen oder Begriffe sein] unter eine Apperzeption gebracht wird."[84] Es ist jedoch immer noch zu früh, in das Anschauen (Apperzeption) der Gegenwart einzusteigen – nämlich in das Gewahrwerden, *wie* die Mannigfaltigkeit vor ihrer Synthese gegeben ist: „*wie* aber bleibt hier unbestimmt."[85] Dieser Schritt wird erst später gemacht werden können, im Zusammenhang mit der Erörterung von Steiners Beitrag.

Diese gedankliche Gebärde erlaubt uns aber zu verstehen, wie das unerkennbare „Ding-an-sich" entstand:

> Was die Gegenstände an sich selbst sein mögen, würde uns durch die aufgeklärteste Erkenntnis der *Erscheinung* derselben, die uns *allein* gegeben ist, doch niemals bekannt werden.[86]

---

[83] Ibid., B 145.
[84] Siehe Zitat oben, ibid., B 143.
[85] Siehe Zitat oben, ibid., B 145.
[86] Ibid., § 8, B 60.

Das empirisch Gegebene

Es ist das *Gegebensein* des Mannigfaltigen. Es ist „bereits da", wenn die Aufmerksamkeit seiner gewahr wird. Anders ausgedrückt ist es bereits ein abgeschlossener Inhalt, und damit *Vergangenheit.* Der Anwesenheit der Aufmerksamkeit, die es erschaut, wird nicht getraut. Hier zieht Kant eine andere Linie.

> Was es für eine Bewandtnis mit den Gegenständen an sich und abgesondert von aller dieser Rezeptivität unserer Sinnlichkeit haben möge, *bleibt uns gänzlich unbekannt.*[87]

Kants Bestätigung, dass es „unbekannt bleibt", mag *seine eigene* vorläufige Grenze darstellen, an der er sich entschlossen hat, gleichsam innezuhalten. Doch für die folgenden Generationen wurde sie zu jenem Dogma, dass es *prinzipiell* unmöglich wäre, diese Grenze zu überschreiten. Die Konsequenzen waren ernst. Der Verstand verschloss seine Decken und Wände, wo es doch Fenster hätte geben können zu überbewussten Quellen des Menschen und zur Natur.

Ich will später versuchen, auf die Frage der „Mannigfaltigkeit des Gegebenen" zu antworten durch Bezugnahme auf die Phänomenologie Husserls und Kühlewinds Anschauung des Logos-Prinzips.

Für Kant war das *Gegebene*, das zum „Ding-an-sich" wird, ein Aspekt des Denkens, das bereits in dem Augenblick Vergangenheit ist, wo die Aufmerksamkeit Zeuge seiner Entstehung wird. Es war „heraus-gesetzt", ausgestoßen aus dem lebendigen Organismus des Bewusstseins, und auf Grund der tiefen Kluft zwischen dem der Vergangenheit angehörenden Produkt und dem in der Gegenwart stehenden Zeugen geschieht es nur durch den Anblick einer gewordenen, d. h. vergangenen Gedankenform, dass wir zum Alltagsbewusstsein erwachen – *vor* dem Spiegel des Gehirns.

---

[87] Ibid., § 8, B 59.

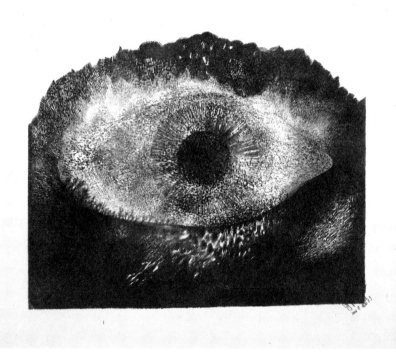

Georg Muche
Zum 8. Mai 63

KAPITEL 3
IN DEN SPUREN DER SINNES-EMPFINDUNG: DER NEOPOSITIVISMUS

Wir haben als spezifisches Merkmal der Kant'schen Welt ihre Unterscheidungen in der Sphäre des Ideellen charakterisiert, die dem menschlichen Geist keinen glaubwürdigen Zugang zum Wesen der Natur (in Kants Terminologie den „Dingen an sich") zu gewähren scheint, und ihn so im Bereich der Idee beschränkt. Ihre Konsequenz ist die Gebärde des Positivismus, Ergebnis eines Skeptizismus, der die Möglichkeit eines Erkenntnisprozesses bezweifelt, welcher die Frage nach dem *Wesen* in der Natur der Dinge befriedigend beantworten könnte. Der Positivismus wählt daher eine „pragmatische" Annäherung an die Natur, wenn er versucht, einen philosophischen Beitrag zur Wissenschaft zu leisten, beziehungsweise zu unserer Aufgabe, sowohl der natürlichen Umwelt als auch dem natürlichen Körper des Menschen in angemessener Weise zu begegnen.

Ernst Mach
Ernst Mach (1838–1916) versucht, die oben angeführte Frage dadurch zu lösen, dass er den Abgrund zwischen menschlicher Erkenntnis und dem angenommen Ding-an-sich unbeachtet läßt und den ganzen mental-psychologischen Prozess zum Pol der materiellen Wirklichkeit hin verlegt. Seine Anschauung von der Welt der physischen Wirklichkeit und die theoretische Entwicklung der Wiener Schule des *Neopositivismus* machten die Philosophie zu einer blossen Dienerin, welche die Annahme einer naiv-realistischen Anschauung begründen wollte, dass unsere Gedanken lediglich Spiegelungen der gegebenen Welt seien.

Für Mach ist Wissenschaft ein Prozess der „Anpassung" oder *Assimilation* an einen jeweils bestimmten Forschungsbereich. Auf diesem Wege hat das Bewusstsein im Bereich der Naturwissenschaft dem sinnenfällig *gegebenen* Ding zu *folgen*, das als Materie aufgefasst wird.[88] Die Vorstellung von einem sinnlich Gegebenen wird als Erinnerungsbild aufgefasst, als *Ergebnis* eines Prozesses des Nervensystems.[89] Das physische Nervensystem muss demzufolge *vor* irgend einer Vorstellung sein.

---

[88] Ernst Mach, *Die Analyse der Empfindungen*, S. 44.
[89] Ibid., S. 49.

Das gesehene Blatt, als abhängig gedacht vom Gehirnprozess, ist etwas Psychisches, während dieser Gehirnprozess selbst in dem Zusammenhang seiner Elemente etwas Physisches vorstellt. Und für die Abhängigkeit der ersteren unmittelbar *gegebenen* Elementengruppe von der durch [vielleicht komplizierte] physikalische Untersuchung sich erst ergebenden zweiten Gruppe besteht das Parallelismusprinzip.[90]

Mach nennt *Empfindungen* Zusammensetzungen von sinnenfälligen sogenannten *Elementen.*[91] Diese sinnenfälligen Elemente sind *unmittelbar gegeben,*[92] das „zuerst Gegebene". Der psychologische Prozess schaut mit anderen Worten als erstes die *sinnlichen* Elemente.

Die Materie ist für uns nicht das erste Gegebene. Dies sind vielmehr die Elemente [die in gewisser bekannter Beziehung als *Empfindungen* bezeichnet werden].[93]

Es folgt dann die Vorstellung im Kopfe des Physikers. Sie entsteht durch die Assimilation des Denkens an die Empfindung.

Die *sinnliche* Tatsache ist also der Ausgangspunkt und auch das Ziel aller Gedankenanpassungen des Physikers. Die Gedanken, welche unmittelbar der sinnlichen Tatsache folgen, sind die geläufigsten, stärksten, und *anschaulichsten.*[94]

Die äußeren, physischen Ursachen, welche die Sinne anregen, sind somit gegeben, jedoch nur zugänglich, *nachdem* das Bewusstsein sie identifiziert hat.

Nur dem, was an den Tatsachen überhaupt beständig ist, können sich die Gedanken anpassen, und nur die Nachbildung des Beständigen kann einen ökonomischen Vorteil gewähren.[95]

---

[90] Ibid., S. 51. Wie bereits erwähnt, ist das, was ich *unmittelbar* gegeben nenne, das Gegebene in seiner Form, *ehe* es von allen seinen ideell-begrifflichen Elementen geschält, und dadurch zu dem *direkt* Gegebenen als solchem reduziert wurde.

[91] Ibid., S. 198.

[92] Ibid., S. 36–37 (bezüglich des ‚direkt Gegebenen,‚ siehe Fußnote 90.)

[93] Ibid., Kapitel 11.6. „Empfindung, Gedächtnis, Assoziation," S. 198.

[94] Ibid., S. 267.

[95] Ibid., S. 268.

Um die beständigste Konstellation einer Gruppe von Empfindungselementen zu identifizieren, stellt Mach sich einen analytischen Prozess vor, in dem alle zufälligen Merkmale, die nicht wiederholt herbeigeführt werden können, herausgefiltert werden. Das Verbleibende kann danach durch einen numerischen Code bezeichnet werden.

Die möglichen [optischen] Empfindungen können, wenn auch *nicht gemessen,* doch nach psychophysischen Methoden durch Zahlen charakterisiert und inventarisiert werden. Irgend ein [optisches] Erlebnis kann nun beschrieben werden, indem man die Werte der Zahlencharakteristiken als abhängig von den Raum- und Zeitkoordinaten und von einander durch Gleichungen darstellt.[96]

Indem nun viele Beobachter [...] sich beteiligen, gelingt es, den zufälligen Einfluss der Variation ... zu eliminieren und nur das gemeinschaftlich Konstatierbare [...] zu ermitteln. Hierbei verhalten sich [die Beobachter] wie physikalische Apparate, von deren Eigentümlichkeiten [...] die Ergebnisse befreit werden müssen. [...] Die Art der Empfindungsqualitäten ist nun gleichgültig; nur deren Gleichheit ist maßgebend.[97]

Der Wiener Kreis
Zusammen mit der Arbeit von Avenarius und Reichenbach stellten die Grundgedanken Machs wichtige Anstöße dar für den sogenannten Wiener Kreis, die neopositivistische Schule der Philosophie, die von Moritz Schlick (1882–1936) begründet wurde. Sie bildete ihrerseits die Grundlage für Rudolf Carnaps Logischen Positivismus und Quines Analytische Philosophie.
Das Programm, die sinneswahrnehmlichen Elemente zu analysieren – von Mach bereits skizziert, wie wir oben gezeigt haben – wurde dann wesentlich differenzierter von Carnap formuliert. Qualitative Klassen wurden aufgestellt, die unterschiedliche Gruppen von Empfindungen und Gefühlen (z.B. Klassen von Sinnen) vertreten. Farben konnten beispielsweise durch drei Nummern benannt werden, welche die Dimensionen des Tones (z.B. gelb), der Sättigung und der Helligkeit vertreten.[98]

---

[96] Ibid., S. 281.
[97] Ibid., S. 281–282.
[98] Stegmüller, *Hauptströmungen der Gegenwartsphilosophie,* Bd. 1, S. 391.

Dieses System führte zu nützlichen industriellen Anwendungen, z.B. der digitalen Aufnahme von Musik. Es stellte indes auch eine Zementierung des Nominalismus dar. Es ist für die wissenschaftliche Erkenntnis nun nicht mehr nötig, dass etwas „sinnlich Festgestelltes" auch „erkannt" werde,[99] wie noch in Schlicks Definition von Erkenntnis. Schlick weist auf die Notwendigkeit eines nicht-gegebenen Erkennens hin, um das Gegebene zu ergänzen, um dem Gegebenen einen Sinn zu verleihen. Doch diese Zuordnung eines Sinnes wird oft zu einem reinen Benennen, das einen Namen wie eine Etikette zuordnet. Für Schlick ist Erkennen nicht eine zweipolige Beziehung zwischen Subjekt und Objekt, sondern eine dreiseitige Verbindung zwischen Subjekt und Objekt und dem Gegenstand, welcher als Objekt identifiziert wird.[100] Für Schlick ist es sinnlos zu sagen, dass man ein *Objekt* erkennt, sondern nur, dass man einen Gegenstand *als etwas* erkennt (z.B. ob der Gegenstand Stuhl als „Stuhl" oder als „Trittleiter" dient.). Aus diesem Grund muss man zwischen *wissen* und *erkennen* unterscheiden.[101] Für Schlick ist Erkennen ein *Ergebnis*, nämlich die *Integration* oder das Einfügen von *„Etwas"* in einen Zusammenhang von anderen Begriffen. Dadurch ist das *„Etwas"* begrifflich definiert, d.h. „gewusst". Damit ist das *Verstehen*, das diese Integration lenkt, jedoch noch nicht erfahren.

Hier können wir den Unterschied beobachten zwischen *be-nennen* und *nennen*. Es wird nicht mehr verstanden, dass dieser Prozess heute anders ist, als er in einer fernen Vergangenheit war, wo der Mensch die Phänomene der Natur dadurch identifizierte, dass er ihre Namen rief.

Heute wird „Nennen" im gleichen Sinne wie ‚Benennen' benutzt, um einem Etwas, das bereits identifiziert ist, eine Etikette zu geben. Doch Kühlewind weist darauf hin, dass das ‚Benennen' früher ein *Rufen* darstellte, ein ins Dasein Rufen.[102] Ein einfaches Beispiel kann den Unterschied verdeutlichen: Wenn ein *guter* Koch zu einem bestimmten Fisch eine Soße machen muss, wird er den Fisch innerlich schmecken und sich den Geschmack vorstellen, wenn er in einer bestimmten Weise zubereitet wird. Dann wird er nach dem komplementären Geschmack suchen, der den charakteristischen Geschmack dieser besonderen Art von Fisch entfalten könnte. Er *weiß* intuitiv, nach welchem Geschmack er sucht. Danach fängt er an, die Zutaten zusammenzustellen und sie in fein dosierten

---

[99] Diese Unterscheidung würde z.B. bedeuten, dass wir etwa einen Tisch vollkommen erkennen können, weil wir seinen funktionellen Begriff gänzlich durchschauen; da wir aber die schaffende Idee einer Tanne nicht wirklich verstehen, können wir die Tanne lediglich *wiedererkennen*.

[100] Stegmüller, *Hauptströmungen der Gegenwartsphilosophie*, Bd. 1, S. 362–368, 364.

[101] Moritz Schlick, „Die Natur der Erkenntnis", in *Allgemeine Erkenntnistheorie*, S. 7–9, 81–83.

[102] Kühlewind, „Sprache und Musik", in *Feeling Knowing*.

Mengen hinzuzufügen. Er wird die Soße während des Prozesses abschmecken und die Dosierungen so lange variieren, wie er sich noch sagt, „nein, so nicht", bis er zufrieden ist. Falls die Soße ein Erfolg ist, wird er ihr vielleicht einen „Namen" geben (z. B. Sauce Bistrot de Bretagne); *irgendein* Name kann hier genügen. Doch das wirkliche Nennen war das *ins Dasein Rufen*, das *Wissen*, was er zu erreichen wünschte.

Diese Aktivität, einen (nicht-gegebenen) Sinn zu *geben*, unterscheidet sich völlig von dem *Be-Nennen* eines existierenden sinnlichen Feldes. Doch selbst das Benennen einer gegebenen Empfindung erfordert eine auswählende Aufmerksamkeit bezüglich aller der Feinheiten, die ihr angehören, und aller derjenigen, die ihr nicht angehören.

Die Wiederentdeckung der Fähigkeit des *Verstehens* – z. B. den Unterschied zu sehen zwischen Sinngebung und Benennung – könnte zu einer Einschränkung der Letzteren auf ihren berechtigten Bereich führen: der nominalistisch begründeten Anwendung in der Technologie.

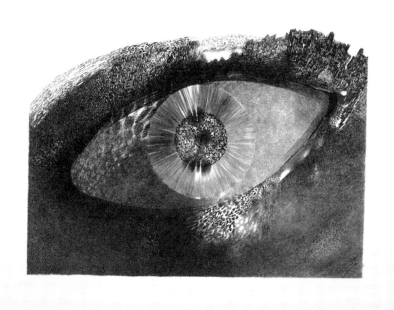

*Georg Muche
Zum 8. Mai 63*

KAPITEL 4
DAS ERWACHEN IM ZEUGEN:
DER IDEALISMUS FICHTES

Die positivistische Weltanschauung – für welche letzlich nur das materiell-sinnlich Gegebene Garant der Wirklichkeit ist – wird unbefriedigend, sobald man einsieht, dass das Einräumen des Vorrangs der räumlich-physischen Welt im Wesentlichen durch eine vorbewusste gedankliche Tätigkeit geschah. Durch diese Einsicht richtet sich nunmehr unsere Aufmerksamkeit auf das denkende Ich, dass als Zeuge im Denken und Wahrnehmen zugegen sein kann.

Das Ich kann als dasjenige identifiziert werden, welches Aufmerksamkeit gibt. In dem Augenblick, wo sich diese Aktivität der Aufmerksamkeit mit ihrem eigenen Werkzeug *identifiziert*, verliert sie ihre ursprüngliche Durchsichtigkeit und wird im ersten Schritt zum psychologischen Selbst (Persönlichkeit, Identifikation mit sozialer Position, Geschlecht, Familie, Beruf usw. – schlechthin mit allem, was in den Bereich der Egoität fällt), und im zweiten identifiziert sie sich mit dem leiblichen Instrument, aus dem sie irrtümlicher Weise glaubt, hervorgegangen zu sein: mit dem Gehirn. Es wird nicht erwogen, dass das Gehirn, so wie es von der modernen Naturwissenschaft aufgefasst wird, vielleicht nur einen bloßen Reflektor darstellt, einen Spiegel, der uns bemerken läßt, dass wir jetzt einen „Gedanken" vor uns haben. *Jemand* muss diesen Gedanken im Spiegel des Gehirns *verstehen*.[103] Das Gehirn kann dies nicht tun. Das verstärkte Auftreten gewisser bio-chemischer Prozesse im Gehirn kann uns nur darauf hinweisen, dass *jemand* jetzt denkt. Entsprechend müssen auch das psychologische Selbst und das Gehirn von dem spirituellen Ich unterschieden werden. Das war der Brennpunkt in Fichtes (1762–1814) Ansatz: die *Quelle* der Aufmerksamkeit.

Dieser Gesichtspunkt lenkt unseren Blick auf den inneren *Zeugen*, der unsere Bewusstseinsinhalte und -prozesse bemerken kann. Das war Fichtes Erwiderung auf Kants kritischen Vorbehalt bezüglich der Möglichkeiten menschlichen Erkennens und Wissens. Fichte versuchte zu zeigen, wie die *Quelle* der Aufmerksamkeit – im menschlichen Ich – tatsächlich erfahren werden kann. In der Perspektive dieses inneren Zeugens läßt es sich gewahr werden, wie das Ich, wenn

---

[103] Kühlewind, „Die grundlegende Erfahrung des Geistes", in: *Bewusstseinsstufen. Meditationen über die Grenze der Seele*, S. 43–44; Steiner, *Wie bekommt man das Sein in die Ideenwelt hinein*, Dornach, 19. Dezember 1914, 7. Vortrag in GA 156, S. 119, 126.

es die Kant'sche Bewusstseinsgeste ausübt, sich selbst die Unmöglichkeit setzen kann, etwas über das Wesen der Natur zu erkennen.

Für Fichte war Kants „unerkennbares Ding-an-sich" nur wieder eine selbstgesetzte *Grenze*. Gerade aber dann, wenn die Grenze als selbst gesetzt erfahren wird, könnte diese Grenze auch integriert werden innerhalb desselben Bewusstseins, das sich bis jetzt eine solche Einschränkung selbst auferlegt hatte. Fichte löst diesen Konflikt auf in einem Dialog zwischen dem Ich und dem „Gegebenen".

Das Gegebene muss etwas sein, es ist aber nur insofern etwas, inwiefern es noch ein anderes gibt, das auch etwas aber etwas anderes ist.[104]

Das „andere" ist das *setzende* Ich – sich selbst, als auch seinen eigenen Bewusstseinsinhalt setzend:

Nichts kommt dem Ich zu, als das, was es in sich setzt.[105] Wir legen das oben abgeleitete Faktum zum Grunde, und sehen, wie das Ich dasselbe in sich setzen möge. Dieses Setzen ist gleichfalls ein Faktum, und es muss durch das Ich gleichfalls in sich gesetzt werden; und so beständig fort, *bis wir bei dem höchsten theoretischen Faktum ankommen; bei demjenigen, durch welches das Ich [mit Bewusstsein] sich setzt, als bestimmt durch das Nicht-Ich.*[106]

Das Gegebene bildet für das Ich eine Grenze;[107] Fichte nennt diese Grenze ein „Nicht-Ich". Alles, was innerhalb des Ich ist, jeder Inhalt des Ich, ist *ideenhaft* (*ideal*) bestimmt[108], es ist aber auch *real*, weil das Ideenhafte *in seinem Wesen erfahrbar*

---

[104] Johann Gottlieb Fichte, *Grundriss des Eigentümlichen der Wissenschaftslehre (1795)*, § 1, S. 4 (Die Seitenzahl bezieht sich auf die Paginierung der Erstausgabe von 1795).

[105] Fichte gebraucht das deutsche Wort ‚setzen', um einen Bewusstseinsinhalt zu charakterisieren; er benutzt es im Sinne des griechischen Verbs ‚tithemi', von welchem das Wort ‚These' abgeleitet ist. Das entsprechende Wort im Englischen wäre ‚positing', im Sinne von ‚establishing'.

[106] Fichte, ibid., S. 4.

[107] Überall wo wir eine *Grenze* haben, können wir sagen, dass „etwas" vorhanden ist, wie fein oder grob, subtil oder solide es auch sei. *Grenze* bedeutet, dass dem beobachtenden Ich etwas begegnet. Die schlichte Tatsache aber, dass man *dieses* beobachten und über die Beziehung von Ich und Grenze reflektieren kann, bedeutet, dass *dieses Ich auch in der Lage ist, über die Grenze hinauszublicken*; es kann die Grenze zum Nicht-Ich auch oberhalb der bisherigen, früheren Position des Ich erfahren, das durch die Grenze aufgehalten und dadurch zum Bemerken derselben gebracht wurde. Diesbezüglich – auf der Ebene des Schauens – ist die Grenze zwischen Ich und Nicht-Ich sozusagen „atmend".

[108] Jeder Inhalt innerhalb des Ich kann zumindest als „etwas" identifiziert werden, bis es seinen

ist. Das Nicht-Ich wird in der ersten Begegnung in seinem *Wirklichkeitsaspekt* erlebt, weil es für das Ich eine Grenze darstellt. Weil das Ich diese Wirklichkeit nicht selbst hervorgebracht hat, weil es sie lediglich ein „Anderes" nennen kann, bestimmt es diese andere Wirklichkeit durch seine *ideelle Aktivität* (d. h. artikuliert sich in der Form der Idee).

Die über den Grenzpunkt, den wir C nennen wollen, hinausgehende Tätigkeit des Ich ist lediglich ideal, und überhaupt nicht real, und die reale Tätigkeit geht überhaupt nicht über ihn hinaus. Die innerhalb der Begrenzung von A bis C liegende ist ideal, und real zugleich; das erstere insofern als sie kraft des vorigen Setzens, als lediglich im Ich begründet, weil es durch das Ich zunächst als Grenze erfahren wird.[109]

Ferner ist klar, dass diese ganze Unterscheidung aus dem Gegensetzen entspringe: sollte nicht reale Tätigkeit gesetzt werden, so wäre keine ideale gesetzt, als ideale, denn sie wäre nicht zu unterscheiden, wäre keine ideale gesetzt, so könnte auch keine reale gesetzt werden... *Idealität und Realität sind synthetisch vereinigt. Kein Ideales, kein Reales, und umgekehrt.*[110]

Doch das, was durch die Wirklichkeit des Ich als ein „Anderes", Gegebenes, bezeichnet wird, kündet sich für uns durch *charakteristische Merkmale* an, wie z.B. die Qualitäten in der Sinneswahrnehmung. Wenn wir solche Qualitäten erblicken, und wenn sie vom Bewusstsein in ihrem spezifischen „*Das*" oder „*So-sein*"[111] erlebt werden, können wir diese als die *ideelle* Manifestation und den *ideellen* Ausdruck der Wirklichkeit dieses so erfahrenen Nicht-Ich verstehen. Im Prinzip braucht nichts verborgen zu bleiben, weil das Ideelle eine Form ist, durch welche sich das *wirkliche* Nicht-Ich dem Verstehen des Ich geistig mitteilen kann. Das Ideelle wird vollständig durchsichtig und dadurch in das Ich hineingenommen. Anders ausgedrückt hat sich das Ich über die bisherige Grenze hinausgestreckt und in seine Grenzen etwas hereingenommen, das anfänglich „jenseits" war. Das Ich kann das aber nur tun aufgrund seiner offenen Grenzen, seiner *Anlage* zur Unbegrenztheit. Es setzt und versetzt fortwährend seine eigenen Grenzen in sich selbst und für sich selbst.

---

ideell-begrifflichen Charakter offenbart; und wann immer wir „etwas" *verstehen*, müssen wir einsehen, das dieses Verstehen ‚ideelle Aktivität' ist.

109 Fichte, *Grundriss des Eigentümlichen der Wissenschaftslehre* (1795), S. 23.

110 Ibid., S. 24

111 Immer wenn wir „*Das*" sagen, liegt der Wahrnehmung ein *spezifischer* Komplex vor, ein Gefühl und ein Wille, die wir *meinen*, wenn wir „*Das*" sagen. Siehe auch Kapitel 6.

Auf diese Weise könnte ein „Ding-an-sich" auch seiner ideell-begrifflichen Maske entledigt und in seinem Wesen erfahren werden in dem *Verstehen*, welches es setzt, weil der setzende Wille des Verstehens erfahrbar ist in seinem effektiven Setzen, das heißt in seiner setzenden Wirklichkeit.

Doch die Synthese in welcher Nicht-Ich und Ich (Gegebenes und Nicht-Gegebenes) vereinigt sind, ist die bildhafte Tätigkeit und ihr Abdruck, das *Bild*. Das Bild in welchem das Ich das Gegebene *ideell* artikuliert, ist somit das „Kleid", in welchem das Gegebene in seiner Wirklichkeit erscheint.

Inwiefern das Ich dieses Bild setzt als Produkt seiner Tätigkeit, setzt es demselben notwendig etwas entgegen, das *kein* Produkt derselben ist; welches nicht mehr bestimmbar, sondern vollkommen bestimmt ist, und ohne alles Zutun des Ich, durch sich selbst bestimmt ist. Dies ist das wirkliche Ding, nach welchem das bildende Ich in Entwerfung seines Bildes sich richtet und das ihm daher bei seinem Bilden notwendig vorschweben muss.[112]

Das Ich bildet [das Bild] nach demselben [wirklichen Ding]; es muss demnach im Ich enthalten, seiner Tätigkeit zugänglich sein: oder, es muss zwischen dem Dinge, und dem Bilde vom Dinge, die einander entgegengesetzt werden, ein Beziehungsgrund sich aufweisen lassen. Ein solcher Beziehungsgrund nun ist eine völlig bestimmte, aber bewusstseinlose Anschauung des Dinges... Das Ich ist in ihr [in dieser Anschauung] leidend. Dennoch ist sie auch eine Handlung des Ich, und daher beziehbar auf das im Bilden handelnde Ich.[113]

Das Ich produziert ursprünglich das Objekt. Es wird in diesem Produzieren, zum Behuf einer Reflexion über das Produkt *unterbrochen*. [...] Aber ihr Produkt, das Objekt muss bleiben, und die unterbrechende Handlung geht demnach auf das Objekt und macht es gerade dadurch zu etwas, zu einem festgesetzten, und fixierten, dass sie darauf geht und das erste Handeln unterbricht.[114]

Das Ich unterbrach selbsttätig sein Produzieren, um auf das Produkt zu reflektieren.[115]

Nun aber soll diesem Bilde etwas außer uns Liegendes, durch das Bild gar

---

[112] Ibid., S. 59–60.
[113] Ibid., S. 60.
[114] Ibid., S. 61.
[115] Ibid., S. 61.

nicht Hervorgebrachtes, noch Bestimmtes, sondern unabhängig von demselben nach seinen eignen Gesetzen Existierendes entsprechen.[116]

Durch diese Freiheit im Bestimmen wird das Bild beziehbar auf das Ich, und läßt sich setzen in dasselbe, und als sein Produkt. [...] Die vollkomne *Bestimmung* ist der Beziehungsgrund zwischen dem Bilde und dem Dinge, und das Bild ist jetzt von der unmittelbaren Anschauung des Dinges nicht im geringsten verschieden.[117]

Wollen wir versuchen, ein Beispiel eines solchen Bildes zu finden, können wir an eine Pflanze (etwa eine Rose) denken, oder auch an ein Mineral (z.B. Quarz), das Bestandteil ist vieler materieller Substanzen, die uns den Widerstand leisten, welcher uns veranlasst, sie als „gegeben" zu bezeichnen.
Das Wort *Rose* zeigt auf unser *Verstehen*, das einen spezifischen Zusammenhang charakteristischer Eigenschaften *nennt*[118], oder hervorruft.

Wenn die Realität des Dinges [als Substanz] vorausgesetzt wird, wird die Beschaffenheit desselben gesetzt, als zufällig, mithin mittelbar als Produkt des Ich; *und wir haben demnach hier die Beschaffenheit im Dinge, woran wir das Ich anknüpfen können.*[119]

So trägt die Wirklichkeit des Ich die unzähligen Charakteristika des Dinges. In ihrer Gesamtheit repräsentieren sie das Verstehen dessen, was als *Ding* benannt wurde. Die Wirklichkeit des Dinges ist die Antithese des Ich, die *notwendig* ist, um dem Ich zu ermöglichen, in seiner Bewegung vom *Produzieren* zum *Finden* fortzuschreiten. Dies bedeutet, dass das Ich involviert ist in einem Rhythmus des Produzierens (d.h. des überbewussten Setzens eines charakteristischen Attributs) und Unterscheidens (d.h. des sich selbst Findens als bestimmt durch eine solche „produzierte" Qualität).
Für Fichte ist es die *Wirksamkeit* der notwendigen Wirklichkeit des Dinges, dass es seine akzidentiellen[120] (sekundären) Attribute vereint, was uns berechtigt,

---

116 Ibid., S. 62.

117 Ibid., S. 63.

118 Siehe auch Kapitel 3, „Wiener Kreis".

119 Fichte, Grundriss des Eigentümlichen der Wissenschaftslehre (1795). S. 68.

120 ‚Akzidentiell' ist hier in dem gleichen Sinne wie der lateinische Ausdruck *accidentiae* benutzt, um jene Attribute der Dinge zu benennen, die auf ihre spezifische Funktion/Wirkensweise nicht einwirken würden, so wie z.B. die unterschiedlichen Farben einer Rose ihr Dasein als *Rose* nicht verändern.

das unbestimmte Nicht-Ich (zufällige Eigenschaften) auf das notwendige Nicht-Ich zu beziehen. Dieses effektive Wirken, das ein aktiver Vorgang ist, ist das *wirkliche Ding*.[121]

Die Äußerung des Dinges in der Erscheinung ist Produkt des Dinges; diese Erscheinung, inwiefern sie für das Ich da ist und durch dasselbe aufgefasst wird, ist Produkt des Ich.[122]

Wenn aber das Ich die äußere (sinneswahrnehmliche) Manifestation als eine Brücke zum Wesen des Dinges nehmen soll, so muss es sie als ein *Zeichen* auffassen. Etwas als ein ‚Zeichen' zu interpretieren bedeutet, dass man es *liest*. Und dies ist genau der Punkt, mit dem die nominalistische Position nicht einverstanden ist. Sie würde ein „Lesen" auffassen als eine willkürliche Einmischung der Subjektivität in etwas, dessen Objektivität postuliert ist. Es wird aber nicht bemerkt, dass dieses Argument in sich bereits eine *Interpretation* (d.h. ein „Lesen") ist, insofern als beide Aussagen – „dies *ist* ein sinnvolles Zeichen" oder „dies ist *nicht* ein sinnvolles Zeichen" – auf einem bestimmten *Verstehen* gründen. Jeder Akt des Setzens basiert auf Verstehen. Der Wert des Fichte'schen Bildes ist, dass es eine Synthese von Empirismus und Idealismus anbietet. „Materie", ohne in ein sprechendes Bild integriert zu sein, ist dem „Himmel" gestohlen, von ihrem einheitlichen kosmischen Ursprung getrennt. Und die „Idee", ohne Möglichkeit, für die Sinne zu erscheinen, ist entweder noch nicht reif oder bereits Vergangenheit, sie kann aber nicht in dem Jetzt erscheinen. Erlaubt man dem Bild, zu „sprechen", dann wird die Sphäre des Geistes als eine Wirklichkeit anerkannt. Da wird der Materie erlaubt, alle ihre zahllosen Möglichkeiten zu erschöpfen, weil sie im Laufe der Zeit fortwährend anders gesehen wird in den Augen menschlicher Beschauer. Auf diese Weise nimmt die Materie teil an dem ewigen Fluss der Verwandlungen (die bereits dem nackten Auge sichtbar sind, wenn wir etwa den Stoffwechsel in der organischen Natur beobachten), die sich auch die Physik „vorstellbar" gemacht hat in der Form von Bildern, z. B. von den molekularen, atomaren und subatomaren Komplexen und Prozessen, oder biologischen Bausteinen („Spirale", „Helix"). So wird die Materie von einem „Tod" im Bewusstsein befreit, wird so im Auge des Geistes vereint mit ihrer einheitlichen Quelle.

So steht das Bild immer als ein verkörpertes Gleichnis, welches den beiden diametral gegenüber liegenden Weltanschauungen ihr Recht gibt. Es ist Fich-

---

[121] Fichte, Grundriss des Eigentümlichen der Wissenschaftslehre (1795). S. 75.
[122] Ibid., S. 80.

tes bedeutsamer Beitrag zur philosophischen Entwicklung, zu zeigen, dass es das Ich ist, das in sich das Bild setzt. Dieser Akt des Setzens offenbart sich schon in der Tatsache, dass das Bewusstsein etwas „draußen" wahrnimmt und dies zum Bilde formt aus einem *Verstehen,* dem erlaubt wird, durch fortwährende Metamorphosen hindurchzugehen.

So werden die Pole, die für den Wirklichkeitssinn des Menschen errichtet sind als Folge des menschlichen Denkens, die Pole, die den Menschen in die Dualität, in die Trennung von der Natur und von seinem eigenen natürlichen Körper hinausgestoßen haben, vereint in *Versöhnung,* in dem Akt des Verstehens.

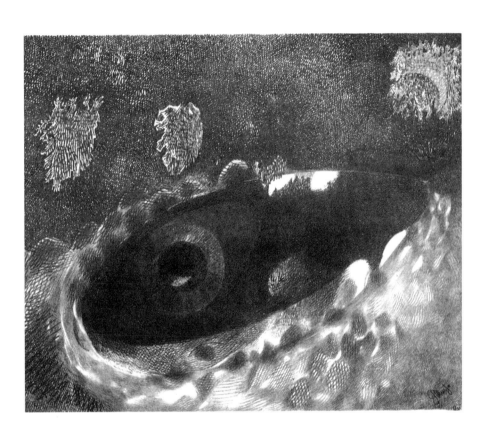

*Georg Muche,
Zum 8. Mai 63*

KAPITEL 5
ERSCHEINUNGSFORMEN DES GEISTES: DIE GEGEBENHEIT DER IDEE BEI HEGEL

Wenn wir die Grenze des *Bildes* überschreiten, das uns die empirisch gegebene Welt darbietet, betreten wir die Sphäre des Bewusstseins: wir stehen unserem eigenen Verstehen der Struktur des Bildes gegenüber, das wir bereits im Ich gesetzt vorfinden, sobald wir unsere Aufmerksamkeit auf das Bild lenken.

Der Weg der Integration und Auflösung des Ideellen sowie der begrifflichen Bestimmungen war notwendig, um uns zu ermöglichen, das empirisch Gegebene zu unterscheiden. Anfänglich erfahren wir dieses Gitter der Ideen und Begriffe als gegeben; bis wir es gewahr werden, lenkt es unsere Wahrnehmung des sinnlich Gegebenen. Wir bemerken nicht, dass wir dieses Gitter überbewusst verstehen müssen, falls wir fähig sind, es in seiner Existenz zu identifizieren; das bedeutet, dass wir keinen Gedanken bemerken können, ohne ihn zu denken!

Hier werden wir von Hegel (1770–1831) unterstützt, dessen Aufmerksamkeit auf die Quelle des *für die Erkenntnis* Gegebenen gerichtet ist. Der Vorgang, den er beschreibt, ist eine Metamorphose: von der Gegenüberstellung des denkenden Subjekts und dem Objekt des Gedankens zu einer synthetischen Identität auf höherer Ebene, in der Einheit des denkenden Verstehens:

> Aber wie beim Kinde nach langer stiller Ernährung der erste Atemzug jene Allmählichkeit des nur vermehrenden Fortgangs abbricht – und jetzt das Kind geboren ist, so reift der sich bildende Geist langsam und stille der neuen Geburt entgegen, löst ein Teilchen des Baues seiner vorhergehenden Welt nach dem anderen auf.[123]

Für Hegel muss die Annäherung an die Sphäre des Geistes in der gleichen empirischen Stimmung erfolgen wie diejenige an das sinnlich Gegebene.

> *Das Absolute* soll nicht begriffen, sondern gefühlt und angeschaut [werden], nicht sein Begriff, sondern sein *Gefühl* und *Anschauung* sollen das Wort führen und ausgesprochen werden.[124]

---

[123] Georg Wilhelm Friedrich Hegel, „Vorrede," in *Phänomenologie des Geistes*, S. 18. [Die Seitenzahl sind identisch mit Band 3 der *Theorie-Werkausgabe G. W. F. Hegel* in 20 Bänden, Frankfurt 1969–71.]

[124] Ibid., S. 15.

Dieser Weg führt zu einer Phänomenologie des Geistes. Als Inhalte des Bewusstseins finden wir Ideen, Begriffe und Vorstellungen als gegeben, wir finden auch unsere *Fähigkeit* (Anlage) zum Denken als gegeben. Die Aktivierung des Denkens jedoch – d. h. wenn wir unsere Aufmerksamkeit auf etwas richten – ist *nicht gegeben*: Sie muss vom Ich herbeigeführt werden. Wenn im denkenden Verstehen die gegebenen Inhalte des Bewusstseins aufgelöst werden, bewegen wir uns in die Sphäre des Geistes hinein, das Thema von Hegels Phänomenologie.

Das Leben der Begriffe im Lichte der Erfahrung
Der erste Schritt ist die Erfahrung, wie Begriffe sich in ihren Ursprung im Verstehen auflösen, dort wo sie zuerst gebildet wurden. In diesem Vorgang wird ihr „substantivischer" Charakter übergeleitet in die Aktivität ihres entsprechenden „Verbums", wo die *Funktion* erfahren wird. Die Funktion eines Begriffes ist der Ort seiner Tätigkeit innerhalb eines sinnhaltigen, systematischen Zusammenhangs, der wiederum dem isolierten Begriff Sinn verleiht. Eine Funktion ist gleichsam eine strömende Säule von „Verstehens-Licht", das einem Zusammenhang seinen Sinn gibt. Sogar die Identifikation oder das Sehen oder Bemerken einer bestimmten Lebensstruktur, die einen Zusammenhang systemischer Interdependenz bildet, ist bereits ein Prozess des Verstehens. Hegel stellt dieses Phänomen in den Mittelpunkt seiner Aufmerksamkeit.

Man könnte zum Beispiel den *Begriff* eines menschengemachten Objekts ins Auge fassen, etwa den einer „Tür". Wir können uns unendlich variierte, vorstellungshafte Bilder von Türen bilden, in allen architektonischen Stilrichtungen, für jede denkbare Art von Räumen (Häuser, Autos, Schränke, Kisten usw.), doch diese Gebilde können nur *Tür* genannt werden, wenn sie die Funktion erfüllen, zwei Räume von einander zu trennen, verknüpft mit der Möglichkeit, offene Kommunikation oder einen Korridor zwischen ihnen zu bilden. Es ist in der Tat diese Absicht, welche die Formgebung und technische Konstruktion einer Tür bestimmt. *Ein* einziger Begriff drückt das *Verstehen* aller möglichen Vorstellungen aus.

Dann erreicht man das Verstehen, dass es die gemeinsame Übereinkunft innerhalb einer „Kommunikationsgemeinschaft" ist, die einem Ding erlaubt, als Tür zu funktionieren. Kinder können z. B. den Eingang zu ihrem Spielhaus, das vielleicht nur ein großer Busch im Garten ist, dadurch markieren, dass sie einen Stab zwischen zwei Astgabeln legen. Wenn der Stab „runter" ist, dürfen keine Erwachsene eintreten, und sie werden diese Gebärde auch respektieren, falls sie sie verstehen. „Jetzt darfst du reinkommen," wird das Kind vielleicht sagen und den Stab heben. Der Stab hat nichts mit unserem verallgemeinerten Bild einer Tür zu tun, doch er *ist* eine Tür. Dieses Verstehen ist seine Funktion.

Und wenn dies verstanden ist, wird der *Begriff* als solcher eine Tür, nämlich eine Tür zu der Erfahrung des dem Verstehen innewohnenden Lichtes. Das ist die Sphäre der Erfahrung des *tätigen Geistes*, nämlich das Licht des Verstehens, das sich mit einer in gegenseitiger Bezugnahme gehaltenen, lebendigen Bedeutungsstruktur verwebt. Hier kann man eine wahre Phänomenologie des Geistes beschreiben, nämlich die Art und Weise, in welcher der Geist im menschlichen Bewusstsein erscheint (phenomenon[125]).

Der Vorgang setzt sich fort durch das Öffnen der nächsten Tür, wo *Verstehen* selbst eine Tür wird, eine Tür, um desjenigen, welches versteht, gewahrzuwerden, und dies ist das menschliche Ich.

Und hier findet sich wiederum der Anfang einer neuen Leiter, nämlich die Quelle der hierarchischen Ebenen des Ich, dasjenige, das erfährt, daß Ich bin. Das gemeinsame Charakteristikum dieser Ich-Ebenen ist ihr *Sprechen*, das bedeutet, dass sie Sinn *geben*, und dass das Anschauen des Schauenden fähig ist, Sinn zu *verstehen*. Es ist berechtigt, dieses Phänomen *Logosnatur* zu nennen, weil es alle Charakteristika des griechischen Wortes *logos* verkörpert, der Ausdruck, der verwendet wurde, um auf *das* Wort hinzudeuten, das im Anfang war (Johannes 1,1). Diese Logos-Sphäre des *sprechenden* Ich ist gleicherweise der Ursprung des „Gegebenseins" der Ideen und Begriffe, die Sphäre, wo sich das Geben ereignet.

Dies war die kurze Zusammenfassung einer Leiter, die ausgeht von gegebenen Begriffen *menschengemachter* Gebilde (was bedeutet, dass diese durchgängig verstehbar, weil von menschlicher Intelligenz erfunden, wirklich erkennbar sein können — in der Terminologie Lockes ‚real essences'). Die Leiter endet bei der Quelle des *Gebens*. Das analoge Annähern an Erscheinungen der Natur (deren Wesen wir zunächst nur dem Namen nach verstehen – ‚nominal essences' im Sinne Lockes) wurde von Husserls Phänomenologie unternommen, die im folgenden Kapitel beschrieben wird.

Das Steigen an der Leiter der Begriffserfahrung gestattet uns, auch den Begriff des ‚Gegebenen' in Verstehen aufzulösen; in einem „wortenden"[126] Gewahrsein oberhalb oder jenseits der Worte, als wortlos, was uns die einleitende Möglichkeit gab, überhaupt *etwas* als „gegeben" zu bezeichnen.

Für Hegel ist dies ein Weg der vollständigen Metamorphose, wo der Wissende zum Gewussten wird, wo die beiden zu *einem* werden in der ‚Substanz' des Verstehens. Hier ist Substanz der *Prozess*, der das ungeteilte Zusammensein von

---

125 *Phenomenon:* Aus dem Griechischen, von *phainesthai*, mit der Bedeutung „erscheinen".

126 Die Verb-Natur eines Begriffes ermöglicht uns in der erkennenden Erfahrung, die funktionelle Ideee eines Hauptworts zu verstehen, die sich in ihrem Funtionieren oder „Dienen" offenbart; so z.B. würde ein Stuhl nur dann „stuhlen", wenn er tatsächlich als Stuhl benutzt wird.

Wissendem und Gewusstem, ihre Kommunion, trägt.[127] In Hegels Erfahrung ist es die Tätigkeit des *Denkens* als solchem, die diese Substanz offenbart.

> Dadurch überhaupt, dass ... die *Substanz* an ihr selbst Subjekt ist, ist aller Inhalt seine eigene Reflexion in sich selbst.[128] Das *Bestehen* oder die Substanz eines Daseins ist die Sichselbstgleichheit; denn seine Ungleichheit mit sich wäre seine Auflösung. Die Sichselbstgleichheit aber ist die reine Abstraktion;[129] diese aber ist das Denken. Wenn ich sage Qualität,[130] sage ich die einfache Bestimmtheit; durch die Qualität ist ein Dasein von einem anderen unterschieden...[131]

Mit anderen Worten, wenn wir einen Bewusstseinsinhalt finden, den wir als ‚gegeben' bezeichnen können, begegnet uns in Wirklichkeit ein Produkt des schon gewesenen Denkens, das aufgelöst werden muss durch ein gegenwärtiges, lebendiges Denken. Eine solche neue und gegenwärtige Denktätigkeit ist genötigt, sich dem vergangenen Gedanken anzugleichen, um ihn in Verstehen auferstehen zu lassen – ein Akt, der in der Sprache des Thomas von Aquin *adaequatio* oder *conformatio* genannt wurde. Ernst Cassirer formuliert es folgendermaßen:

> Die echte apriorische *Erkenntnis* ergreift oder hat den Gegenstand nicht als etwas ihr selbst Fremdartiges, sondern sie ‚ist' – in einem bestimmt definierten Sinne – dieser Gegenstand selbst. [...] Diese Art der Einheit ist vom Wissen nicht nachträglich hergestellt, sondern in ihm vermöge seines eigentümlichen *Wesens* ursprünglich gesetzt.[132]

Die Bewegung des Verstehens, durch die sich das erkennende Ich dem Gewussten angleicht (adaequatio), ist durch den Abstand zwischen Ich und Nicht-Ich,

---

127 Noch in der Sprache Dantes wird das Wort „Substanz" für „geistige Wesen", „Ich-Wesen" verwendet. Nur Substare, lateinisch, wörtlich „unterstehen", weist hin auf die „substantielle", oder substanzartige Tätigkeit eines Ich-Wesens: *Verstehen*. Im englischen „understanding" – under-standing – liegt noch ein Nachklang dieses Verständnisses: „einen Sinn tragen", „unterstützen".

128 Vergleiche Thomas von Aquin, „Ist Wahrheit in Sinneswahrnehmung?", Frage I.9, in *De Veritate*.

129 Hier kann es hilfreich sein, die Wurzeln des Wortes *Abstraktion* ins Auge zu fassen: das lateinische Wort *ab(s)trahere*, abziehen, meint, alles was nicht Teil der wesentlichen Natur ist, zu „ignorieren, unbeachtet zu lassen, von ihm abzuwenden".

130 Wir werden später sehen, dass dies auch eine Unterstützung von Husserls Weg ist, dass das Wesen dem Namen nach, ‚nominal essence', erkennbar ist durch sein *Eidos*.

131 Hegel, Phänomenologie des Geistess, S. 53.

132 Cassirer, *Das Erkenntnisproblem*, Band 3, Kapitel 4, S. 286f.

zwischen Selbstheit und Andersheit erzeugt. Hegel nennt diesen Abstand „das Negative" oder „Ungleichheit". Es ist die Kraft, die das Ich, gleichsam wie ein Vakuum, anregt, bis es die vollständige Gleichheit mit dem Gegebenen erreicht hat:

> Die Ungleichheit, die im Bewusstsein zwischen dem Ich und der Substanz, die sein Gegenstand ist, stattfindet, ist ihr Unterschied, das N e g a t i v e überhaupt. Es kann als der M a n g e l beider angesehen werden, ist aber ihre Seele oder das Bewegende derselben; weswegen einige Alte das L e e r e als das Bewegende begriffen, indem sie das Bewegende zwar als das N e g a t i v e, aber dieses noch nicht als das Selbst erfassten.[133]

Man könnte dasjenige, welches dieses „Negative" wahrnimmt, mit der Gebärde einer „Bettelschale" vergleichen. Hier ist es indes unsere Tätigkeit der Aufmerksamkeit, die zum Träger wird, geformt von und erfüllt mit sinnerfüllter Bewegung. Diese Gebärde wird auch „die Umkehrung des Willens" genannt, weil das aufmerksame Ich seinen aufmerkenden Willen der „Andersheit" völlig übergibt. Dieser Prozess beginnt mit einem Akt der Konzentration der eigenen Kräfte der Aufmerksamkeit auf ein begriffliches, ideelles oder meditatives Thema, oder auf ein sinnlich wahrnehmbares Element der Natur. Wenn die Konzentration anfängt, kontinuierlich zu werden, und wenn äußere Störungen, innere Assoziationen, Erinnerungen oder Projektionen nicht länger ablenken von dem reinen Schauen des Themas, kann man seinen *intentionalen* Willen loslassen und dem Thema sagen: „Dein Wille geschehe" oder „Lass' Dich gesehen werden". Mit anderen Worten gibt man seinen eigenen aufmerksamen Willen völlig dem Willen der Idee oder des sinnlich wahrnehmbaren Elements hin, das jetzt in der Lage ist, sein eigenes Wesen in innerer Durchsichtigkeit des Selbstes zu entfalten, ohne willkürliche oder subjektive Einmischung von uns selbst.[134] So nimmt unser aufmerksamer Wille die Gebärde der Idee auf, d.h. den Willen der *Substanz*, des geistigen Prinzips, das der Idee ermöglicht, manifest zu werden.

Gegenwart des Zeugen
Hegels Denkungsart aktiviert eine Ebene des Selbstgewahrseins, das mehrere Vorgänge gleichzeitig schaut. Es sieht einerseits die Erfahrung der Kommunion zwischen Wissendem und Gewusstem und andererseits die Gewissheit, dass diese ein *wirklicher* Vorgang ist. Und die Gewissheit wird bestätigt durch die Ge-

---

[133] Ibid. S. 39.
[134] Kühlewind, „The Reversal of the Will and the Encounter with the Logos-force," in *Schooling of Consciousness*.

genwart einer höheren Ebene der Ich-bin-heit, die Zeuge ist der *Wahrheit* dieser Wissenserfahrung. Etwas, das als eine Synthese der Dualität (des Verschmelzens von Subjekt und Objekt in einer gegenseitigen Kommunion) begann, wird genährt durch das Leben eines dritten Elements, dessen reine Gegenwart stark genug ist, seine eigene Wirklichkeit zu bestätigen.

> Die Wissenschaft sei an ihr selbst, was sie will; im Verhältnis zum unmittelbaren Selbstbewusstsein stellt sie sich als ein Verkehrtes gegen dieses dar; oder weil dasselbe in der Gewissheit seiner selbst das Prinzip seiner Wirklichkeit hat, trägt sie, indem es für sich ausser ihr ist, die Form der Unwirklichkeit. Sie hat darum solches Element mit ihr zu vereinigen; [...] als solche Wirklichkeit entbehrend ist sie nur der Inhalt als das An sich, der Zweck, der erst noch ein Inneres, nicht *als Geist*, nur erst geistige Substanz ist. Dies An sich hat sich zu äußern und für sich selbst zu werden; dies heißt nichts anderes als: dasselbe hat das Selbstbewusstsein als eins mit sich zu setzen.
>
> Dies *Werden* der Wissenschaft überhaupt oder des Wissens ist es, was diese Phänomenologie des Geistes darstellt. Das Wissen, wie es zuerst ist – oder der unmittelbare Geist – ist das Geistlose, das sinnliche Bewusstsein. Um zum eigentlichen Wissen zu werden oder das *Element* der Wissenschaft – das ihr reiner Begriff selbst ist – zu erzeugen, hat es sich durch einen langen Weg hindurchzuarbeiten.[135]

Hier verwendet Hegel den Ausdruck des „unmittelbaren Geistes". In dem hier zitierten Zusammenhang dürfen wir sagen: *den Geist als gegeben.* Wir finden dann auch denjenigen, der dies versteht. Derjenige, der versteht, errichtet sich selbst *als* Geist *innerhalb* des Geistes, und hier ist der Garant für die Wahrheit und Wirklichkeit des geistigen Aspekts des Gegebenen – derjenige, der *gibt.*[136]

Dialektische Verwandlung
Eine Möglichkeit, Hegels dialektische Methode zu veranschaulichen, ist, zwei seiner Sätze als Beispiele anzuführen: „Gott ist Sein,"[137] und „Das Selbst ist das

---

[135] Hegel, Phänomenologie des Geistes, S. 30–31.

[136] Durch Fichtes Erkenntnistheorie (*Wissenschaftslehre*) kam Steiner zu einem ähnlichen Schluss, dass alles wahre Wissen seinen Ausgangspunkt im Ich finden muss: „Meine Bemühungen um naturwissenschaftliche Begriffe hatten mich schließlich dazu gebracht, in der Tätigkeit des menschlichen „Ich" den einzig möglichen Ausgangspunkt für eine wahre Erkenntnis zu sehen. Wenn das Ich tätig ist und diese Tätigkeit selbst anschaut, so hat man ein Geistiges in aller Direktheit im Bewusstsein." Rudolf Steiner, *Mein Lebensgang*, GA 28, S. 51-52.

[137] Hegel, Phänomenologie des Geistes, S. 62.

absolute Wesen."[138] In dem ersten Satz ist das Denken schnell zum Prädikat geführt, weil es das Subjekt – das ist der Name „Gott" – nicht mit der angemessenen Bewegung des Verstehens erfüllen kann („Gott – Allein und für sich ist dieser Laut sinnlos, ein bloßer Name, erst das Prädikat sagt *was Er ist*."[139]) Das Denken wird beim Prädikat „ist Sein" verbleiben, das es mit seiner eigenen Existenz und Gegenwart ergänzen und deshalb *verstehen* kann. Es wird aber dort verbleiben, weil es nicht in einer sinnvollen Weise an das Subjekt zurückkehren kann.

Im zweiten Satz kann das Denken bereits das Subjekt mit Sinn erfüllen: dem „Selbst." Das Selbst ist im denkenden Ich erfahrbar, und das Ich, das denkt, kann seine eigene Tätigkeit beobachten. Das Prädikat „*ist* das absolute Wesen" wird das Verstehen zur Erfahrung der Wirklichkeit führen, welche letztendlich der Garant der Autorität wäre, nämlich, dass dieser Satz die *Erfahrung* anspricht. Von hier aus kann das Denken zurückkehren an das erfahrende Subjekt des Satzes, das „Selbst", das jetzt, durch den Inhalt des Prädikats bereichert, die Wahrheit des Satzes *bestätigen* kann. Das erste Beispiel, „Gott ist Sein", bietet diese Möglichkeit nicht, sondern verbleibt mehr wie eine bloße Hypothese, trotz seiner scheinbaren Schlüssigkeit.

Hegel beschreibt die Notwendigkeit einer solchen dialektischen Bewegung.

Dass die Form des Satzes aufgehoben wird, muss nicht nur auf **unmittelbare Weise**[140] geschehen, nicht durch den bloßen Inhalt des Satzes. Sondern diese entgegengesetzte Bewegung muss ausgesprochen werden; es muss nicht nur jene innerliche Hemmung,[141] sondern dies Zurückgehen des Begriffs in sich muss **dargestellt** sein. Diese Bewegung, welche das ausmacht, was sonst der Beweis leisten sollte, ist die dialektische Bewegung des Satzes selbst.[142]

Ein weiteres Beispiel einer solchen dialektischen Bewegung wäre Hegels Philosophie der Geschichte:

Die andere Seite aber seines Werdens, die Geschichte, ist das wissende, sich vermittelnde Werden – der an die Zeit entäußerte Geist; aber diese Entäußerung ist ebenso die Entäußerung ihrer selbst; das Negative ist das Negative sei-

---

138 Ibid. S. 545.
139 Ibid. S. 26–27.
140 Dies bedeutet: nicht nur durch ein einfaches Appellieren an die Intuition des Lesers.
141 Wir erfahren dies in dem Prädikat unseres ersten Beispiels.
142 Hegel, Phänomenologie des Geistes, p. 61.

ner selbst.¹⁴³ Dies Werden stellt eine träge Bewegung und Aufeinanderfolge von Geistern dar, eine Galerie von Bildern, deren jedes, mit dem vollständigen Reichtume des Geistes ausgestattet, eben darum sich so träge bewegt, weil das Selbst diesen ganzen Reichtum seiner Substanz zu durchdringen und zu verdauen hat. Indem seine Vollendung darin besteht, dass, was er ist – seine Substanz – vollkommen zu wissen, so ist dies Wissen sein Insichgehen, in welchem er sein Dasein verläßt und seine Gestalt der Erinnerung übergibt. [...] Das Geisterreich, das auf diese Weise sich in dem Dasein gebildet, macht eine Aufeinanderfolge aus, worin einer den anderen ablöste und jeder das Reich der Welt von dem vorhergehenden übernahm. Ihr Ziel ist die Offenbarung der Tiefe, und diese ist der absolute Begriff; [...] Das Ziel, das absolute Wissen, oder der sich als Geist wissende Geist hat zu seinem Wege die Erinnerung der Geister, wie sie an ihnen selbst sind und die Organisation ihres Reichs vollbringen. Ihre Aufbewahrung nach der Seite ihres freien, in der Form der Zufälligkeit erscheinenden Daseins ist die Geschichte, nach der Seite ihrer begriffenen Organisation aber die **Wissenschaft des erscheinenden Wissens**; beide zusammen, die begriffene Geschichte, bilden die Erinnerung und die Schädelstätte des absoluten Geistes, die Wirklichkeit, Wahrheit und Gewissheit seines Throns, ohne den er das leblose Einsame wäre;¹⁴⁴ nur –

„aus dem Kelche dieses Geisterreiches
schäumt ihm seine Unendlichkeit."¹⁴⁵

Dies bedeutet, die Geschichte so zu nehmen, wie sie dem Betrachter gegeben ist, d. h. in einer Weise, wie der Betrachter ihre Manifestationen lesen und ordnen kann; das Gegebene bewirkt eine Bewegung, die sich selbst reproduziert. Der Betrachter – am Ende der Geschichte – findet sich selbst in ihrem Anfang.

Die Möglichkeit, diesen Ansatz auch an der Geschichte der Natur anzuwenden, wo das geistige Selbst (das Ich als Geist) seine eigene Geschichte findet,

---

¹⁴³ Dies bedeutet, dass das *Wesen* produzieren (d. h. sich selbst externalisieren) muss, dadurch dasjenige, das ihm nicht gleich *angemessen* oder *identisch* ist, ausstoßen, nur um dem, welches es wirklich ist, gleich zu werden. Das verursachende *Momentum* hinter dieser Bewegung wurde das *Negative* genannt. Falls dasjenige, was als die innere Seite eines Prozesses verborgen geblieben schien – das aktive Agens des Negativen – in äußere Erscheinung tritt (das heißt, in die *Sprache* der Geschichte, in welcher man *lesen* kann – und nur ein Geist kann lesen und verstehen und so zu sich selbst zurückkehren!), ist es berechtigt, von einem *Negativen des Negativen* zu sprechen.

¹⁴⁴ Hegel, *Phänomenologie des Geistes*, S. 590–591..

¹⁴⁵ Ibid., S. 591. Hegel wandelt hier den Teil eines Verses von Schiller (aus: „Die Freundschaft", V. 59f.) ab, der eigentlich lautet: „Aus dem Kelch des ganzen Seelenreiches / Schäumt ihm – die Unendlichkeit."

würde vom Begriff der ‚Evolution' zum Begriff der ‚Schöpfung' führen. Ich werde diesen Versuch im Kapitel 13 machen. Doch an dieser Stelle können wir Hegels phänomenologische Methode in einer Sphäre anwenden, wo unser Verstehen zunächst gehemmt ist, wenn es auf das, was Locke die „nominalen Wesen" der Natur nennen musste, auftrifft, die Sphäre der Sinneswahrnehmung, wo Husserl – wie im folgenden beschrieben wird – , einen neuen Weg zu zeigen versuchte, das „reale Wesen" auch in der Natur zu finden.

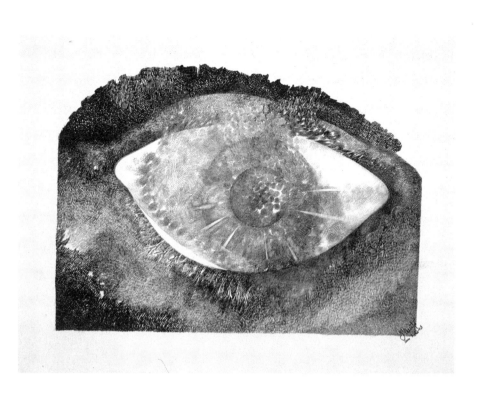

Georg Muche,
Zum 8. Mai 63

KAPITEL 6
WAS SPRICHT: DIE GESTALT DER IDEE ODER DAS EIDOS IN HUSSERLS PHÄNOMENOLOGIE

Edmund Husserl (1859–1938) erstieg seinen Weg auf einer „Treppe" (er nannte sie *Phänomenologische Reduktion)*, die unserem Verstehen einen zunehmend tieferen Zugang gibt auch zum Wesen der sinneswahrnehmlichen Natur – dem gegenüber John Locke noch den Vorbehalt hatte, dass wir es nur dem Namen nach kennen *(„nominal essence")*. Husserls Weg ist in mancher Hinsicht vergleichbar mit der Weise, wie Hegel das „Geben" des *wirklichen* Wesens sucht durch die *Idee* als Erscheinungsform des Geistes.

Man kann diese „Treppe" auf einfache Weise veranschaulichen: Wenn wir unser Erleben in der imaginativ Bild-schaffenden Tätigkeit (mit welcher wir uns z. B. unsere Vorstellungen vergegenwärtigen) vergleichen mit der Art und Weise, in welcher wir *reine* Begriffe *wortlos und bildlos verstehen*, bekommen wir bereits ein Gefühl, wie die „Treppe" sich aufbaut, ihre Konstruktionsteile sozusagen: Mit jedem Schritt gewinnt man zunächst „Höhe" im jeweiligen *Erleben* des lebendigen Wahrnehmens (bzw. Denkens), und dann erfolgt ein *Rückblick* auf das jeweils Erfasste aus der neu gewonnenen Perspektive. Das erste ist unser erkennender Wahrnehmungs*prozess,* das zweite ist unsere gewonnene *Erfahrung,* das Erlebnis unseres Erkennens im Wahrnehmen; Husserl nannte diese beiden Elemente seiner Treppenstufe *Noesis*[146] und *Noema*[147].

Zielrichtung und Frucht solchen Steigens ist die *sprechende Gestalt* eines Phänomens (in der Natur oder im Bewusstsein). Husserl nannte es *Eidos*[148], in Anlehnung an das griechische Wort, welches damit die Art und Weise, *wie* Gestalt, Gesten und Worte die Seinsart – das „Sprechen" – eines Wesens vermitteln (eines Wesens der Natur, der menschlichen oder der göttlich-geistigen Welt). So

---

[146] *Noesis* ist vom griechischen Verbum *gignosko* abgeleitet, welches „wissen", „erkennen" etc. bedeutet. Somit ist Noesis die Bezeichnung für die bewusste Erfahrung unserer tätigen Aufmerksamkeit.

[147] *Noema* (Plural: *noemata*) ist auch vom griechischen Verbum *gignosko* abgeleitet. Es ist der Begriff für die Frucht unserer Erfahrung in der tätigen Aufmerksamkeit.

[148] *Eidos* ist abgeleitet vom griechischen Substantiv *eidos,* welches von dem Verb *idein* stammt: „schauen", „sehen". Eidos bedeutet also in wörtlicher Übersetzung soviel wie „Erscheinung", „Idee" (im Sinne eines Urbildes), „Qualität", „Wesen". Man sprach z. B. vom Eidos der Athene im Tempel, dem „Bild" der Athene, meinte also viel weniger das physische Standbild als die Wesensgestalt.

lernen wir dasjenige, was wir zunächst ein „Anderes" nennen, schrittweise kennen, zuerst nur *in* seinen Erscheinungen, dann immer intimer, *durch* seine Erscheinungen, bis zum *Wesen-an-sich.*

Der Schlüssel ist also, zunächst innerhalb des Aufmerksamkeitsstrahls in das *Erleben* des lebendigen Wahrnehmens (bzw. des lebendigen Denkens) einzutauchen – der sogenannte „noetische Akt", oder auch *Noesis.* Dabei erfährt sich dann der *Bildeprozess,* durch welchen der Gegenstand (oder das Thema) sich innerhalb des Bewusstseins in seiner ganz spezifischen und völlig individuellen Weise erfahrbar macht. Das Erleben dieses individuell erkennenden Tuns ist natürlich ein vollkommen persönliches, und insofern „subjektives", weil es von der wahrnehmenden (oder denkenden) Person, ihrer Konstitution, ihrem Standort und ihrem Erfahrungsschatz abhängig ist.

Doch Menschen suchen danach, ein Erlebnis zu erfassen und auch *vermittelbar,* kommunizierbar zu haben, so dass sie es „miteinander teilen" können (*sharing*), also ein Gemeinsames, das universell und nicht persönlich-subjektiv ist. Und diesem Bedürfnis dient nun mittelbar das persönliche „Innehalten", der „Einblick" in das Erlebnis: die *Frucht* des noetischen Akts, das Erfahrene, oder auch das *Noema* genannt. Wir kennen solch ein Erkenntnisgefühl, wenn wir uns vergegenwärtigen, wie ein *reiner* Begriff als Spiegelung unseres Verstehens vor unserem Bewusstsein stehen kann. In der Welt des Wahrnehmens – innen und außen – haben wir jedoch unendlich viel mehr Schattierungen, die nicht „exakt" definierbar sind, z. B. durch mathematische Logik. Das heißt aber nicht, dass sie „vage" oder nicht identifizierbar wären. Diese Art der Betrachtung schließt also das, was in einem rationalen Zeitalter ausgeschlossen wurde, nun mit ein – in der Sprache Husserls die sogenannten „inexakten Begrifflichkeiten" (*objektivities)*[149], die jedoch keineswegs unspezifisch sind, wenn wir z. B. an die Qualitäten und Wesenserscheinungen in der Natur denken.

Wenn man sich nun solch ein ganz bestimmtes „Etwas" vor das Bewusstsein stellt, hat man auch einen Ausgangspunkt für das Gespräch, in welchem auf dasjenige, was auch *allgemein* erfahrbar ist, hingewiesen werden kann. Selbst wenn es dafür oft keine Worte gibt – z. B. bei künstlerischen Erfahrungen – kann man sich jedoch darüber einig sein, *worüber* man spricht, selbst wenn man unterschiedliche Meinungen oder Auffassungen vertritt. Und dieses können wir uns auch gemeinsam vergegenwärtigen, indem wir von allen zufälligen Umständen einer Erfahrung absehen und unseren Blick auf das uns Wesentliche gerichtet halten. Dabei werden die Zufälligkeiten sozusagen „durchsichtig" für das Thema unserer Wahrnehmung – wie der Staub oder die Regentropfen auf einer Wind-

---

[149] Motroshilova, *Delineation and Analysis of Objectivities in Edmund Husserl's Phenomenology,* S. 99

schutzscheibe; solche zufälligen Begleitumstände können also in unserer Erkennens- oder Wahrnehmungstätigkeit sozusagen „geschält" werden – in Husserls philosophischer Sprache *phänomenologische Reduktion* genannt. Was danach bleibt, sind die Elemente, die unseren Aufmerksamkeitsblick lenken, z. B. Begriffe und Ideen, psychologische Aspekte, die unsere Aufmerksamkeit beeinflussen, oder das Spezifische eines Sinneseindrucks, der z. B. nur mit dem Wort *blau* benannt werden kann. Solch ein Spezifisches wäre nun das oben erwähnte *Eidos.* Es ist dasjenige, welches wir *meinen,* wenn wir an ein „bestimmtes" Blau denken – wenn wir es z. B. im Farbengeschäft bestellen wollen. Wir umschreiben es dann meist unzureichend, indem wir uns auf andere Erfahrungen beziehen, z. B. den „Himmel in der Provence". Das Eidos ist jenes „DAS", die „Qualität" oder „das gewisse Etwas"[150], welches wir meinen, wenn wir sagen: „Siehst Du, *dieses* Blau!"

Und wenn wir uns nach einem Jahr wiederbegegnen und zueinander sagen können, „erinnerst Du Dich an das ‚blasse Blau' des Himmels, das an jenem Frühlingstag im Obstgarten durch den Morgennebel schien?", und wenn wir genau wissen – *fühlend wissen* –, was der andere meint, dann ist das nichts „Privates", „Subjektives", sondern ein spezifisch *Gemeintes!* Wie sonst könnten wir darauf Bezug nehmen?

Das *bewusste* Mitverfolgen unserer Aufmerksamkeit im Erkennen und Wahrnehmen – unser ‚noetischer Akt' (*Noesis*) – kann uns einen Blick erschließen für das, was man die „wirklichen", d. h. die erkennbaren Wesenhaftigkeiten (*real essences*) in der Natur nennen könnte. Der Weg wäre, sich vollkommen klar zu machen, worin der wesentliche Unterschied zwischen einer Vorstellung und einem Begriff liegt, nämlich die subjektive Natur der Vorstellung und die objektive, allgemeingültige Natur eines Begriffes; diese Erfahrung kann man nun in analoger Weise auf das Gebiet der Sinneswahrnehmung anwenden, und vom erkennenden Wahrnehmungsakt (*Noesis*) in seiner subjektiven Natur zum erfahrbaren Erfahrenen (*Noema*) in seiner universellen Natur vorrücken. So, wie uns im Denken ein Begriff im Verstehen durchsichtig wird, so können wir nun im Wahrnehmen von „Wesensvermittlung" sprechen, wenn uns in der Erfahrung das „So-Sein" eines Naturphänomens durchscheint. Und letzteres Erlebnis kann durchaus als „Mit-Teilbares", universal Erlebbares erfahren werden.

Das Bindeglied, auf welches wir mit Worten nur noch *hinweisen* können – denn Bezeichnungen („Etiketten") haben wir dafür im Allgemeinen nicht mehr – ist die „Gestalt", das *Eidos,* welches wir bei der Wahrnehmung von Naturerscheinungen erleben, welches sich z. B. durch einen spezifischen Geschmack im Erkenntnisakt mitteilt, ein „So" im Fühlen. Und dieser „Gestalt" (*Eidos*) dürfen

---

150 Im Sanskrit: *tathata*, im idiomatischen Amerikanisch: „suchness".

wir nun als Ausdruck von *Wesens*vermittlung ebenso trauen, wie wir ja auch unfassbares Vertrauen in unsere Mitmenschen haben, dass sie nicht bei „rot" über die Kreuzung fahren wenn wir „grün" haben; dass sie also den *Sinn* einer Verkehrsregelung ebenso verstehen können, wie die zweckgemässe Anwendung eines Stuhles im Allgemeinen nicht als Trittleiter verstanden wird.

Phänomenologische Reduktion
Wir wollen nun die Stufen des „Schälens" noch eingehender veranschaulichen: *Phänomenologische Reduktion* ist der Vorgang, in welchem die ‚Elemente' der erkennenden Tätigkeit – Phänomene und Erfahrungen, die unsere Bewegungen der Aufmerksamkeit lenken – in ihrer spezifischen Natur isoliert und identifiziert werden können. Es ist ein Vorgehen, um die innere Natur aller Bewusstseinsphänomene zu erschauen. Husserls Beitrag war die genaue und detaillierte Beschreibung dieses erkennenden Prozesses. Positivistisch denkende Kritiker mögen ihn „intuitiv" oder „künstlerisch" nennen – in dem Sinne, dass er „nicht wissenschaftlich" im analytischen Sinne sei –, sie begreifen aber nicht, dass es unmöglich einen anderen Zugang zum Bewusstsein geben kann, insofern es sich um das Rätsel und Phänomen von *Verstehen* und *Sinn* handelt.

Auf dem Weg der phänomenologischen Reduktion kann unser Gewahren durch eine Folge von Schichten aufsteigen.

1. Die *natürliche Einstellung*: Die Stufenleiter des Erkennens beginnt mit der Gebärde des konzentrierten Alltagsbewusstseins, die Husserl die *natürliche Einstellung* nennt. Hier darf der Beobachter in seinem Subjekt-Bewusstsein mit einer gewöhnlichen Sinneswahrnehmung anfangen – etwa einer spezifischen Rose im Garten.

2. Die *eidetische Einstellung*: Auf der zweiten Stufe wird das Vorstellungsbild eines Wahrnehmungsobjekts (z. B. ‚Rose') gereinigt und von allen Gedankenelementen geschält (dem botanischen Namen, Fundort, zufälligen, sekundären Bedingungen wie Richtung und Farbe des Lichtes, beschädigten Blättern usw.), bis nur die spezifische Qualität zurückbleibt, die Qualität, durch die ich alle Rosen dieses Typus – also etwa eine Variante der Königsrose – erkenne. Dieses Spezifikum ist das *Eidos* – das analog ist dem *einen* Begriff, der vielen unterschiedlichen Vorstellungsbildern zugeordnet werden kann. So, wie es *eine* Funktion für unterschiedliche Varianten derselben Art menschengemachter Objekte gibt, z. B. *ein* bestimmtes Verstehen, durch das wir zahllose Varianten einer „Tür" identifizieren können, so ist es nun das Eidos, das uns ermöglicht, durch einen spezifischen Ausschnitt aus der Qualitätsvielfalt eine bestimmte

Sorte unter zahlreichen individuellen Manifestationen von Rosen zu identifizieren. Dies ist kein analytisches Verfahren, das versuchen würde, die Sorte durch einen genetischen Code zu identifizieren. Im Bereich der Botanik könnte Husserls Eidos auf den Goetheschen *Typus* weisen, doch das Eidos ist die *Erfahrung des Bewusstseins*, kraft welcher wir ein bestimmtes Gebilde identifizieren. Daher ist der Gehalt des Eidos umfassender als der Gehalt des *Typus*, weil es auch auf das „Wie" aller möglicher erkennender Gebärden anwendbar ist. Auch bezieht sich der Ausdruck Eidos nicht auf eine Art von Vorstellungsbild, sondern auf die spezifische *Erfahrung* der erkennenden Tätigkeit eines noetischen Aktes. Wenn das Spezifische einer Erfahrung bewusst erschaut und damit auch identifiziert wird, steht das *Noema* vor uns:

In unserer phänomenologischen Einstellung können und müssen wir die Wesensfrage stellen: was das „Wahrgenommene als solches" sei, welche Wesensmomente es in sich selbst als dieses Wahrnehmungs-Noema berge. Wir erhalten die Antwort in reiner *Hingabe* an das *wesens*mässig Gegebene, wir können das „Erscheinende als solches" *getreu, in vollkommener Evidenz* beschreiben. Nur ein anderer Ausdruck dafür ist: „die Wahrnehmung *in noematischer Hinsicht* beschreiben".[151]

Das Wesen (Eidos[152]) ist ein neuartiger Gegenstand. So wie das Gegebene[153] der individuellen oder erfahrenden Anschauung ein individueller Gegenstand ist, so das Gegebene der Wesensanschauung ein reines Wesen.[154]

Auch kann (und sollte) nun jedes einzelne der Elemente, die im Prozess der phänomenologischen Reduktion geschält wurden – Farbe des Lichtes, jahreszeiliche Unterschiede und der Einfluss der tagtäglich wechselnden Wetterverhältnisse, Sonne, Schatten und gleiches mehr – wiederum das Objekt weiterer Reihen phänomenologischer Experimente werden.

3. Die *transzendentale Einstellung:* Skeptische Gegner dieser Vorgehensweise

---

151 Edmund Husserl, *Ideen zu einer reinen Phänomenologie und phänomenologischen Philosophie*, § 88, S. 183.

152 Die Erläuterung in runden Klammern (...) ist eine Klarstellung von Husserl..

153 Englisch „datum" (vom lateinischen *dare*, „geben"), d.h. im Sinne des o.a. Zitats wären „Begrifflichkeiten" als Bewusstseinsdaten auffindbar.

154 Husserl, *Ideen*, ibid., § 3, S. 10–11.

würden hier einwenden, dass diese Erfahrung des Bewusstseins subjektiv bestimmt wäre, weil nicht kontrolliert werden kann, inwiefern zwei Versuchspersonen das „gleiche" Eidos vor Augen haben, selbst wenn sie darüber einig zu sein scheinen.

Deshalb eliminiert die dritte Stufe der phänomenologischen Reduktion alle zufälligen psychologischen Einflüsse im Bewusstsein des Betrachters. Dies bedeutet, die Stimmung des Augenblickes (etwa Freude oder Trauer) zu schälen, welche die innere Färbung einer Wahrnehmung beeinflusst. Jede Stimmung und jeder Augenblick haben ihr eigenes, spezifisches Eidos, das ein für sich genommer Gegenstand einer anderen eidetischen Reduktion werden kann. z.B. mein Gefühl, während ich den *heutigen* Sonnenaufgang betrachte.

Die eigentlichen „*Sachen*", zu denen die Phänomemologie vorstoßen will, sind also *keineswegs* die *direkt gegebenen* Dinge und Gegenstände der natürlichen Einstellung, *sondern die Erlebnisse, in denen diese gegeben sind.*[155]

So können die Elemente, die auf dieser Stufe geschält werden, ihrerseits Objekt der inneren Beobachtung sein, z.B. die Befindlichkeiten und Stimmungen unseres Wesens, die unsere Wahrnehmung beeinflussen. Mit Hilfe dieser Vorgehensweise können solche spezifischen Qualitäten selbst in den Bereich unseres bewussten Gewahrens[156] eintreten. Und nachdem wir ihrer inne geworden sind, können wir während unseres weiteren Vorgehens auch auf sie verzichten und unsere Bewusstseinsinhalte auf das gegenstandsspezifische *Eidos* beschränken.

4. Die *phänomenologische Einstellung*: Das Verbleibende dieser Reduktion ist die *Intentionalität*, die das Ich des Subjekts mit dem Eidos des Objekts vereint. In der Intentionalität befinden sich Subjekt und Objekt in nichtdualistischer Vereinigung innerhalb eines noetischen oder erkennenden Prozesses. Die Intentionalität gibt dem Ich Gestalt, und das Ich assimiliert sich selbst an die Gestalt, durch welche das Ich weiß, wonach es suchen muss. Es ist die Intentionalität, welche die Aufmerksamkeit so lange lenkt, bis sie sagt: *Dies* ist es!

Husserl begreift *Intentionalität* nicht als eine Verbindung zwischen zwei psy-

---

[155] Walter Biemel, „Husserls Encyclopaedia Britannica Artikel und Heideggers Anmerkungen dazu," in *Husserl*, Red. Hermann Noack, S. 293.

[156] Dies wurde einer der Forschungsbereiche Steiners, mittels seines geistig-empirschen Ansatzes, den er „Geisteswissenschaft" nannte.

chologischen Zuständen. Das Gerichtetsein auf das Objekt ist nicht etwas, das gleichsam „zwischen" Bewusstsein und Objekt steht, sondern eher *ist* das Bewusstsein ein Bezogensein auf das Objekt.[157] Die Intentionalität wird auf der Ebene des Bewusstseins erfahren, wo das, was später als ‚gegeben' erscheint, seinen Ursprung hat. Die *Beziehung zum Objekt* ist das primäre Phänomen, nicht ein Subjekt und ein Objekt, die zusammengebracht werden müssen:

> Der Begriff der *Intentionalität* [...] ist ein zu Anfang der Phänomenologie ganz unentbehrlicher Ausgangs- und Grundbegriff [...]. Jedenfalls sind Erlebnisse unter einem bestimmten und höchst wichtigen Gesichtspunkt betrachtet, wenn wir sie als *intentionale* erkennen und von ihnen aussagen, dass sie *Bewusstsein von Etwas* sind. Es ist uns bei solcher Aussage übrigens gleich, ob es sich um konkrete Erlebnisse oder abstrakte Erlebnisschichten handle: denn auch solche können die fragliche Eigentümlichkeit zeigen.[158]

5. Die *transzendentale Subjektivität: die Logos-Sphäre*. Auf der fünften Stufe führt diese Erfahrung zu der abschließenden Reduktion, das Schälen von Subjekt und Objekt, von „ich und du". Es führt zu einer Ebene des Gewahrseins, wo das Ich in seinem *intentionalen* Bezogensein erblickt wird, sogar wenn seine Aufmerksamkeit auf sich selbst gerichtet ist, denn dann ist es „das Ich, das seine Gegenwart erschaut."

Husserl nennt die Bewusstseinsebene, wo dies bezeugt wird, *transzendentale Subjektivität*. Es ist die Wirklichkeit lebendigen, gewahr seienden Wesens, eines Wesens, das vollkommen ursprünglich ist, weil es Wirklichkeit selbst für die einfachste Aussage erstellt, wenn es sagt: *Sein* ist. Damit ist dieses letzte *Sein* bereits ins ‚Dasein' getreten: jetzt ist es *wahrgenommenes* ‚Sein', d.h. Existenz. Doch das primäre Wesen ist das wirklich lebendige *Sein*, das seinem eigenen Dasein Sinn *zuspricht*: das Logos-Prinzip, das seine Tätigkeit innerhalb des Bewusseins manifestiert.

Durch den Akt der transzendentalen Reduktion erheben wir uns über das reine Ich und *begreifen* sein *Fungieren* als *Sinnbildung*.[159]

---

[157] Emmanuel Levinas, „Über die »Ideen« Edmund Husserls," übersetzt von Herbert Backes, in *Husserl*, Red. Hermann Noack, S. 101–102.

[158] Husserl, *Ideen*, Ibid., § 84, S. 171.

[159] Biemel, „Husserls Encyclopaedia Britannica Artikel," Ibid., S. 303.

Diese transzendentale Subjektivität – auch das *absolute Ich* genannt[160] – ist das Element, das *alle* Wirklichkeit bestätigt, einschließlich der sogenannten „objektiven" Parameter, wie die Existenz der Materie und ihre quantifizierbaren Merkmale. Da Husserl diese ursprüngliche Wirklichkeit als die *primäre* auffassen muss, kann er der Objektivität seiner Grundlage vertrauen.

Das Gegebene
In dieser transzendentalen Subjektivität können wir die Quelle finden, woraus das Gegebene seinen Ursprung hat, die Quelle, welcher das Eidos entspringt:

Andererseits zeigte doch unsere Überlegung, dass die reelle[161] Erlebniseinheit von hyletischen und noetischen Bestandstücken eine total andere ist als die »in ihr bewusste« der Bestandstücke des Noema; und wieder als die *Einheit*, die alle jene reellen Erlebnisbestände mit dem *vereinigt*,[162] was als Noema durch sie und in ihnen zum Bewusstsein kommt. Das ‚auf Grund' der stofflichen Erlebnisse ‚durch' die noetischen Funktionen ‚transzendental Konstituierte' ist ein ‚*Gegebenes*' und, wenn wir in *reiner Intuition* das Erlebnis und sein noematisch Bewusstes treulich beschreiben, *ein evident Gegebenes*; aber es gehört eben in einem völlig anderen Sinne dem Erlebnis an, als die reellen und somit eigentlichen Konstituentien desselben.[163]

Die Evidenz ist in der Erfahrung des Verstehens gegeben: man kann nur ein „Etwas" ‚gegeben' nennen. Wenn ich „etwas" sage, *meine* ich ein spezifisches „Etwas". Dasjenige, was ich „meine", ist für mich *evident*. Ich muss *verstehen*, „was" ich meine, sonst würde ich nicht wissen, wohin ich zeigen, meine Aufmerksamkeit richten soll und sagen, „das."

Die Bezeichnung der phänomenologischen Reduktion und im gleichen der reinen Erlebnissphäre als »transzendentale«[164] beruht gerade darauf, dass wir in

---

160 Husserl, *Krisis*, § 19, S. 84, Zeile 10–12, siehe auch: Paul Ricoeur, „Husserl und der Sinn der Geschichte," in *Husserl*, Red. Hermann Noack, S. 262.

161 Husserl unterscheidet zwischen *real* in dem habituellen Sinne in Bezug auf die sinneswahrnehmliche, ‚reale äußere Welt' und *reell*, welches die faktische Erfahrung einer *Bewusstseinstätigkeit* in der transzendentalen Sphäre bezeichnet. Siehe auch Becker, „Die Philosophie Edmund Husserls," in *Husserl*, S. 161.

162 Dies ist vergleichbar mit der Quelle, die Kühlewind *Logoskraft des Ichs* nennt. Siehe auch Kühlewind, „Die Logoskraft und die Ichkraft," in *Feeling Knowing*.

163 Husserl, *Ideen*, ibid. § 97, S. 204.

164 Bezüglich des Ausdrucks *transzendental* müssen wir uns merken, dass Husserl den Ausdruck *trans-*

dieser Reduktion eine absolute Sphäre von Stoffen und noetischen Formen finden, zu deren bestimmt gearteten Verflechtungen nach immanenter Wesensnotwendigkeit dieses *wunderbare Bewussthaben* eines so und so gegebenen Bestimmten oder Bestimmbaren gehört, das dem Bewusstsein selbst ein *Gegenüber*, ein prinzipiell *Anderes*, Irreelles, Transzendentes ist, und das hier die *Urquelle* ist für die einzig denkbare Lösung der tiefsten Erkenntnisprobleme, welche Wesen und Möglichkeit objektiv gültiger Erkenntnis von Transzendentem betreffen. Die »transzendentale« Reduktion übt *epoché*[165] hinsichtlich der Wirklichkeit: aber zu dem, was sie von dieser übrig behält, gehören die Noemen mit der in ihnen selbst liegenden noematischen *Einheit*,[166] und damit die Art, wie Reales im Bewusstsein selbst eben bewusst und speziell gegeben ist.[167]

Diese Wirklichkeit, die in der transzendentalen Reduktion gefiltert wird – erschaut in „wunderbarem Bewußthaben", Staunen und Wundern – ist der Gegenstand des nächsten Kapitels: Steiners Blick auf den Prozess, der durch das Bewusstsein zur Erscheinung kommt; die geistige *Aktivität des Denkens*, ein Phänomen, das zugleich *real* in seiner Aktivität und *wahr* in seiner ideellen Sinngebung ist.

Doch Husserls phänomenologische Methode hat uns die Möglichkeit einer echten erkennenden Gewissheit gegeben, auch am Pole der Phänomene der materiellen Manifestation, wie der Materie, derer wir durch unsere Sinnesempfindungen gewahr werden. Wenn man versucht, bei den Phänomenen als solchen zu verweilen, statt sie zu analysieren, abwartend, um zu sehen, was sie an sich und für das Bewusstsein sind, offenbaren sie ihr inneres Wesen.

Schließlich werden wir immer zurückgewiesen an den Bereich und die Umstände, unter welchen das Phänomen *erscheinen* kann: das menschliche Bewusstsein. Wenn wir eines Phänomens gewahr sind, hat das wahrgenommene Sinneselement unsere *bewusste Aufmerksamkeit* bereits erreicht, was ein geistiger Vorgang ist – jenseits aller „Räumlichkeit" –, der nicht im Räumlichen lokalisiert werden kann.

---

zendental aus blosser Konvention heraus verwendet, weil es nur von der Perspektive des natürlichen Bewusstseins aus „jenseits" ist, nicht aber von der Perspektive des Ichs her gesehen: Von der Perspektive des *bezeugenden* Ichs müsste es „auf *dieser* Seite" genannt werden, d.h. auf der Seite dessen, der *versteht!*

165 Das griechische *epoché* bedeutet buchstäblich „Ruhepunkt", „Unterbrechung", „*Verzicht auf Beurteilung.*" In Husserls Verwendung des griechischen Wortes, oder des entsprechenden deutschen Ausdrucks – Einklammerung – bedeutet es Filtrierung oder Durchsichtigmachen der bewusst identifizierten Elemente, d. h. phänomenologische Reduktion.

166 „Einheit" aus der geistigen *Substanz* des Verstehens (des sich unter die transzendentale Subjektivität „*Unter*-stellens").

167 Husserl, *Ideen*, Ibid., § 97, S. 204.

Doch weder die kritische Reflexion auf unser „Instrument" des Erkundens (das aufmerksame Ich) und auf unsere impliziten Annahmen (a-priori ideelle Unterscheidungen), noch die Erfahrung des dynamischen Charakters von ideellen oder phänomenalen Wesen haben einen entscheidenden Einfluss gehabt auf das heutige herrschende System der diesbezüglichen Annahmen und Überzeugungen. In Bezug auf ihre Konsequenz für das sogenannte „praktische Leben" wurden sie als „blosser" *Idealismus* ignoriert, weil mittlerweile der *Empirismus* und seine „pragmatisch" angewandten Konklusionen erfolgreich zu „funktionieren" schien. Der Mensch hatte die Welt der physischen Wirklichkeit in einer Weise zu manipulieren gelernt, die „konkrete Ergebnisse" zeitigte. So musste es als irrational und widersinnig erscheinen, unsere angenommenen Grundlagen kritisch hinterfragen zu wollen oder sie gar aufzugeben bzw. zu verwerfen. Heute müssen wir aber ins Augen fassen, dass jener „pragmatische" Ansatz zu einem Einsturz der herrschenden Organisationsprinzipien der Weltzivilisation führen könnte.

Teil II

Gegebenes und Nicht Gegebenes

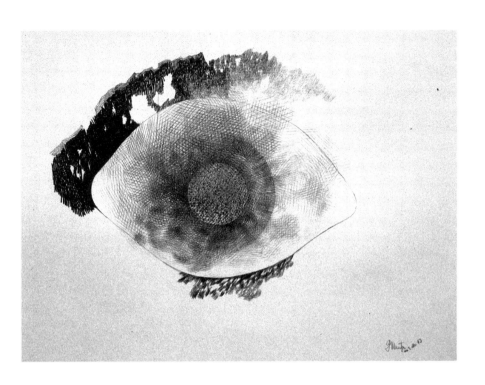

Georg Muche
Zum 8. Mai 63

KAPITEL 7
LEBEN IM ERKENNEN:
PHÄNOMENOLOGIE DES BEWUSSTSEINS
UND STEINERS GEISTESWISSENSCHAFT

Denken und Erkennen
Das, was in dieser Entwicklung unbemerkt verblieb, wurde von Rudolf Steiner (1861–1925) aufgezeigt: dass das Phänomen des Denkens an sich ein objektiver Prozess ist, der in einer Weise beobachtet werden kann, die empirische Prinzipien in der Bewusstseinssphäre anwendet, analog der Methoden der Naturwissenschaft in der Sphäre der Sinneswahrnehmungen.

Auch Steiner geht so vor, dass er alle Begrifflichkeit von den sinneswahrnehmlichen Phänomenen schält, bis – innerhalb des Experiments – der Schleier eines Chaos sinnenfälliger Qualitäten erfahren wird:

> Wir müssen [...] aus unserem Beobachtungsfelde alles aussondern, was durch das Denken bereits in dasselbe hineingetragen worden ist. [...] Die Welt zeigte dann nur das blosse zusammenhanglose Aggregat von Empfindungsobjekten: Farben, Töne, Druck-, Wärme-, Geschmacks- und Geruchsempfindungen; dann Lust- und Unlustgefühle. Dieses Aggregat ist der Inhalt der reinen, gedankenlosen Beobachtung. Ihm gegenüber steht das *Denken*, das bereit ist, seine Tätigkeit zu entfalten, wenn sich ein Angriffspunkt dazu findet.[168]

Doch Steiner untersucht nicht, wie Husserl, auf dieser Stufe die ideelle, eidetische Natur der Sinnesqualitäten. Er geht auch über Hegel hinaus, da er in dem primären Gegebensein der Begriffe und Ideen keine *prinzipielle* Grenze sieht.

> Ich muss einen besonderen Wert darauf legen, [...] dass ich als meinen Ausgangspunkt das Denken bezeichnet habe und nicht Begriffe und Ideen, die erst durch das Denken gewonnen werden. Diese setzen das Denken bereits voraus. [...] Ich bemerke das hier ausdrücklich, weil hier meine Differenz mit Hegel liegt. Dieser setzt den Begriff als Erstes und Ursprüngliches.[169]

---
[168] Steiner, „Die Welt als Wahrnehmung," Kapitel 4 in *Die Philosophie der Freiheit*, GA 4, S. 61.
[169] Ibid., GA 4, S. 57–58.

Steiner führt das Bewusstsein zu der Möglichkeit, die „geistige Aktivität" zu erfahren, welche die Verbindungen zwischen den verschiedenen wahrnehmbaren Elementen innerhalb des Chaos des Gegebenen trägt. Das bedeutet, die erkennende Tätigkeit oder das Erkennen zu erfahren, das Wahrnehmungen mit Begriffen vereint; wenn das Bewusstsein auf seine eigene Tätigkeit reflektiert, identifiziert es in diesen Verbindungen ihren begrifflich-ideellen Charakter, ihre gedankliche Natur. Das ist der Grund, warum Steiner die geistige Aktivität, die diese Gedanken produziert, *Denken* nennt, d.h. die geistige *Aktivität*, die den Gedanken vorangeht.

Wenn wir aber ausser unserem Denken etwas erkennen wollen, so können wir das nur mit Hilfe des Denkens, d. h. das Denken muss an ein *Gegebenes* herantreten und es aus der chaotischen Verbindung in eine systematische mit dem Weltbilde bringen. Das Denken tritt also als formendes Prinzip an den *gegebenen* Weltinhalt heran. Der Vorgang dabei ist folgender: Es werden zunächst gedanklich gewisse Einzelheiten aus der Gesamtheit des Weltganzen herausgehoben. Denn im Gegebenen ist eigentlich kein Einzelnes, sondern alles in kontinuierlicher Verbindung. Diese gesonderten Einzelheiten bezieht nun das Denken nach Maßgabe der von ihm produzierten Formen aufeinander und bestimmt zuletzt, was sich aus dieser Beziehung ergibt.[170]

Ich sondere alle gedanklichen, durch Erkennen erlangten Bestimmungen aus meinem Weltbilde aus und halte nur alles dasjenige fest, was ohne mein Zutun in den Horizont meiner Beobachtung tritt, dann ist aller Irrtum ausgeschlossen. Wo ich mich grundsätzlich aller Aussage enthalte, da kann ich auch keinen Irrtum begehen. Insofern der Irrtum erkenntnistheoretisch in Betracht kommt, kann er nur innerhalb des Erkenntnisaktes liegen. Die Sinnestäuschung ist kein Irrtum.[171]

Für Steiner ist das Denken *direkt gegeben*. Dies bedeutet, dass man im Bewusstsein das Denken direkt erfahren kann, ohne die Vermittlung von Vorstellungsbildern, die wir uns selbst bilden als „Kopien" oder „Repräsentanten" der sinnlich wahrnehmbaren Welt. Es ist genau die Rolle solcher Vorstellungen, welche das Argument des kritischen Idealismus trug, dass wir die Dinge-an-sich nicht kennen können, dass wir in einer Welt der Täuschungen leben, wenn wir unse-

---

[170] Steiner, „Erkennen und Wirklichkeit," Kapitel. 5 in *Wahrheit und Wissenschaft*, GA 3, S. 59–60.

[171] Steiner, „Der Ausgangspunkt der Erkenntnistheorie," Kapitel. 4 in *Wahrheit und Wissenschaft*, GA 3, S. 49.

rer Vorstellungswelt vertrauen. Bei Steiner gilt dies nicht für das Denken: Weil das Denken direkt beobachtet werden kann, gibt es kein Bedürfnis nach einem Spiegel. Sogar bereits vollzogene, gespiegelte Gedanken müssen vom gegenwärtigen Denken erneut gedacht werden, um als Gedanken erkannt und verstanden zu werden. In der gegenwärtigen Erfahrung der Beobachtung des eigenen Denkprozesses offenbart sich die intuitive Natur des Denkens unmittelbar und direkt, weil diese beobachtende Tätigkeit durch ihre ureigene Natur ebenso *Denken* ist. Deshalb ist sein Wesen völlig mit dem Wahrgenommenen identisch.

Es gibt *innerhalb* dessen, was man innen in sich und außen in der Welt wahrnehmend erleben kann, etwas, das dem Verhängnis gar nicht verfallen kann, dass sich zwischen Vorgang und betrachtenden Menschen die Vorstellung einschiebt. Und dieses ist das Denken. Dem Denken gegenüber kann der Mensch auf dem naiven Wirklichkeitsstandpunkt verbleiben**.[172]

Dies bedeutet, dass das Denken uns *direkt* gegeben ist, vorausgesetzt, dass wir es in der Gegenwart erschauen, in dem bezeugenden Licht bewusster Reflexion.[173]

Gegeben und Nichtgegeben

Steiner unterscheidet zwischen *Denken* und *Gedanke*, weil sie verschiedenen Bewusstseinsebenen angehören.[174] *Gedanke* ist das fertige, *vergangene* Produkt, auf welches die geistige Aktivität zurückblicken kann. *Denken* ist die geistige Aktivität, die in der *Gegenwart* stattfindet und nur dort, in der Gegenwart, erfahren werden kann. Mit Bezugnahme auf Steiner schildert Kühlewind dieses als einen Prozess, bei welchem die *gegenwärtige* geistige Aktivität von dem Gehirn und der Nerven-Sinnesorganisation des Menschen gespiegelt wird und als fertiges Produkt erscheint, als Gedanke, der bereits *vergangen* ist.[175]

Dies bedeutet, dass das menschliche Bewusstsein in einer produktiven Spannung zwischen zwei Bewusstseinsebenen, Vergangenem und Gegenwärti-

---

** Dieser Satz kann gar nicht *tief genug* verstanden werden!

172 Steiner, „Das Erkennen der Welt," Kapitel 5, Ergänzung zur Neuausgabe 1918, GA 4, S. 103); ebenso: „Zusatz," in *Die Philosophie der Freiheit*, GA 4, p.S. 266.

173 Siehe auch Schwarzkopf, „Epistemology," Untertitel, „The Directly Given," in *Dialogues of Mind and Spirit*.

174 Siehe auch Schwarzkopf Ibid, und Kapitel „Physiologie", untertitelt „Mirrored Thought" in *Dialogues of Mind and Spirit*.

175 Kühlewind, „Die zwei Stufen des Bewusstseins" in *Bewusstseinsstufen: Meditationen über die Grenzen der Seele;* ebenso Steiner, Vortrag 4, Berlin, 23. Januar 1914, *Der menschliche und der kosmische Gedanke*, GA 151, S. 72–74.

gen, leben könnte, und dass die Entscheidung, inwiefern etwas als gegeben oder nichtgegeben betrachtet werden kann, von unserem Umgang mit diesen zwei Ebenen abhängt. Wenn das Bewusstsein seinen eigenen *Inhalt* als fertige Gedanken anschaut, findet es sie als bereits vergangenes Denken, als gegeben. Wenn das Bewusstsein sich im Leben seiner Aktivität erfährt, beim Schauen, ist es in der Gegenwart. Doch dieses ist nicht gegeben, weil eine *spontane* Gebärde, aus der Freiheit heraus, notwendig ist: ein bewusstes Besinnen, das seine Aufmerksamkeit nicht dem gespiegelten Inhalt, sondern seiner Aktivität zuwendet, in der *erfahrenen* Konzentration. Diese unübliche, nicht auf Inhalte gerichtete Art der Konzentration erfordert eine zusätzliche – normalerweise nicht vollzogene – Erhöhung der Aufmerksamkeit.

So begegnet uns ein *primäres* Gegebensein: die geistige Aktivität, die ein aufmerksames *Denken* erst möglich macht. Es kann nur so lange *Denken* genannt werden, als es *erfahren* wird als das Licht des Bewusstseins, das seinen eigenen Gedankeninhalt erblickt. Dies ist der Unterschied zum Erblicken des sinneswahrnehmlich Gegebenen, weil die geistige Aktivität des Denkens im *gleichzeitigem Verstehen* erfahrbar ist, während das wahrnehmlich Gegebene Deutung durch das Denken erfordert.

In dieser reinen Form ist *Denken* weder Teil der ‚objektiven' Welt – so, wie Sinneswahrnehmungen –, noch der ‚subjektiven' Seite des vorstellungshaften Lebens des Gedankens: Es ist ein „Weltprozess" – ein Urphänomen im reinsten Sinne des Wortes –, das in der Innenwelt des Menschen erscheint.[177] Es ist ein Prozess, der Teil der Welt ist. Wenn man wünscht, eine wahre Beschreibung der Welt vorzunehmen, kann man nicht die Hältfte davon wilkührlich ignorieren, nämlich das Element, das „Welt" sieht und versteht.

Auf der Grundlage dieser Feststellung überwindet Steiner den Dualismus: nicht durch Deutung der Materie als Geist[178], noch dadurch, dass gesagt wird, dass Geist eine feinere Form von Materie[179] sei, sondern durch ein Anerkennen des Umstandes, dass Geist und Materie aufgrund der menschlichen Konstitution in verschiedenen Sphären erscheinen. Das Materielle erscheint für die Sinneswahrnehmung und das Geistige für das Bewusstsein, in Form von Gedanken. Die geistige Tätigkeit im Erkennen, wie sie dem modernen Bewusstsein erfahrbar ist, ist das Prinzip, welches das Wahrnehmbare und das Begriffliche miteinander vereint.

---

[177] Steiner, „Das Erkennen der Welt", Kapitel 5 in *Die Philosophie der Freiheit*.

[178] Weil es – als von der Quantenphysik formuliert – hauptsächlich Leere und Energie zwischen der Teilchen des Atoms ist.

[179] Diese Anschauung wird oft von östlichen religiösen Philosophen ausgesprochen, oder in dieser Art von westlichen Gelehrten interpretiert.

Wenn sich dieser *erkennende Akt* der Vereinigung einer Wahrnehmung und eines Begriffes aus Gewohnheit oder Notwendigkeit heraus ereignet, könnte man sagen, dass das *Ergebnis* als gegeben erscheint, weil es nicht bewusst vollzogen wurde. Doch der erkennende Akt, der einem gegebenen Element bewusst Sinn gibt, ist nicht gegeben: er ist durch das Ich vollzogen. Die Möglichkeit des menschlichen Ich ist sein Beschenktsein mit der Anlage, dem Gegebenen etwas hinzufügen zu können, das bislang nicht existierte, nämlich *neuen Sinn*. Wenn es zur Willensmanifestationen in der sinnlich wahrnehmbaren Sphäre des äußeren Lebens führt, ist diese Hinzufügung ein In-Erscheinung-Treten von *Liebe*.[180]

Angesicht des Umstandes, dass das menschliche Wesen begabt ist, dem Gegebenen Sinn und moralisch-ethische Aktivität *hinzuzufügen*, und dass diese Möglichkeit als *Anlage gegeben* ist, dass aber ihre Aktivierung *nicht gegeben* ist, kann man den Sinn des erkennenden Denkens sehen in der Selbstintegration des Menschen innerhalb dieser Polarität zwischen gegebener Fähigkeit und nichtgegebener Aktivierung.

Freiheit
Gleicherweise ist die tatsächliche *Erfahrung der Gegenwart* innerhalb der Aktivität des Denkens *nicht gegeben*. Ohne einen *Anfang* durch das Ich kann die Wirklichkeit geistiger Tätigkeit nicht aktualisiert werden. Dieser Anfang macht die Freiheit zur Wirklichkeit. Sie erfordert die Mitwirkung des Ich; ohne die Aktivierung des Willens durch das Ich ist sie nicht möglich.[181] So findet man, dass der Mensch eine Anlage oder *Prädisposition* für die Freiheit hat. Diese Prädisposition ist gegeben, ihre Aktualisierung aber nicht.

Dies bedeutet, dass der Geist des einzelnen Menschen mit der Möglichkeit begabt ist, den aufmerksamen Willen in jeder gewünschten Richtung zu lenken, ohne sich von irgend einer äußeren oder inneren Kraft gezwungen zu fühlen, sondern rein aus seinem intuitiven Sinn für *Wahrheit*. Und diese Wahrheit wird nur insofern *Wirklichkeit*, als das Ich bereit und fähig ist, sie mit seinem freien, aufmerksamen Willen zu tragen. Die *nichtgegebene* Aufmerksamkeit in der intuitiven Wahrnehmung ist das Element, welches das *Gewahrwerden* der Wahrheit möglich macht.

Eine praktische Konsequenz dieser Öffnung ist die Möglichkeit, dass der Einzelne fähig ist, eine Initiative zu ergreifen, zuerst in dem inneren Leben der Seele und dann auch in der äußeren Welt – in dem Umfang, wie er die Weisheit be-

---

[180] Steiner, Dornach, 19. Dezember 1914, „Wie bekommt man das Sein in die Ideenwelt hinein?", Vortrag 5, in GA 156, S. 97. Siehe auch Schwarzkopf, Kapitel 3a und 3c in *Dialogues of Mind and Spirit*.
[181] Steiner, „Die Wirklichkeit der Freiheit", Teil 2 in *Die Philosophie der Freiheit*.

sitzt, seine moralische Intuition in die bereits gegebene, vergangene Welt hineinzuintegrieren.

Für die psychologische Sphäre sind die Konsequenzen weitreichend, weil das Ich innerhalb der Gebärde der Freiheit eine Möglichkeit findet, sich innerhalb des fortwährenden Stroms der immerneuen *Gegenwart* über alle vergangenen, fertigen Inhalte zu erheben. Innerhalb dieser Gegenwart kann sich die Bedeutung der Vergangenheit verändern, insofern als alle vergangenen Elemente durch das Ich innerhalb seines ständig sich erweiternden Horizonts integriert werden können. (Integration bedeutet, dass solche vergangenen Elemente neuen Sinn erhalten). Gleichzeitig wird das Ich von den kristallisierenden Formen der fertigen Inhalte des Bewusstseins befreit, welche die Tendenz haben, den gesunden Kreislauf neuer Lebenskräften zu hemmen. Dadurch, dass sich die Aufmerksamkeit ihrer eigenen inneren höheren Quelle zuwendet – die ihrerseits dieses Zuwenden erst möglich macht – wird das Ich seines inneren Lichts und des Lebens der Kräfte der Aufmerksamkeit gewahr. Dieses Gewahrwerden gibt ihm die Erfahrung der Freiheit.

Für die äußere Welt bedeutet dies, dass die Umstände weniger dem Zwang der Gesetze der Kausalität preisgegeben sind, weil die menschliche Individualität einsehen kann, dass sie in der Lage ist, neue Anfänge zu setzen, die eine neue Reihe von Geschehnissen auslösen können. Diese Fähigkeit erfordert, dass der einzelne Mensch lernt, moralisch-ethische Entscheidungen zu treffen über das wann und wo des Handelns. Dieses Entscheiden ist nur insofern frei, als das Licht der Aufmerksamkeit nicht mit Zwang gelenkt wird, sondern aus liebevoller Einsicht in den Zusammenhang der vorgefundenen Verhältnisse, die durch die Spontanität der Aufmerksamkeit im Ich neuen Sinn empfangen. In dem Umfang, wie der Geist der menschlichen Individualität diese Möglichkeit aktualisiert, verwirklicht sie ihre moralisch-ethischen Chancen. Dies bedeutet, dass der Einzelne lernt, den Willen durch moralische Intuitionen zu erwecken. Nach dieser Wendung ändert sich die Wirklichkeit, weil sie sich jetzt innerhalb eines neuen Stroms des Werdens befindet. Rudolf Steiner bezeichnet diese Möglichkeit im Ich als *ethischen Individualismus*.[182]

Imagination

Falls wir in der Lage sind, in solche geistige Aktivität einzutauchen (gleich dem Schwimmen innerhalb eines greifbaren, flüssigen Mediums von Licht und Leben im Gewahrsein), nimmt unser Wirklichkeitssinn eine ganz neue Form an. Einerseits hat sich das bezeugende Ich genügend eingestellt, um seiner Metamor-

---

[182] Steiner, „Die Idee der Freiheit", Kapitel 9 in *Die Philosophie der Freiheit*, S. 131.

phose innerhalb des Erkenntnisprozesses gewahr zu werden, und andererseits nimmt es tätig an ihm teil, „*in* der Welt, aber nicht *von* der Welt."

Steiner nennt die Stufe, auf welcher diese Möglichkeit als ein erfahrbarer Vorgang aktualisiert wird, *Imagination* – nicht im Sinne eines bildhafter Vorstellungen, sondern als geistige *Tätigkeit*. Im Rückblick mag dennoch die Erfahrung dieser Tätigkeit in Form von Bildern beschrieben werden.

Nach dem Einsteigen in den Strom des lebendigen Denkens, den wir gleich flüssigem Licht zu erfahren vermögen, können wir noch einmal versuchen, unseren Pendelschlag zwischen den Polen der Wahrnehmung und des Denkens zu erleben.

Imaginative Wahrnehmung
An der Grenze der Sinneswahrnehmung sind wir jetzt in der *imaginativen Wahrnehmung*. Wir tauchen so tief in die Teilnahme an dem Willen unserer Aufmerksamkeit in den Sinnen hinein, dass wir, wenn wir zu uns selbst zurückkehren, lediglich feststellen können, dass wir uns in einer tiefen schlafenden Kommunion mit den Phänomenen befanden, die unsere meditative Wahrnehmung lenkten.

Wir werden indes finden, dass wir in der *denkenden Imagination* die Möglichkeit haben, die Erfahrung in der Form eines lebendigen, flüssigen Bewusstseinsbildes nachzuschaffen. Wir sind erstaunt zu bemerken, wie gut unser Wille die Bewegung gelernt hat, und nachdem wir jetzt wach und zeugend in unserem Denken gegenwärtig sind, können wir, wiederum im Rückblick, an der Erfahrung unserer meditativen Wahrnehmung teilhaben und versuchen, sie in Worten zu artikulieren.

Mit dieser Fähigkeit haben wir ein neues Werkzeug gefunden, das sowohl ideell als auch empirisch ist. Es ist ideell, weil wir es mit den Augen des Geistes erschauen, in innerer Teilnahme; es ist empirisch, weil wir von innerer Wahrnehmung in der gleichen Weise sprechen können, wie wir von Sinneswahrnehmungen sprechen.

Wenn Steiner das Experiment einführt, von dem sinneswahrnehmlichen Bild alle begrifflichen Elemente zu entfernen[183], legt er die erkennende Tätigkeit, welche die Verbindungen zwischen diesen Elementen zieht, frei. Jetzt können wir in die „Farben", „Geräusche", die Empfindungen des „Drucks", der „Wärme" und des „Geruchs" hineintauchen, ebenso in die „Freude" und den „Schmerz". Wir werden auf der imaginativen Ebene ihre Ideen-Natur entdecken, jedoch nicht nurmehr das Spezifische ihres Eidos, welches Husserl beschreibt, sondern

---

[183] Steiner, „Die Welt der Wahrnehmung", Kapitel 4 in *Die Philosophie der Freiheit*, GA 4, S. 42-43; siehe oben Kapitel 7, Untertitel „Denken und Erkennen".

ihren *Prozess*: das Wesenhafte, das in ihnen tätig ist. Dies kann zu der Erfahrung dessen führen, was Goethe *Urphänomen* nannte.[184] Insoweit als Goethes erkennende Gebärde auf die empirische Welt hin orientiert ist, nennt sie Steiner rationellen Empirismus,[185] der den Gegenstand unseres nächsten Kapitels bildet.

Denkende Imagination
In einer folgenden Exkursion an den Pol, der den sinnenfälligen Elementen und ihren ideellen Strukturen gegenüber liegt, können wir *vor* der *Erfahrung* dieser Tätigkeit die Frage verfolgen, die Steiner unerläutert ließ.

Am Denkpol können wir nämlich zu klären versuchen, *wie* das Denken gegeben wird, mit anderen Worten, inwieweit die erkennende geistige Tätigkeit in Übereinstimmung mit gewissen Strukturen oder Gesetzen sich entfaltet. Steiner schreibt, dass wir das Denken in voller Klarheit kennen, weil wir es selbst hervorbringen.

Eben weil wir es selbst hervorbringen, kennen wir das Charakteristische seines Verlaufs, die Art, wie sich das dabei in Betracht kommende Geschehen vollzieht.[186]

Meine Beobachtung ergibt, dass mir für meine Gedankenverbindungen nichts vorliegt, nach dem ich mich richte, als der *Inhalt* meiner Gedanken.[187]

Für jeden aber, der die Fähigkeit hat, das Denken zu beobachten – und bei gutem Willen hat sie jeder normal organisierte Mensch –, ist diese Beobachtung die allerwichtigste, die er machen kann. Denn er beobachtet etwas, dessen Hervorbringer er selbst ist; er sieht sich nicht einem zunächst fremden Gegenstande, sondern seiner eigenen Tätigkeit gegenüber. Er weiß, wie das zustande kommt, was er beobachtet.[188]

Mit anderen Worten denken wir den Gedanken, den wir verstehen, und weil wir *verstehen*, können wir in unserem Denken in einer besonderen Weise vorgehen.

---

[184] Siehe auch Schwarzkopf, *The Archetypal Phänomen*, und Bortoft, *Goethe's Scientific Consciousness*.

[185] Der Ausdruck taucht in *Goethes naturwissenschaftliche Schriften* (Band 2, S. xv) auf. Wie Jost Schieren hervorhebt, kann dieser Ausdruck zurückverfolgt werden zu einem Brief Schillers an Goethe vom 19. Januar 1798. (Schieren, *Zur Metamorphose des Erkennens*, S. 85–86).

[186] Steiner, „Denken im Dienste der Weltauffassung," Kapitel 3 in *Die Philosophie der Freiheit*, GA 4, S. 44.

[187] Ibid., S. 45.

[188] Ibid., S 46.

Denkende Imagination

Benutzen wir aber wirklich diese Fähigkeit, um das *Wie* unseres Denkens zu beobachten, die Art, wie wir der Grammatik und der Syntax unserer Sprache folgen, wenn wir wünschen, unser Verstehen, unsere Einsicht sprachlich zum Ausdruck zu bringen?

In seinen philosophischen Werken erörtert Steiner die *überbewusst gegebenen* Muster oder Strukturen des Denkens nicht, wie z.B. die strukturierten Einprägungen, die wir von unserer Muttersprache erhalten haben. Dies ist wichtig, weil Kinder, die in einer europäischen Sprache erzogen werden, in einer *anderen Weise* denken – innerhalb eines anderen Paradigmas oder Zusammenhangs der Wirklichkeit – als Kinder, die z.B. in einer Eingeborenensprache erzogen werden.[189]

In diesem Zusammenhang erfahren wir also die *Anlagen*, die wir benutzen, um solche überbewusst gegebenen Muster und Strukturen anzuwenden, wenn wir z.B. versuchen einen *neuen* Gedanken durch die Mittel der Sprache zu kommunizieren, oder sogar wenn wir versuchen, für unser eigenes Verstehen eine neue Einsicht in Gedankenform zu artikulieren. Diese *Fähigkeit*, Grammatik *anzuwenden* und *logisch* zu denken, ist eine *Prädisposition* unserer Aufmerksamkeit für alles, was wesentlich, bedeutsam und sinnvoll ist. Was ist die Quelle dieser Anlage?

Da uns die Richtung dieser Frage in solcher Weise zu dem formenden Ursprung *ideeller* Strukturen hinführt, wonach das Bewusstsein den leitenden Willen der Idee im Entfalten des Denkens *erfahren* kann, können wir diesen Ansatz nach einem Vorschlag von Georg Kühlewind *empirischen Idealismus* nennen.[190] Dies wird unser Gegenstand im Kapitel 9 sein.

---

[189] Whorf, *Language, Thought and Reality*.
[190] Kühlewind, „Empirical Idealism" und „Fundamentals of an Ideal-Empirical Philosophy", in Schwarzkopf, *The Metamorphosis of the Given* (Dissertation 1992), S. 554 und 559.

Georg Muche
Zum 8. Mai 63

KAPITEL 8
DAS URPHÄNOMEN BEI GOETHE:
HÜLLE UND WESEN
ÄUSSERER ZUSAMMENHANG,
INNERE VERBINDUNG:
EIN LEBENDIGER ORGANISMUS

Wenn wir versuchen, uns der sinnlich wahrnehmbaren Welt im Leben der Imagination so zu nähern, wie es oben charakterisiert wurde, können wir die Phänomene der Natur in einer ganz anderen Weise erschauen. Statt dass wir ein chaotisches, unzusammenhängendes Aggregat von Einzelheiten sehen, denen wir ein Begriffsraster aufzwingen, erforschen wir die Phänomene der Natur mit einer lebendigen Tätigkeit, die sich auf einer Bewusstseinsebene *oberhalb* der Gedanken und *oberhalb* gewöhnlicher, informativer Wahrnehmung befindet, was eine verstehend-sehende Wahrnehmung bedeutet, die für das Licht der Ideen der Natur unmittelbar offen ist. Und statt sich auf die spezifische eidetische Komplexität des Gegebenen zu konzentrieren, wird dieses Erschauen die integrierenden Bildeprinzipien erblicken, die in den Phänomenen zur Sichtbarkeit gelangen.

Im Bereich der *unorganischen* Natur nannte Johann Wolfgang von Goethe (1749–1832) dieses Prinzip *Urphänomen*; im Bereich der *organischen* Natur, für Pflanzen und Tiere, nannte er es *Typus*. Beispiele könnten sein die Urphänomene, die Goethe in seiner *Farbenlehre*[191] erwähnt, oder die *Urpflanze* in seiner *Me-*

---

[191] Goethe, „Dioptrische Farben der ersten Klasse", Teil 10 in der *Farbenlehre*, §§ 150, 151, S. 61–62. Das klassische Beispiel eines *Urphänomens* im Sinne Goethes ist die Manifestation der Farbe. Für Goethe ist Farbe das Ergebnis einer Interaktion von *Licht* und *Finsternis*: „Farben sind die Taten und Leiden des Lichtes." Farbe ist nicht lediglich das Ergebnis einer Brechung des Lichtes – wie die Auffassung Newtons geltend macht – sondern einer *Interaktion* zwischen Licht und Dunkel. Die Interaktion von Licht und Dunkel ergibt das *Urphänomen der Farbe*. Am meisten charakteristisch für dieses Phänomen sind die atmosphärischen Farben, die am Himmel oder an den Wolken erscheinen. Gelb und rot (die „orangene" Seite des Spektrums) erscheinen, wenn eine opakes Medium („Dunkelheit' oder ,Dichte') die Tätigkeit des Lichtes trübt, d.h., wenn sich das opake Medium zwischen dem Beobachter und der Lichtquelle befindet („Dunkelheit vor dem Lichte" oder „die Tätigkeit des Lichtes in der Dunkelheit"). Dies tritt z.B. am Morgen oder am Abend ein. Indigo und blau (die „blaue" Seite des Spektrums) ist Ergebnis einer „Tätigkeit" der Dunkelheit hinter einem erhellten Medium („Licht vor der Dunkelheit" oder „die Tätigkeit der Dunkelheit in dem Licht") wenn sich das aufgehellte Medium zwischen dem Beobachter und der Finsternis befindet. Aus diesem Grund erscheint der Himmel blau, weil die sonnenerhellte Atmosphäre vor der Dunkelheit des Weltraumes gesehen ist; und die Farben am Horizonte beim Sonnenauf- und -untergang erscheinen gelborange, weil das Medium der Atmosphäre durch das steigende oder untergehende Licht beeinflusst wird (siehe auch Bortoft, *Goethe's Scientific Consciousness*). Als ein Laborexperiment beschreibt Steiner das Urphänomen der Farbe folgendermaßen: „Ich möchte

tamorphose der Pflanzen.¹⁹² Solche Urphänomene werden nicht von unserem Geist hinzugefügt, sondern in gleichzeitiger Einheit mit der Erscheinung für die äußeren Sinne *gefunden*. In dieser Hinsicht und auf dieser Bewusstseinsebene finden wir auch die Idee, als in der sinneswahrnehmlichen Sphäre verkörpert.

Das Urphänomen: Ideal-real-symbolisch-identisch.
Ideal als das letzte Erkennbare;
real als erkannt;
symbolisch, weil es alle Fälle begreift;
identisch, mit allen Fällen.¹⁹³

Das Urphänomem ist ideal, weil das Erkennen darin eine Evidenz erfährt, die es sonst nur im Umgang mit Ideen hat. So wie jede Idee durch sich selbst verstanden wird und sich selbst in den Zusammenhang mit anderen Ideen stellt, so wird ein Urphänomen durch sich selbst verstanden. […] Gegenüber der im Denken gewonnenen Idee ist das Urphänomen aber auch real, weil es als Erscheinung erkannt wird. Und da es alle anderen ihm zugehörigen Erscheinungen in einer Erscheinungsreihe umgreift, kann es symbolisch für sie stehen. Es ist aber zugleich identisch mit ihnen, weil es in jedem eine besondere Form der Ausgestaltung findet.¹⁹⁴

---

vor Sie hinstellen dasjenige, was man nennen könnten das *Urphänomen der Farbenlehre*. […] …das einfache *Phänomen* tritt nicht überall gleich so bequem in die äußere Offenbarung. Aber wenn man sich die Mühe gibt, findet man es überall: *Sieht man ein Helleres durch Dunkelheit, dann wird das Helle durch die Dunkelheit in dem Sinn der hellen Farben erscheinen, in dem Sinn des Gelblichen oder Rötlichen,* … Sehe ich zum Beispiel irgendein leuchtendes, sogenanntes weißlich scheinendes Licht durch eine genügend dicke Platte, die irgendwie abgetrübt ist, so erscheint mir dasjenige, was ich sonst, indem ich es direkt anschaue, weißlich sehe, das erscheint mir gelblich, gelbrötlich. Das ist der eine Pol. Umgekehrt, wenn Sie hier einfach eine schwarze Fläche haben und Sie schauen sie direkt an, dann sehen Sie eben die schwarze Fläche. Nehmen Sie aber an, ich habe hier einen Wassertrog, durch diesen Wassertrog jage ich Helligkeit durch, so dass aufgehellt ist, dann habe ich hier eine erhellte Flüssigkeit, und *ich sehe das Dunkel dunkel durch Hell, sehe es durch Erhelltes. Das erscheint Blau oder Violett*, Blaurot, das heißt der andere Pol der Farbe. Das ist das *Urphänomen: Hell durch Dunkel: Gelb; Dunkel durch Hell: Blau*" (Steiner, *Geisteswissenschaftliche Impulse zur Entwicklung der Physik*, Stuttgart, 26. Dezember 1919, Vortrag 4 in GA 320, S. 78–79.)

192 Goethe, *Die Metamorphose der Pflanzen*. Goethe kam zu dem Schluss, dass das *Organ*, das jeder Pflanzenmetamorphose zugrundeliegt, das *Blatt* sei, das ununterbrochen von den allerersten Blättchen (Kotyledonen) des Samenkornes an sich selbst bildet, sich umbildet zu Kelch- und Blütenblättern, die Hüllen der Samengehäuse, und schließlich die Frucht und Samenkörner. In diesem Prozess verwandelt das Blatt fortwährend seine äußere Erscheinung, wogegen die bildende *Ursache* immer die gleiche bleibt. – die Pflanze an sich, die Goethe Urpflanze nannte. Siehe Schwarzkopf, *The Archetypal Phenomenon: Guide for a Goethean Approach to Natural Science*.

193 Goethe, *Goethes Naturwissenschaftliche Schriften*, Band 5, S. 370, Zeile 9–13. Auch in H.A. 12, 366 (Maximen und Reflexionen).

194 Schieren, *Zur Metamorphose des Erkennens*, S. 78.

In diesem Sinne kann das Urphänomen beschrieben werden als ein Ergebnis der Vereinigung von Ideellem und Empirischem.[195]

Das Erkennen durchschreitet eine Stufenfolge, indem es sich zunächst mit einem ideellen Gehalt verbindet, sodann darin ein Organ gewinnt, um auf die Erfahrung zu blicken und weiter seine ideelle Kraft in die Gebildeeigentümlichkeit der Erfahrung hineingibt und dabei möglichst beweglich bleibt. Das Erkennen durchschreitet demnach eine Stufenfolge von ideeller Selbstbestimmung, über Anschauung bzw. Aufmerksamkeit und über die metamorphotische Nachahmung. Das Urphänomen ist die letzte Stufe dieser Erkenntnisbewegung.[196]

Goethe beschreibt diesen erkennenden Prozess – der ihm das Gefühl der Gewissheit und der notwendigen Evidenz gibt – als *gegenständliches Denken*. Für ihn bedeutete dies:

…dass mein Denken sich von den Gegenständen nicht sondere; dass die Elemente der Gegenstände, die Anschauungen in dasselbe eingehen und von ihm auf das innigste durchdrungen werden; dass mein Anschauen selbst ein Denken, mein Denken ein Anschauen sei.[197]

Wir finden, dass die Kluft zwischen Wahrnehmung und Begriff, die von zwei verschiedenen Seiten her (von den Sinnen und vom Geist) in das Bewusstsein kommen, in der Natur nicht existiert. Sie hat nie existiert. In der Natur ist die Komplexität des übersinnlichen Organismus (erschaut und ausgedrückt in ideller Form) mit seinem äußeren Schleier immer vereint – wäre es anders, wie könnte die Natur überhaupt *sein*?
In einem Gedicht hat Goethe sein Verstehen dieses Zusammenhanges folgendermaßen ausgedrückt:

Das hör ich sechzig Jahre wiederholen
Und fluch drauf, aber verstohlen,
Sage mir tausendmale
Alles gibt sie reichlich und gern.
Natur hat weder Kern

---

[195] Ibid., S. 79.
[196] Ibid., S. 79.
[197] Goethe, „Bedeutende Fördernis durch ein einziges geistreiches Wort," in *Sämtliche Werke*, Band 16, S. 879.

noch Schale.
Alles ist sie mit einemmale
Dich prüfe nur allermeist,
Ob du Kern oder Schale seist.[198]

Da sich aber die Natur wie ein Fächer in eine Vielfalt individueller Arten und Gattungen hinein entfaltet hat, ist die verstehende Fähigkeit des Geistes erforderlich – innerhalb der Wahrnehmung – um diese Gattungen in ihrer *inneren* Vereinigung zu zeigen. Steiner formuliert es so:

> Goethe geht in der Betrachtung des Wirklichen so weit, bis ihm die Ideen entgegenblicken.[199]

Entsprechend erschienen die phänomenalen Aspekte der Natur Goethe wie ein „Text" oder ein „Buch".

> Wenn ich nun aber eben diese Spalten und Risse als Buchstaben behandelte, sie zu entziffern hätte, sie zu Worten bildete und sie fertig zu lesen lernte, hättest du etwas dagegen?[200]

Erkennen und Lesen
Dieses unterscheidet Husserls Bemühung um das Eidos eines Naturphänomens von Goethes Versuch, die Phänomene der Natur wie die Zeichen eines Textes zu lesen. (Husserls Methode ist jedoch ein sehr fruchtbares Element innerhalb des Goetheschen Ansatzes, welches das endgültige 'Lesen' unterstützt.)
  Goethes Ansatz würde sein, jede einzelne Manifestation in dem organischen Zusammenhang zu sehen, in welchem sie erscheint. In diesem Sinne könnte man Goethe als einen Vorläufer der Systemtheorie ansehen. Doch er versuchte, über die blosse Beschreibung von Systemen – die er mit größter Sorgfalt ausführte – hinauszugehen. Für ihn war der *Sinn* der in seinen systemischen Interdependenzen beschriebene *Organismus*. Versuchen wir, von der Analogie des „Lesens" eines geschriebenen Textes auszugehen, müssten wir sagen, dass die systemischen Verbindungen zu vergleichen wären mit den äußeren, sinnlich wahrnehmbaren Buchstaben und Worten eines Satzes, während der Organismus den inneren Sinn des Satzes oder das Verstehen zum Ausdruck brächte. Wenn

---

[198] Goethe, „Allerdings": „Natur hat weder Kern noch Schale. Du frage Dich ..." 1820.
[199] Steiner, *Goethes Weltanschauung*, GA 6, S. 205).
[200] Goethe, Goethes Naturwissenschaftliche Schriften. Band 2, S. LXX–LXXI.

wir versuchen, einen philosophischen Gedanken auszudrücken, können wir ihn auf viele verschiedene Weisen, in verschiedenen Worten und Sprachen darstellen, sein Sinn sollte aber immer der gleiche bleiben. In der gleichen Weise haben wir Goethes Suchen nach dem *Urbild* in dem Phänomen aufzufassen als ein Suchen nach dem *inneren Kontext*, der die irdischen Substanzen braucht, um in der sinneswahrnehmlichen Welt zu erscheinen.

Das ist der Weg der goetheschen Naturerkenntnis: zu lesen im Buch der Natur. Die naturwissenschaftliche Erkenntnis liest nicht, sie analysiert. Die berühmte Formel: Erkenntnis = (Wahrnehmungs-) Gegebenes + Begriff ist irreführend. Wenn ich auf eine Frage „Was ist das?" mit einem Begriff („Besenstiel") antworte, so ist das keine Erkenntnis, sondern eine Kenntnis. Ich suche zum Wahrnehmungsgegebenen nicht eine Idee, sondern die Möglichkeit, das Gegebene zu lesen. Es „enthält" schon die Ideen (nie eine), wie die Schrift (oder akustische Zeichenreihe) den Sinn „enthält". Daher vermitteln die Sinne ohne Denktätigkeit keine *Erkenntnisse*, sondern auf Grund ihres Belehrtseins *Kenntnisse*.[201]

Ein solcher Ansatz zum Lesen der Natur würde sich z. B. nicht zufriedengeben mit der Idee der Wasserminze oder der Distel, sondern würde fragen: „Was bedeutet es, wenn Wasserminze oder Disteln auf einer Wiese auftauchen?" In der gleichen Weise fragen wir innerhalb eines Satzes nicht nur nach der isolierten Bedeutung eines einzelnen Wortes, etwa des Wortes *Bedeutung*, wir fragen auch nach seiner erläuternden Signifikanz im Zusammenhang eines Satzes wie etwa: „wir fragen nicht nur nach der isolierten ‚Bedeutung' eines einzelnen Wortes." Was bedeutet es, wenn wir Wasserminze auf einer Wiese finden? Wir können uns dem wunderbaren Duft hingeben, oder zur Einsicht kommen, dass es wahrscheinlich Wasserströmungen unterhalb der Erdoberfläche gibt, vielleicht sogar eine Quelle. Das wäre der Unterschied zwischen einer rein phänomenologischen und einer goetheanistischen Annäherung zum Phänomen der „Minze".

Kühlewind differenziert zwischen *Erkenntnis* und *Kenntnis*. Kenntnis wäre die Fähigkeit, ein sinneswahrnehmliches Objekt durch seinen angemessenen Begriff zu identifizieren – so etwa wie wenn ein Kleinkind lernt, einen „*Stuhl*" unter zwanzig verschiedenen Objekten zu identifizieren. Erkenntnis wäre die Fähigkeit, ein Objekt „Stuhl", „Trittleiter" oder „Tisch" zu nennen, je nachdem, wie es benutzt wird. Dieses läßt sich leicht veranschaulichen an menschengemachten Objekten.[202] Doch bezüglich der Ideen der Natur, die wir „nominale Wesen"

---

201 Kühlewind, Brief an den Verfasser, 21. November 1991, S. 6.
202 Diese schlichte Einsicht ist jedoch in der heutigen Erziehung noch nicht angewandt von den

(*„nominal essences"*) nennen müssen – weil wir sie nicht *verstehen* – können wir lediglich auf Goethes Beispiele hinweisen, wenn wir das, was wir meinen, verdeutlichen wollen, etwa das Urphänomen der Farbenlehre oder die Urpflanze. In dieser Hinsicht müssen wir die Fähigkeit des ‚erkennenden Fühlens' entwickeln,[203] die im Kapitel 13 im Zusammenhang mit der Beschreibung der erkennenden, fühlenden Wahrnehmung näher charakterisiert wird.

Doch wenn wir den „fühlenden Ideen" der Natur gegenüberstehen, können wir uns recht hilflos vorkommen, bis wir in der Lage sind, die ursprüngliche Quelle, von der sie gegeben sind, zu erfahren. Hier werden rationaler oder ideeller Empirismus zum *empirischen Idealismus*. Dies ist keineswegs eine Rückkehr zu einer älteren, idealistischen Position, wo die Welt in „Gottes Geist" getragen wird (wie bei Berkeley) oder in dem „Setzen" des menschlichen Geistes (wie bei Fichte); denn wir *erfahren*, dass die sinnlich wahrnehmbare Welt – ohne irgend etwas zurückzuhalten – sich selbst durch den ideell strukturierenden und gliedernden Geist zum Ausdruck bringt, wo das *Ideelle* die *Wirklichkeit* erfahrbar macht, und wo gleichzeitig die *Wirklichkeit* der Idee zur Erfahrung wird.

Wie Dogen, der japanische Zen-Meister aus dem dreizehnten Jahrhundert, zu verstehen lernt, wenn ihm ein alter Mann erzählt, dass „nichts im ganzen Universum verhüllt ist" – eine echte goetheanistische Position:

> Zukünftige Generationen werden zum Verstehen kommen, [...] wenn sie ihre Bemühungen einer spirituellen Praxis in der Form widmen, dass sie das Universum durch Worte und Buchstaben sehen, und Worte und Buchstaben durch das Universum.[204]

Verfassern von Lehrbüchern für den Leseunterricht, wo Bilder und Wörter mit einem einfachen Gleichheitszeichen versehen werden. Man findet da etwa die Abbildung eines Stuhles und darunter das Wort *Stuhl* gedruckt. Statt dessen hätte man einen Stuhl mit einer Person, die darauf sitzt, zeigen und darauf das Wort *Stuhl* schreiben sollen; dann einen Stuhl und eine Jacke und darunter *Kleiderbügel*, weiter einen Stuhl worauf eine Person steht, die sich nach einem Buch in einem Regal streckt, und darunter, als Funktion, *Trittleiter*. Auf diese Weise würde man zeigen, dass das Wort *Stuhl* eine Funktion und nicht ein Objekt bedeutet.

[203] Kühlewind, Brief an den Verfasser vom 21. November 1991, S. 6.

[204] Kim, *Dogen Kigen*, S. 26.

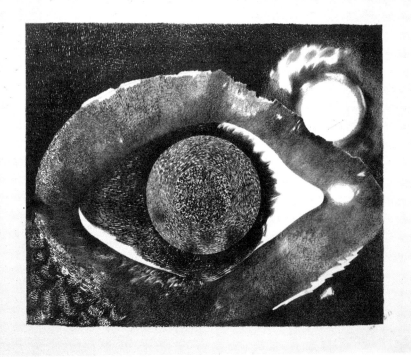

Georg Muche
Zum Mai 63

KAPITEL 9
SPRACHE UND VERSTEHEN: KÜHLEWINDS WEG ZUM EMPIRISCHEN IDEALISMUS

Wir kamen zur Erfahrung des Urphänomens in der Natur durch Identifizierung der projizierten begrifflich-ideellen Matrix und deren Herausschälen aus dem durch die Sinneswahrnehmung Gegebenen. Wollen wir in die entgegengesetzte Richtung gehen, so müssen wir das Experiment machen, zu beobachten, was geschehen wird, wenn wir alle Elemente der sinnlichen Wahrnehmung in unserem Vorstellen der Welt durchsichtig machen und schälen. Dabei ist die Frage: Auf was würden wir zuletzt, als letzten Schleier, treffen, hinter den wir nicht weiter zurückblicken können?

Dies führt uns zu der Frage zurück, *wie* uns das Denken gegeben ist.[205] Der Bereich, wo wir dies beobachten können, ist die *Sprache*, die selbst ein Urphänomen ist. Wir können uns der Frage dadurch nähern, dass wir zunächst die innere Struktur der Sprache beobachten, innerhalb welcher sich unser Sprechen und Denken entfaltet, um danach unsere Beobachtung der Quelle dieser Struktur zuzuwenden.

Dies ist der Ansatz Georg Kühlewinds. Während Steiner die dualistische Trennung zwischen Begriff und Wahrnehmung durch den Hinweis auf die *geistige Tätigkeit des Denkens* überwindet, als der Substanz des Erkenntnisaktes, der das sinnlich Wahrnehmbare mit einem Ideell-begrifflichen verbindet, das dem Wahrgenommenen entspricht, richtet Kühlewind den Blick auf die *Quelle* des Verstehens, die das erkennende Denken lenkt, wenn wir die überbewusst gegebenen Strukturen der Sprachen anwenden.

Zum Beispiel sind wir durchaus in der Lage, die gleiche Idee auf Englisch, Französisch und Deutsch oder in irgend einer anderen Sprache, die wir beherrschen, auszudrücken. Wir vermögen die erforderliche Syntax und Grammatik richtig anzuwenden, *ohne* uns ihrer in bewusster Weise inne zu sein. Wir können aber auch eine Ausnahme machen und unser eigenes Denken beobachten, während wir uns bemühen, einen Gedanken etwa auf Englisch oder Spanisch auszudrücken, und wir können versuchen gewahr zu werden, was uns veranlasst, in dem gesprochenen Satz der einen oder anderen Wortfolge und Sequenz

---

[205] Siehe Kapitel 7, „Phänomenologie des Bewusstseins: Erkennen", Unterkapitel: „Denkende Imagination".

grammatikalischer Elemente den Vorrang zu geben. Wir „wissen", was zu tun ist; aber *verstehen* wir, warum wir es tun?

Wesen des Wortes
Der Begriff des *Verstehens* erlaubt uns, *Sprache* als ein Urphänomen des Bewusstseins zu beobachten, als die *Fähigkeit* zu sprechen-und-verstehen, schreiben-und-lesen. Die Sprache benutzt gesprochene und geschriebene Worte. Es ist bezeichnend für „Worte" im richtigen Sinne, dass sie aus zwei Aspekten bestehen, und dass diese in zwei entgegengesetzten Bereichen erscheinen: äußere, sinnlich wahrnehmbare (akustische, visuelle) Zeichen und Symbole sowie innere, verständliche Sinngehalte – Vorstellungen, Begriffe, Ideen.

Anders ausgedrückt, wenn wir von einem *Wort* sprechen, haben wir bereits eine verstehende Bewegung vollzogen, die ein äußeres Erscheinen mit einem inneren Sinngehalt – oder einen inneren Sinngehalt mit einem äußeren Erscheinen – umgreift; sonst würden wir es nicht einmal „Wort" nennen können.

Bezugnehmend auf Goethes Art des Schauens – die wir beim Beschreiben der charakteristischen Eigenschaften des Urphänomens zu erhellen versuchten – können wir jetzt sagen: Wenn wir eine bestimmte Zusammenstellung von Buchstaben gewahr werden und ihren Sinn unmittelbar erfassen – wenn ihr Sinn unmittelbar durchsichtig wird –, dann haben wir etwas dem Urphänomen Analoges vor Augen. Warum? Hier ergreifen wir die Innenseite der Sprache, wie sie durch ihre äußere Manifestation hindurchscheint. Dies entspricht dem Wesen des Urphänomens, wo Äußeres und Inneres füreinander transparent sind.

Wenn wir also ausgehen von der Quelle allen Sprechens, wenn wir z.B. etwas äußern möchten und uns dabei um den passendsten Ausdruck bemühen, dann ist in dem Moment, wo wir sehen, wie wir unser Verstehen durch sinnlich wahrnehmbare Worte auszudrücken vermögen, dieses Etwas bereits ausgesprochen. Es ist somit – wort-wörtlich sozusagen – die Ur-*Erscheinung* (Urphänomen) eines geistigen Inhalts in die Welt der Sinneswahrnehmung gekommen – zumindest für die Wahrnehmung des Geistes (innere Wahrnehmung). Wir haben hier, an diesem Punkt, eine *ursprüngliche Manifestation*[206] *von Sprache*, wir haben im wahrsten Sinne des Wortes einen Inhalt, den wir zu vermitteln suchten, in einem sprachlichen Gewand *verkörpert*: Es liegt demgemäss hier ein Sichtbarwerden dessen vor, was wie der *äußere* Aspekt des Urphänomens behandelt werden kann.

Der Hinweis auf das Wort bringt uns den Gewinn, dass seine konstitutiven

---

[206] Dies ist auch eine Art Ur-*Phainomenon*, d.h. Erscheinung eines Archetyps – für das Licht des inneren Auges.

Teile – ‚äußeres Zeichen' und ‚innerer Sinngehalt' – weniger abstrakt sind als die erkenntnistheoretischen Bezugsgrößen Begriff und Wahrnehmung. Die gestaltgebenden Bestandteile der Worthaftigkeit sind, so aufgefasst, gegenseitig halb durchsichtig und opak. Ein geschriebenes Wort ruft – in seinen spezifischen Zusammenhang eingebettet – wesentlich leichter seinen entsprechenden Sinngehalt hervor als ein sinnlich wahrnehmbares Element der Natur, wo wir nicht genau wissen, worauf wir unser Augenmerk richten sollen: zum Beispiel auf Gestalt, Farbe oder Zusammenhang.

So können wir jetzt das untersuchen, was die zwei Pole vereinigt und darin dem erkennenden Denken entspricht, das Wahrnehmung und Begriff verbindet; das, was wir *Verstehen* nennen: So wie erkennendes Denken Wahrnehmungen in einen sinnhaltigen Zusammenhang einfügt, so erfassen wir den Sinn und die Wirklichkeit des *Verstehens* – genauer: dessen, worauf das Wort *Verstehen* hinweist – als das intuitive Denken, das dem äußeren Zeichen seinen Sinn verleiht. Die Tätigkeit des Verstehens geht dem Gedanken voraus, weil sie sich auf der Ebene der lebendigen Gegenwart – *oberhalb* der abgeschlossenen Vergangenheit – ereignet, d. h. bevor sie als das spiegelnde Vorstellungsbild des Gedankens reflektiert wird.

An dieser Stelle unserer Untersuchung ist es notwendig, zu klären, was genau mit dem Begriff des *Verstehens* gemeint ist, und wann wir berechtigterweise das Wort verwenden dürfen. Wir müssen hierbei unterscheiden zwischen ursprünglichem (schöpferischem) Verstehen und allem, das *nicht* ursprünglich ist. Das nicht-ursprüngliche Verstehen ist durch eines der folgenden Merkmale charakterisiert. Es ist entweder

- *eingeübt* (im Sinne eines Abrichtens), so wie ein Zirkusaffe zum Zählen und Rechnen abgerichtet wird, um dadurch einen Zuckerwürfel zu bekommen; oder
- *unterbewusst*, so wie der Appetit erwacht beim Anblick einer Werbung für unsere Lieblingsspeise; oder
- *gewohnheitsmässig*, so wie wir unserer Umwelt vertrauen, wenn wir beim grünen Verkehrslicht durchfahren; oder
- *überbewusst*, so wie wir Subjekt, Prädikat und Objekt in der richtigen Reihenfolge einsetzen, wenn wir zwischen verschiedenen Sprachen pendeln müssen. Für unser Bewusstsein tritt sogar in der eignen Muttersprache dieser richtige Gebrauch „wie von selbst", also überbewusst, auf.

Wir können diese Formen sogenannten „Verstehens" schälen, indem wir sie uns in der angeführten Reihenfolge bewusst machen, bis wir den Vorgang des Verstehens in seiner reinsten Spontanität (Unmittelbarkeit) erfahren. Was gewohnheitsmäßige Strukturen der Sprache betrifft, beschreibt Wittgenstein eine Anzahl solcher Beispiele in seinen „Sprachspielen".[207] Bezüglich überbewusster kultureller Paradigmen, die durch Grammatik und Satzbau unserer Muttersprache vermittelt werden, gibt Benjamin Whorf sehr schöne Beispiele aus der Sprache der Hopiindianer.[208]

Hierarchie des Gegebenen und Nichtgegebenen
Wir beginnen das Transparentmachen (die sogenannte Reduktion) der verschiedenen Schichten des Denkens mit der Gebärde der Besinnung auf das Bewusstsein selbst, so wie dies oben bereits charakterisiert wurde.[209] Diese Gebärde ist *nicht* gegeben, weil sie aus der Freiheit des Ichs heraus initiiert werden muss. Dem Menschen gegeben ist jedoch die *Fähigkeit* einer solchen Gebärde. Kühlewind beschreibt diesen Weg in folgender Weise:[210]

1. Im Anfang der Besinnung besteht das Gegebene aus Wahrnehmungs- und Denkelementen und ihren Verbindungen. Die Wahrnehmungen sind immer mit Begrifflichkeiten, und zwar mit realen und nominalen ‚essences' verwoben.[211]
2. Wenn man als Gedankenexperiment die *Begrifflichkeiten* aus dem Wahrnehmungsgegebenen nach und nach entfernt, bleibt ein ungegliedertes Kontinuum ohne ‚individuelle Einzelheiten'. Das heißt, das Gegebene ist immer ein Etwas, solange es nicht völlig geschält ist. Trotz der völligen Schälung bleibt aus dem Wahrnehmungsgegebenen eine Gegebenheit wie ein Rohstoff der Sinneswahrnehmung.
3. Klammert man die *Wahrnehmungselemente* aus dem Gegebenen aus, so bleiben Begrifflichkeiten – Sprache in ihrer Bedeutung usw. –, alles, was aus der inneren Quelle geflossen ist, teils auch ohne Sinneswahrnehmung [z. B. Bindewörter/Konjunktionen] und gegeben ist in dem Sinne, dass seine Hervorbringung nichtbewusste [unreflektierte] Tätigkeit war; und es wurde bis zur *Besinnung* auch auf diese Tätigkeit noch nicht reflektiert.
4. Die Besinnung zeigt – wenn sie konsequent durchgeführt wird, d. h. wenn sie nicht irgendwie unterbrochen wird [und hat die Schälung einmal begon-

---

[207] Wittgenstein, *Philosophische Untersuchungen*.
[208] Whorf, *Language, Thought and Reality (Sprache – Denken – Wirklichkeit)*.
[209] Siehe Kapitel 7, „Leben im Erkennen: Erkennen", Untertitel „Denken und Erkennen".
[210] Kühlewind, Brief vom 21. November 1991 an den Verfasser.
[211] Nummerierung der Abschnitte vom Verfasser hinzugefügt.

nen, so muss eine ausser der Besinnung liegende Ursache da sein, wenn sie unterbrochen werden soll], dass die *Wahrnehmungselemente* durch Begrifflichkeiten interpretiert werden müssen [für Kunstphänomene gilt hier das fühlende Verständnis].

5. Die *Begrifflichkeiten*, sofern sie vom Denken erzeugt sind [und nicht tradiert oder dogmatisch aufgenommen werden], sind unmittelbar verständlich. Das wird durch manche Umstände, z. B. dadurch, dass man das *wortlose* Denken nicht erkannt hat, verdeckt. Das Obige ist für ein Denken gültig, das sich von der Sprache* emanzipiert hat: sonst wird die Begrifflichkeit immer wortgebunden erscheinen, und man merkt nicht, dass auch in diesem Fall das Verstehen vorangeht.

6. Wird das Wahrnehmungsgegebene für volle Wirklichkeit angenommen [Naturwissenschaft], so wird sie zur Schein-Welt [Maya], die man nicht als Zeichen auffasst und nicht liest. Sie wird fixiert, so wie sie erscheint, und dann analysiert.

7. Kann man das von innen stammende Gegebene schälen? Wenn man das analog dem Schälen des Wahrnehmungsgegebenen tut, geht es nicht. An die Stelle einer entfernten Begrifflichkeit tritt gleich eine andere.

8. In der *Meditation* aber steigt die Aufmerksamkeit [vom Wort zum Sinn des Satzes, vom Sinn zum Fühlen usw.], und im Steigen können Begrifflichkeiten [Elemente des Verstehens] niederer Art sukzessiv weggelassen werden. So nähert man sich der inneren Quelle, aus der Begriffe, Gefühlsgestaltungen [Kunst] usw. fliessen. Es ist eine Sequenz, die immer von einem Geformten zu der entsprechenden formenden Fähigkeit steigt. Was auf einer Stufe *Fähigkeit* und als solche gegeben ist, wird für die höhere Stufe *Geformtes* für die nächsthöhere *Fähigkeit*.[212]

9. Im Willenselement ist die Quelle das *absolute Ich*.[213] Dieses Steigen der Aufmerksamkeit ist keineswegs gegeben; was sie aber im Steigen von Stufe zu Stufe findet, die Fähigkeiten, das ist für die nicht-gegebene Aufmerksamkeits-Tätigkeit gegeben und wird im nächsten Schritt in eigene Tätigkeit assimiliert [„Steigen"].

---

* Das heißt ein Denken, welches sein *Verstehen* erfährt, unabhängig von der Sprache oder Muttersprache, in welcher es ausgedrückt wird,

212 Zum Beispiel ist die Fähigkeit, die richtige syntaktische Struktur im Aufbau etwa eines englischen oder deutschen Satzes zu wählen, überbewusst. Wir können sprechen, ohne über Subjekt, Prädikat, Objekt usw. nachzudenken; wir wenden diese Fähigkeit einfach an. Die grammatikalische Beschreibung aber dieser Zusammenhänge erscheint als *Gesetz*, als gegebene Form auf der höheren Ebene der inneren Reflexion. Auf der nächsthöheren Ebene wiederum können wir dieses Gesetz auflösen im Verstehen: Jetzt erscheint das gesetzgebende Verstehen als *Fähigkeit* auf einer höheren hierarchischen Ebene.

213 „Absolutes Ich" ist hier im Sinne von Husserls *Transzendentaler Subjektivität* verwendet.

10. Da zeigt sich die Funktion der *Besinnung*, die der erste nichtgegebene Schritt ist [analog dem Fragen: eine Frage kann nicht gegeben werden]. Durch das nichtreflektierende Bewusstsein sind Begriffe, Gedanken *gegeben* [die Frage bezieht sich immer auf Gegebenes*] für das kritische, sich besinnende Bewusstsein. Durch die Besinnung, die *nicht* gegeben ist, wird das Gegebene in das Selbstbewusstsein gehoben, neu geschaffen oder kritisch abgelehnt – jedenfalls wird die Fähigkeit des Hervorbringens der Begrifflichkeiten bewusst, wie auch das Nichthervorbringen des reingeschälten Wahrnehmungsgegebenen.

11. Vor der Besinnung ist das *Was* und das *Wie* [Fähigkeit] des Denkens gegeben; durch die Besinnung wird das *Was* in die bewusste Aktivität gehoben; gegeben bleibt im höheren Sinne das *Wie*, die Fähigkeit des Denkens. Im nächsten Schritt kann sie (die Fähigkeit des Denkens) zur Erfahrung werden.

12. Daraus ist ersichtlich, dass alles Gegebene [mit Ausnahme dessen, was aus dem Unterbewussten stammt] *von oben her,* aus dem Überbewussten gegeben wird: alle Erkenntnis- und Schöpferkräfte, und *vor* der Besinnung auch ihre Ergebnisse.

13. Das ist auch für das Wahrnehmungsgegebene gültig: Die Natur ist Ausdruck übermenschlicher schöpferischer Ideen, die in einer Art von Zeichensprache sinneswahrnehmbar werden – wie die „Verdichtung" eines Gedichts. Diese Ideen sind lebend, Gefühls- und Willensgestalten, daher dem gespiegelten Denken unzugänglich.

14. Die intensivierte Aufmerksamkeit kann sich in jeglicher Tätigkeit gewahr werden: Das ist das Erleben des *Ich-bin* – ohne „weil" [ergo], ohne Stützen und Beweis. Es ist es ja selbst, dem jeder Beweis gilt, das durch den Beweis angesprochen wird.

Im nächsten Abschnitt und in den folgenden Kapiteln werde ich anhand von Beispielen zeigen, wie diese Schritte vollzogen werden können (freilich ohne den Anspruch damit zu verbinden, dass die Art, wie sie hier erhellt werden, ihre einzige sprachliche Ausdrucksmöglichkeit wäre; die Worte und Begriffe *deuten* lediglich auf spezifische Erfahrungen des Erkennens).

Intuition und Aufmerksamkeit
Aufgrund unserer Richtung, die *Quelle* des Bewusstseins in unserem Gewahrsein zu erfahren, sind wir nicht zugleich gezwungen, im Einzelnen die Art und den Umfang zu untersuchen, wie solche Formen von Denken eine physische (phy-

---

* Soweit dies die Sinneswelt oder die Sphäre von Bewusstseins*inhalten* betrifft.

siologische) Widerspiegelung im Gehirn und in den Nerven finden. Selbst wenn es im physischen Organismus ein nachweisbares „Programm" gäbe, versuchen wir in dieser Darstellung denjenigen sichtbar zu machen, der in der Lage ist, es zu verändern: das eine Gewahrsein, welches *unabhängig* ist von den *gegebenen* Formen, Mustern und Gewohnheiten des Denkens.

Dazu müssen wir unsere Aufmerksamkeit stets im *Gegenwärtigen* halten, als Zeuge unseres intentionalen Willens im Denken. Denn jede Bewegung, die nicht ständig bewusst ausgeführt wird, folgt Spuren von vorgeformten Mustern oder automatisch sich vollziehenden Gewohnheiten. Jedes erkannte Muster ist ein *Was*, Form einer denkenden Bewegung, die wir in dem Augenblick, wo wir ihrer gewahr werden, als gegeben vorfinden.

Gemäß dem vorhergehenden Umriss der hierarchischen Struktur überbewusster Elemente lösen wir selbst das letzte *Was* auf (jedes „Was" ist eine Grenze, die wir setzen[214], wenn wir es von der nächsthöheren Ebene sehen, wo es nunmehr in seinem *Wie* erfahren wird).

Wenn wir alles, was *nicht* unsere *vollständige* Aufmerksamkeit erfordert, identifiziert haben, können wir die identifizierten Elemente als gegebene „Wie" eines denkenden Verstehens durchsichtig machen; alle solche Formen des Denkens, die nur eine *teilweise* Aufmerksamkeit erfordern – wie beispielsweise das Zeitunglesen oder jede gewohnheitsmässig ausgeführte geschäftliche Tätigkeit – können aus dem Grund eliminiert werden, weil wir hier bereits ein System von Reflexen geformt haben. Diese sind jedoch erst die niedrigsten Ebenen der habituellen Denkformen. Man entdeckt solche Formen selbst in den eigenen künstlerischen, philosophischen oder geistigen Betätigungen. So lange wir unseren eigenen „Stil" identifizieren können, bedeutet das, dass wir einen Aspekt unserer Egoität (die wir mit Vorliebe unser „Selbst" nennen) schälen und fortfahren können, uns in das flüssige Element des schauenden Zeugens zu erheben.

Was aber geschieht, wenn wir versuchen, eine uns völlig fremde Sprache zu erlernen – wenn wir zum Beispiel versuchen, uns das klassische Chinesisch anzueignen (das völlig fremd ist für jeden, der im indoeuropäischen Sprachraum aufgewachsen ist), wenn wir versuchen, Hieroglyphen zu entziffern, oder wenn wir versuchen, einen Fremden zu erkennen, dessen Gesicht uns bekannt vorkommt? Und was geschieht, wenn wir nach Ausdruck für einen *neuen* Gedanken suchen, oder versuchen, die Relativitätstheorie zu *verstehen*. An diesem Punkt

---

214 Das *Verstehen* solcher überbewussten Elemente ist selbst wie ein aufleuchtender Blitz, welcher der Kraft des Logos ermöglicht, direkt zu erscheinen. Das bedeutet, dass diese Grenze fortwährend die Aufmerksamkeit zur Erscheinung bringt, welche von der Logoskraft auf *allen* Ebenen gelenkt und geleitet wird; wenn die Grenze höher steigt, erhöht sich daher auch die Perspektive des Zeugens, von Ebene zur Ebene.

können wir unsere klare Aufmerksamkeit in ihrer reinen Potenz erfahren in der *Frage*-Haltung.

Jetzt brauchen wir *mehr* als ungeteilte Aufmerksamkeit: Wir brauchen die *Intuition*. Bereits die ungeteilte Aufmerksamkeit ist *nicht gegeben*, wir selber müssen sie hervorbringen und geben. Sobald wir nur im Geringsten in unserer Konzentration nachlassen, ergibt ein schwieriger philosophischer Text keinen Sinn. Dies deutet auf eine Grenze – denn manchmal geschieht es, dass, auch wenn wir unsere ungeteilte Aufmerksamkeit auf etwas richten, wir es dennoch nicht verstehen. Diese Grenze ist die lebendige *Frage*, welche *bleibt* und *lebt*. Etwas anderes muss hinzukommen: der Inhalt einer neuen Intuition, unerwartet und unvermutet wie ein „Blitz".

Wir müssen uns daher eingestehen, dass der intuitive *Inhalt* unserer Aufmerksamkeit als etwas Gegebenes erscheinen kann.

Aufmerksamkeit besteht aus Licht, reinem Gewahrseinslicht in vollkommener Durchsichtigkeit des Selbst. Ist es von uns erschaffen? Gewiss nicht, jedoch können wir dieses Licht – gemäß unserer freien Spontaneität[215] – auf jedes beliebiges Objekt oder Thema lenken und fokussieren. Anders gesagt, obwohl wir Aufmerksamkeit *geben* müssen (weil sie nicht gegeben ist), finden wir die *Anlage* zur Aufmerksamkeit als gegeben vor.

Das Wort Fokussieren erlaubt uns, das Bild einer optischen Linse als Gleichnis zu verwenden. Eine Linse ist ein Wahrnehmungsorgan. Sie erlaubt dem Licht, in einer gebündelten, organisierten oder strukturierten Weise durchzuströmen. Das Objektiv einer Kamera ist zudem mit einem Ring ausgestattet, durch dessen Betätigung wir den Abstand einstellen. Dies Gleichnis ermöglicht uns, folgende Elemente zu untersuchen:

1. Die *nichtgegebene* Tätigkeit (das Fokussieren, d. h. unsere Aufmerksamkeit).[216]
2. Wir können das *gegebene* Organ der Wahrnehmung, d. h. die Linse, beobachten, welche in unserem Gleichnis die *Fähigkeit* zur Aufmerksamkeit darstellt.[217]
3. Wir müssen ebenso das *Licht* in Betracht ziehen, das durch die Linse strömt.[218]

---

[215] Denn für diese Art der Spontanität ist Freiheit eine notwendige Vorbedingung, siehe Kapitel 7, „Phänomenologie des Bewusstseins: Erkennen", Untertitel „Gegebenes und Nichtgegebenes", und „Freiheit".

[216] Siehe Kapitel 10, „Der Logos-Funke: die Fähigkeit zur Aufmerksamkeit".

[217] Siehe Kapitel 11, „Die Umkehrung des Willens: Belehrtes Nicht-Wissen".

[218] Siehe Kapitel 12, „Angleichung in der Wahrheit".

Obwohl unser eigenes Wahrnehmungsorgan nicht, wie die gläserne Linse, ein festes Objekt ist, erlaubt uns die Analogie, 1. die fokussierende Tätigkeit mit der *nichtgegebenen* Aufmerksamkeit, sowie 2. die Linse mit dem Ich zu vergleichen, das aufmerksam sein *kann* (gegeben): Es findet sich in inniger Kommunion mit 3. dem Licht, das durch die Linse fließt; dieses Licht ermöglicht die Kommunion mit und die
Teilnahme an dem zu Erkennenden.

Die nichtgegebene Tätigkeit, die das Fokussieren lenkt, ist eine Art Wissen und Wollen zugleich, das in der Lage ist, die Linse als flüssiges, lebendiges Wahrnehmungsorgan einzustellen auf das strömende Licht (die *gegebene* Fähigkeit), was die Anpassung unserer flüssigen Aufmerksamkeit an das strahlende Licht der Idee bedeutet. Wir müssen daher *zwei* „Ströme" untersuchen, nämlich das Licht der Aufmerksamkeit und das Licht der Idee.

Damit haben wir innerhalb unserer Aufmerksamkeit unterschieden zwischen 1. einer *nicht-gegebenen*, wissend-wollenden Intention oder „wissend-wollender Anteilnahme"; 2. einem *gegebenen* Strom von Licht, unserem *Organ* des Verstehens, welches sich in Angleichung befindet an 3. einen anderen Strom von Licht, der durch unser Organ des Verstehens hindurchfließt.

In der nichtgegebenen Aufmerksamkeit (1.) können wir im Weiteren unterscheiden zwischen a) intentionaler und b) empfangender Aufmerksamkeit.

Die *intentionale* Aufmerksamkeit (1. a) wäre – um bei unserem Vergleich zu bleiben – auf das Licht unserer Wahrnehmungsfähigkeit (der belehrten Aufmerksamkeit) eingestellt, die vorab weiß, wonach sie sucht. Fordere ich jemanden auf, „die Spatzen" zu beobachten, weiß er, nach welchen Vögeln er Ausschau halten muss. Lautet die Aufforderung „Jetzt beenden wir die Arbeit", weiß jeder, was zu tun ist – nämlich die Aufmerksamkeit von der Arbeit abzuwenden. Dieses Wahrnehmungsorgan der Aufmerksamkeit ist bereits „instruiert"; es sucht nach dem *Was*. (Insofern diese Instruktion eine *Fähigkeit* hervorgebracht hat, ein *Wie*, kann dieses *Wie* auch als ein *Was* untersucht werden.)

Die *empfangende* Aufmerksamkeit (1. b) ist eine „suchende" Aufmerksamkeit, eine Art von Intentionalität, die nicht an dem ursprünglich gegebenen Thema der instruierten Aufmerksamkeit haftet. Empfangende Aufmerksamkeit ist jeden Augenblick bereit, sich dem Neuen zu öffnen; *in unserem Gleichnis* wäre dieses Neue zum Beispiel das „*Wie*" des strömenden Lichtes der Idee. Die empfangene Aufmerksamkeit fragt nach dem *Wie*.

In den folgenden Kapiteln werden wir weiterhin untersuchen 2. die gegebene *Anlage* des Ich zum Aufmerksamsein: das flüssige Wahrnehmungsorgan[219], das

---

[219] Siehe Kapitel 11, „Die Umkehrung des Willens: Belehrtes Nicht-Wissen".

wir in der Angleichung finden an 3. das Wesen des Themas.[220] Um es einfacher zu sagen, werden wir das flüssige Wahrnehmungsorgan schlechthin den *Strom* nennen. Wir haben bereits die Ebene und die Art des Bewusstseins – worinnen dieser Strom erfahren werden kann – als die Aktivität der *Imagination* identifiziert[221]. Wir müssen aber innerhalb dieses Bewusssseinszustandes etwas aufsuchen, das uns erlaubt, *Zeuge* zu sein, gewahr zu werden des beobachteten Stroms der Imagination.

Um die letzten Schritte zusammenzufassen, können wir sagen: Wir wollten die Art, „wie" das *Denken* gegeben ist, genauer kennen lernen, und wir schälten rein und identifizierten einige der Elemente, die die Art und Weise lenken, in welcher das Denken dem Bewusssein als gegeben erscheint, so wie die Syntax und die Grammatik unserer Muttersprache oder die Perspektive unserer religiösen Konfession oder unsere ethnische Verbundenheit und Kultur. Am Ende dieses Schälens bleibt nun das Phänomen des reinen *Verstehens*, worin wir wiederum eine nichtgegebene und zwei gegebene Komponenten finden.

Die *nichtgegebene* Komponente (1.) war die *Aktivierung* oder fokussierende Lenkung der Fähigkeit der (1.a) intentionalen und (1.b) empfangenden Aufmerksamkeit. Diese Fähigkeit muss sich eines lebendigen Organs bedienen, für welches lediglich eine *Anlage* (Prä-disposition) besteht, eine Anlage für alles, was „wortet", d.h. „Wort-Qualität" oder „Wortnatur" hat. Dies wird der erste Gegenstand unserer Beobachtung sein.

Die *gegebenen* Komponenten waren: (2.) Die *Anlage*, aufmerksam sein zu können, die wir in unserem Gleichnis mit einer fokussierbaren Linse verglichen, die das Hindurchgehen eines Lichtstroms erlaubt, und da sich diese Linse selbst in flüssiger Angleichung befindet, können wir sie auch mit einem Lichtstrom vergleichen, dessen Lichtqualität geschmeidig und anpassungsfähig ist. Ebenso gegeben war (3.) der Inhalt des Verstandenen, die *Intuition*.

Unsere Aufmerksamkeit wird anfänglich alles dessen gewahr, wofür sie Begriffe, Ideen und vorausgegangene Erfahrungen („Begrifflichkeiten") hat. Doch immer, wenn etwas Neues, Fremdartiges oder Fremdes und Unbekanntes auftritt, wird es unsere Aufmerksamkeit in dem Augenblick bemerken, wo sich die Frage bildet: „Was ist *das*?". Diese Frage bedeutet, dass die Seele sich eines *Etwas* gewahr ist, ohne jedoch in der Lage zu sein, sogleich einen entsprechenden Begriff oder eine angemessene Idee dafür zu haben. Diese Unterscheidung zeigt,

---

[220] Siehe Kapitel 12, „Angleichung in der Wahrheit: Die Geste des Thomas von Aquin".

[221] Das Wort Imagination erscheint kursiv, wenn die *Bewusstseinsebene* gemeint ist, wo die Aktivität der Imagination erfahren und „gesehen" wird. Das gleiche gilt für die Ausdrücke *Inspiration* und *Intuition*.

dass die Aufmerksamkeit bereits *weiß*, dass sie bestrebt ist, gar wünscht, das Phänomen in einer Weise einzuorden, die nach Möglichkeit „sinnvoll" sein soll; dies bedeutet, dass das Phänomen als potentiell sinnhaltig aufgefasst wird.

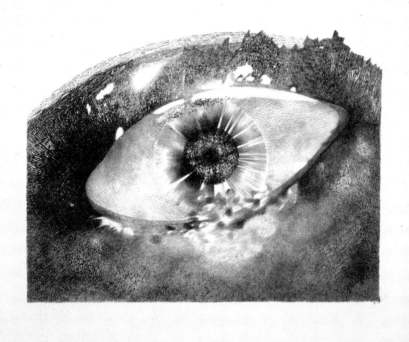

Georg Muche
Zum 8. Mai 63

KAPITEL 10
DER LOGOSFUNKE:
DIE FÄHIGKEIT ZUR AUFMERKSAMKEIT

Unser Prozess der Besinnung und des fragenden Vorgehens wird in den *Strom des Lichtes des Verstehens* einzutauchen haben. Wir tauchen in diesen Strom im Modus der Imagination ein, die das Ergebnis unserer Erfahrung der erkennenden Tätigkeit des Denkens war. Wir sind auf der Suche nach einer Ebene des Wahrnehmens und einem Wahrnehmungsorgan innerhalb dieses Stromes, nämlich der Möglichkeit, unsere Erfahrung zu bezeugen und zu beobachten.

Innerhalb dieses Stromes betrachten wir unseren *Aufmerksamkeitswillen*, wie er zwischen Tätigkeit und stillem Lauschen, zwischen intentionaler und empfangender Aufmerksamkeit pendelt. Die *intentionale* Aufmerksamkeit ist bereits ideell-begrifflich instruiert; diese Instruktion ist gleichsam eingebaut, integriert in die „Linse" unserer Aufmerksamkeit. Diese ist die ideell-begriffliche Matrix, durch welche wir die Welt betrachten. Die *empfangende* Aufmerksamkeit hingegen ist für „das Neue" offen: innerhalb des Ideenlichtes. Ihre Fähigkeit zum Empfangen hängt aber von uns ab, von unserer Aktivierung verstehenden „Willenslichts", von unserer Fähigkeit, „eine Umkehrung des Willens" vorzunehmen – was die Hingabe unseres eigenen Willens für die *Anderheit* bedeutet –, eine Gebärde des „Dein Wille geschehe" anzustreben und so den Willen des Anderen zu erfahren.

Diese Gebärde des Pendelns zwischen Tätigkeit und stillem Lauschen kann verglichen werden mit den Bewegungen der Flossen einer Forelle, die mit dem Kopf gegen den Strom „auf der gleichen Stelle" eines Flusses steht: Sie ist nie im selben Wasser. Wir lauschen fortwährend auf den Strom mit einer stummen Frage: Wie? (Wir fragen: „*Wie* möchtes du, dass ich aufmerksam bin?"). Unser Wille kennt die Antwort, ehe wir mit ihm diskutieren können – wir haben bereits eine korrigierende Bewegung gemacht, derer wir, während wir sie ausführen, gewahrwerden.

Von wo erhält unser Wille seine Belehrung? Es muss eine *Quelle* geben, die „spricht", denn ursprünglich, als wir unsere Besinnung anfingen, wussten wir nicht, was wir tun würden, oder welches Tun von uns erwartet war. Falls wir etwas als „sprechend" interpretieren, dann muss es auch jemanden oder etwas geben, was spricht. Und dieses Phänomen kann *Wort als solches* genannt werden, oder *Logos*.

Die Quelle des Sprechens: Der Logos
Wir können dadurch, dass wir dieser Quelle besondere Aufmerksamkeit zuwenden, in unsere kontemplative innere Beobachtung eintauchen. In Kühlewinds Schriften über die Praxis der Meditation[222] wird der Pfad entlang diesem *Logos-Prinzip* umrissen.

Logos ist altgriechisch und wird gewöhnlich als ‚Wort' übersetzt. Es hat auch andere Bedeutungen, wie etwa ‚Sprechen', ‚Bedeutung, Sinn', ‚Objekt, Substanz', ‚Berechnung, Ratio', ‚Ursache, Zweck', ‚Vernunft' und ‚Christus, der Sohn'[223] Gelegentlich wird es auch im Sinne von ‚Macht', ‚Harmonie', ‚Zahl' gedeutet. Doch die Übersetzung ‚Wort' hat den Vorteil, die zwei Aspekte des Pendelschlags des Bewusstseins zu umgreifen: des Ideellen und des Wahrnehmlichen, weil ‚Bedeutung', ‚Sinn', ‚Intention' immer – wenn wir von ‚Worthaftigkeit' sprechen – von einer „äußeren", wahrnehmbaren Manifestation begleitet werden, etwa von ‚Wärme', ‚Energie', ‚Wille', ‚Harmonie' oder etwas Ähnlichem. Durch die Übersetzung von Logos als ‚Wort' umspannt man beide Seiten: die „äußere" Erscheinung und ihren entsprechenden „inneren" Sinngehalt, der von innen her geliefert werden muss.

Dementsprechend folgt die lauschende Aufmerksamkeit den Stufen der ‚Worthaftigkeit', doch in entgegengesetzter Richtung zum Herabsteigen des Logos,[224] dem ursprünglichen Wort (Johannes 1:1), das im Anfang war.[225]

Die Tätigkeit unseres Wollens ist für unser Lauschen oder unsere empfangende Aufmerksamkeit wahrnehmbar. In einer geisteswissenschaftlichen Beobachtung können wir diese Tätigkeit des Wollens wie eine innere, geistig gegebene Wahrnehmung behandeln, als den „äußeren" Aspekt[226] zum inneren Sinn eines Wortes: *innerhalb* des Bewusstseins. Es ist wahrnehmlich geworden, weil wir im Modus der *Imagination* sind. Hier wurde das ‚*Wie*' gegeben. Wie wurde es gegeben?[227] Wir haben es „gehört" *und* „gesprochen", in Gleichzeitigkeit mit unserem antwortenden Willen.

---

222 Kühlewind, *Schooling of Consciousness*, Kühlewind, „Der Erkenntnispfad", Kapitel 5 in *Vom Normalen zum Gesunden*, und „Die Schulung der Aufmerksamkeit" in *Freiheit erüben*.

223 Menge-Güthling. *Griechisch-Deutsches Hand- und Schulwörterbuch*.

224 Siehe auch Kühlewind, *Das Gewahrwerden des Logos*.

225 Auf meditativem Wege können diese Stufen im Prolog des Johannesevangeliums zurückverfolgt werden, von den „Hüllen" („Zelt" eskhnwsin, *eskænosin* – Johannes 1:14) zurück zum Anfang: Licht, Leben (Johannes 1:4).

226 Siehe hierzu auch Steiner, „Die Konsequenzen des Monismus: Zusätze des Verfassers zur Neuauflage 1918" in *Die Philosophie der Freiheit*, GA 6, S. 256.

227 Dies ‚Wie' ist keine technische pragmatische Frage, die z.B. nach der Güte einer handwerklichen Ausführung von etwas fragen würde. Es fragt nach *Qualität* im Sinne von „So-sein" (*suchness*), *tathata*.

Die Tatsache, dass unsere imaginative Aktivität einen *Inhalt* empfangen hat – nämlich das spezifische Verstehen, *wie* zu „schwimmen" sei – zeigt uns, dass diese imaginative Tätigkeit in *inspirativer* Transparenz empfänglich geworden ist. Normalerweise nennt man diese Transparenz „Inspiration", eine Bezeichnung für die Bewusstseinsebene oberhalb der Imagination.

Wo immer etwas „spricht", muss es eine sprechende Quelle geben. Auf der Suche nach dieser Quelle können wir eine Möglichkeit verfolgen, die wir eine „Leiter der Worthaftigkeit" nennen können. Wann immer unser Verstehen eine nichttransparente Grenze erreicht, können wir diese Grenze als gegeben behandeln, als *äußeren* Aspekt einer „Worthaftigkeit", und dann können wir nach einer *inneren* Ergänzung oder einem inneren Inhalt suchen. Wenn unsere Aufmerksamkeit auf einen *inneren* Inhalt gerichtet ist, können wir sein „Sprechen" erfahren. Das *Wie* unserer denkend-imaginativen Aktivität wird sinnerfüllt. Wenn wir „sinnerfüllt" (signifikant oder bedeutungsvoll) sagen, sind wir in dem *ideellen* Modus. Auf dieser Ebene repräsentiert das ideelle ‚Wie' die nächste *gegebene* Grenze. Jetzt können wir unseren inneren Modus vom ideellen zum wahrnehmenden ändern, d. h. – auf dieser Bewusstseinebene – von *denkender* Imagination auf imaginative *Wahrnehmung* umstellen (das innere *Wahrnehmen* der imaginativen Aktivität, die das ‚Wie' zur Erscheinung brachte). Danach wechseln[228] wir wiederum von Wahrnehmlichem zu Ideellem, was auf dieser (nächsthöheren) Bewusstseinsebene heißt: von *imaginativem Wahrnehmen* zu *inspirativem Verstehen* (innerem Lauschen). Was wir hier empfangen – die Antwort – wird wiederum in der Umkehrung des Willens erfahren und zu einer inneren Wahrnehmung gemacht.

Und wiederum lauschen wir in einer empfangenden Gebärde ‚leeren Bewusstseins'; dieses kann auch durch das Bild einer „Bettelschale" ausgedrückt werden, das uns bedeutet, in unserer empfangenden Aufmerksamkeit mit Geduld in der *Stille* zu verharren, damit ein neuer Funke der Intuition gegeben werden könne.

Imagination

In dem Bild der Forelle im Strom, das unsere lichte, flüssige Linse der Aufmerksamkeit und den Strom des Lichtes, das dadurch floss, veranschaulichen kann, waren wir auf einer Stufe, wo wir bemerkten, dass unser Wille in der nachahmenden Assimilation etwas gelernt hatte. Folglich wurde seine Bewegung von der Gleichzeitigkeit aus Zeichen *und* Sinn gebildet. In dem Strom des Lichtes, der durch unsere Linse hindurchfliesst, begegnen wir der *substantiellen* Natur der

---

[228] Kühlewind verwendet den Ausdruck ‚Umkehrung des Willens' (*reversal of the will*). Siehe hierzu auch Kühlewind „The Reversal of the Will and the Encounter with the Logos-Force," in *Schooling of Consciousness*.

Idee. Sie ist gebildet aus Willen und einer sinnerfüllten, „sprechenden" Form in der Gegenwart unseres bezeugenden Lichtes. Dies bezeugende Licht ist ein erkennender Wille, der erkennendes Denken und erkennendes Fühlen enthält. In seiner Identität verschmilzt hier „unser" Licht – das Licht der Aufmerksamkeit, das wir lenken – mit dem Licht der Idee. Dieses wird jetzt erfahrbar, weil wir auf der Ebene des *gegenwärtigen* Bewusstseins sind, *oberhalb* der Ebene des Alltagsbewusstseins, wo die abgeschlossenen Ergebnisse zurückliegender Tätigkeit lediglich gespiegelt werden.

Wir nennen es ebenfalls *Licht*, weil, wenn wir etwas ‚sprechend' nennen und zugleich gegenwärtig sind, um dieses zu *bezeugen*, es ein *Gewahren* geben muss, eine Art von Wissen. Aus dem Grunde nennen wir Aufmerksamkeit „Licht".

Es ist auch berechtigt, es *unser* Licht zu nennen, weil wir es teilen, wenn wir uns miteinander austauschen. Es ist jedem von uns individuell verfügbar, doch es liefert die Substanz, wo wir uns miteinander in sinnvollem Zusammenhang verbunden finden.

So finden wir, dass die „sprechende" ideelle Form (auf dieser Bewusstseinsebene wäre es passender, von einem *Gestaltungsprozess* oder einer gestaltenden *Bewegung* zu sprechen) in unserem lebendigen, verstehenden Willenslicht *gegeben* ist. Nach unserer Besinnung können wir im Rückblick das *Gefühl* der Durchsichtigkeit (Wahrheit) und Wirklichkeit der Idee zurückrufen, das wir in innerer Kommunion erlebten. Wir waren Zeuge dieser Wirklichkeit in ihrem wesenserfüllten Sein[229], aufgrund der Erscheinung eines Willens, der nicht „unser" Wille war: es war ein Wille, der durch den Schleier des Lichts der Idee verhüllt war, als ein spezifisches „Anderssein", welches das Licht der Idee zur Erscheinung brachte.

Inspiration

Jetzt begegnen wir der Antwort zu der Frage: Was lenkt die Aufmerksamkeit? Das *Thema* besteht aus lebendigem Licht, einem Licht, das seinen eigenen Willen hat. Es ist das Licht der Idee, für das unsere Aufmerksamkeit *empfänglich* wurde. Doch was für eine ‚Intelligenz' macht unseren Aufmerksamkeitswillen empfänglich? Auf dieser Stufe ist dies die entscheidende Frage.

In Kapitel 9 wurde dargestellt, wie unsere Aufmerksamkeit nicht-gegeben war

---

[229] In der erkenntnistheoretischen Terminologie könnte ‚Seinsheit' oder ‚wesenserfülltes Sein' als *ens et essentia* (Sein und Wesen) bezeichnet werden – in dem Sinne, wie Thomas von Aquin diese Ausdrücke verwendet – vereint in der Aktivität, sich selbst zur Erscheinung zu bringen. Man würde dann dieses ‚wesenserfüllte Sein' in der gleichen Weise entdecken, wie Schiller in seinen *Ästhetischen Briefen* die „lebendige Gestalt" und das Erschauen der „Schönheit" findet. Für Husserl wurde das ‚wesenserfüllte Sein' durch das *Eidos* identifizierbar, welches in der Zeit des Scholastik noch immer in seiner immanenten Wirklichkeit erlebt wurde. Es ist verlockend, dieses ‚wesenserfüllte Sein' *Essenz* zu nennen; es würde dann aber die Bedeutungsnuance der inhärenten Wirklichkeit verlieren.

dass wir aufgefordert sind, eine Anstrengung zu machen, dass diese Aufmerksamkeit ein lebendiges Organ des Bewusstseins verwenden musste, und dass eine Prädisposition (eine Anlage) *gegeben* ist, die uns erlaubt, die Aufmerksamkeit zu aktivieren[230]. Wir bemerkten auch, dass unsere imaginative Aktivität für „inspirative Durchsichtigkeit" empfänglich wurde (inspirative Empfänglichkeit), was die Fähigkeit ein „Sprechen" zu identifizieren bedeutet, die Fähigkeit nach dem „Verfasser", dem Autor, oder der Quelle eines Sprechens zu fragen, und die Fähigkeit, eine Worthaftigkeit zu identifizieren.

Diese Erfahrung zeigt wie diese Prädisposition ausgerichtet ist auch auf alles, das noch nicht in Worten artikuliert werden kann, weil es auf einer Ebene des Verstehens *über*[231] den Worten liegt. Man kann diese Prädisposition bereits in der Phase finden, wo ein Mensch zu sprechen lernt, welche die Stufe ist, wo ein erscheinendes Wort für das Kind anfängt, worthaft zu sein. Das erste „Wort", das diesen Charakter hat, ist der *Blick* der Mutter, der dem Blick des Kindes begegnet: die sich begegnenden Blicke sind *ein* Sehen.

Die Fähigkeit zu sprechen wird nicht kraft genetischer Vererbung[232] angenommen, der intuitive Akt ist nicht programmiert, nicht in unserer DNA eingeprägt. Solche Hypothesen können leicht widerlegt werden, etwa durch den Hinweis darauf, dass ein in Asien von asiatischen Eltern geborenes Kind anfangen wird, perfekt Deutsch zu sprechen, falls es in einem sehr frühen Alter von deutschsprechenden Eltern adoptiert wird, bevor es das erste Wort tatsächlich geäußert hat. Die wenigen Dokumente, die wir über die raren Fälle von „Wolfskindern" haben, Kinder also die ohne eine sprechende Umgebung aufwuchsen, bestätigen dies.

Das Verstehen des ersten Wortes geschieht weder durch Erklärungen noch durch „Zeigen"; die Voraussetzungen für beides sind noch nicht da. Das erste Wort kann auch nicht von seiner Lautgestalt her verstanden werden – „dieselben" Bedeutungen haben in verschiedenen Sprachen ganz abweichende Lautgestalt, selbst die Laute sind verschieden. So bleibt eigentlich keine andere Möglichkeit, als dass das erste Wort und auch die nächsten durch ihren *latenten*[233] Teil

---

[230] Siehe oben, Kapitel 9, „Empirischer Idealismus: Sprache und Verstehen", Untertitel „Intuition und Aufmerksamkeit".

[231] Schwarzkopf, „Super-linguistic Structures of Thought in the Examples of Ludwig Wittgenstein's *Philosophical Investigations*." Anhang IX in *The Metamorphosis of the Given* (Dissertation 1992), S. 513–535.

[232] Kühlewind, „Das Sprechenlernen des Kindes", Kapitel III.2.1., und „Sprache und Biologie", Kapitel II.2.5., in *Der Sprechende Mensch*, S. 91 und 105.

[233] Der „latente" Teil der Sprache ist der verborgene Teil eines Wortes, das innere Verstehen des Sprechers.

„verstanden" werden; das Kind errät *intuitiv*, was die *Intention* des Sprechenden ist. Das erste Wort wird wortlos verstanden, das erste Zeichen zeichenlos.[234]

Aus dem Dargestellten folgt, dass beim Sprechenlernen des Kindes der latente Teil der Sprache beim Erwachsenen anwesend sein muss; wirkt er nur schwach, so wird das Sprechenlernen erschwert, und es entstehen Sprech- und Verhaltensstörungen. Aus demselben Grunde ist es nicht möglich, dass ein Kind von einem technisch noch so perfekten Automaten sprechen lernt: Bei diesem fehlt der *Innenakt* des Sprechens. So hat das Kind nichts, womit es sich identifizieren könnte, um zu einem Verstehen zu kommen. Wo kein verstehender Bewusstseinsakt vorliegt, kann er nicht nachgeahmt werden.[235]

Aus diesem Grund sagen wir, dass die Fähigkeit des Sprechens *nicht genetisch vererbt ist*, sondern dass der Mensch *beschenkt* ist mit der Anlage für die Logosnatur, die nur als *Potential* gegeben ist. Der Aufmerksamkeitswille, das erkennende Wollen, *kann* für die Quelle eines Sprechens „sehend" werden, in dem Maße, wie Worthaftes transparent wird. Die Anlage ist wie ein Samenkorn gegeben, sie braucht die Pflege in einer *sprechenden* Umgebung, so dass das heranwachsende Kind seine Fähigkeiten der Intuition und Aufmerksamkeit entwickeln kann.

Diese Logosnatur in der Aufmerksamkeit ist das Organ der Wahrnehmung, das „Auge" unserer Aufmerksamkeit.

Intuition
Diese Einsicht ruft die nächste Frage hervor: Ist die Anlage *gegeben*, wer *gibt* dann die Aufmerksamkeit? Wir können die Frage anders stellen, wenn wir die Bedeutung des lateinischen Ursprungs des englischen Wortes für Aufmerksamkeit („attention") benutzen – *attendere* („gegenwärtig sein"):

Wer ist gegenwärtig, wer kann das bezeugen? Ich.
Wer gibt mir den lebendigen „sprechenden" Beweis meiner Gegenwart in der Aufmerksamkeit, dass ich bin? Ich-bin.

Dies ist die *Ur-Intuition*. Im Sinne Fichtes muss das (nicht gegebene) Ich sich selbst als Ich *setzen*, als freies Potential, dessen Aktivierung nicht gegeben ist, eine ewige Offenheit. In diesem Sinne charakterisiert Kühlewind die essentielle

---

[234] Kühlewind, „Das erste Wort", Kapitel. III.2.7., in *Der Sprechende Mensch*, S. 116–117.
[235] Ibid.

Natur des Menschen als ein „offenes Wort". Diese essentielle Natur des Menschen zeigt uns das Urbild des Wortes, weil der Mensch einerseits fähig ist, Sinn zu manifestieren, andererseits einen identifizierten Sinn zu verstehen, aufrechtzuerhalten und zu verwandeln.

Wenn die Reflexion beginnt, wird man zunächst nur den *gegebenen* Aspekt des Ich finden, das psychologische Selbst (die Egoität), oder sich selbst als Persönlichkeit. Die ungewöhnliche Ausnahme ist die bewusste Besinnung auf das *Eine*, welches reflektiert und zugleich in der Kontinuität der Besinnung verbleibt. Diese Gebärde ist *nicht gegeben*. Doch in der Aktivität dieser Gebärde setzt das freie Ich sich selbst.[236]

Hier entdecken wir die zwei Elemente unserer Aufmerksamkeit. Erstens die Anlage oder das Potential als gegeben – vergleichbar der Knospe eines Zweiges, die ein neuer Ast werden *kann* –; doch die Aktivierung dieses Potentials hängt von unserem Beginnen ab. Zweitens heißt solche Aktivierung des Beginnens, dass wir den Wunsch pflegen, anwesend zu sein und teilzunehmen. Es hat den Anschein, dass dieses Wünschen *nicht gegeben* ist, weil es von unserem freien Beginnen abzuhängen scheint.

Was veranlasst uns aber zum Beginnen? Was veranlasst die eine Person zu *beginnen*, und eine andere Person, die etablierte Gewohnheit fortzusetzen? Es ist wie bei einem lebendigen Organismus: Wenn die Anlage für diese Fähigkeit reift, kann man den Wunsch entwickeln und den Willen betätigen, anwesend zu sein. Die *Betätigung* – die „Anwesenheit der Aufmerksamkeit" auszüben –, wäre ein Strom nicht-gegebenen Aufmerksamkeitslichts in Zusammenklang mit der gegebenen Anlage zur Aufmerksamkeit, dem Licht des *Potentials*.[237] Es könnte etwa in dem Bild der Knospe einer Pflanze veranschaulicht werden, die sich der zunehmenden Wärme und dem immer stärker werdenden Sonnenlicht im Frühling öffnet: Beide wachsen zusammen, als *ein* Prozess, wie Goethe es sagen würde. Oder, wie Heraklit sagte: „*Das* Wort, das der Seele innewohnt, wächst aus sich selbst hervor."[238]

Dies wäre demnach die *Logosnatur*: Der Mensch ist mit der *Möglichkeit* und der Fähigkeit begabt teilzunehmen, zu „lauschen" und innerhalb des Lauschens eine Gebärde der Umkehrung des Willens zu machen, eine Öffnung für die Quelle des Wortes.

---

[236] Siehe hierzu auch Kapitel 16, „Möglichkeiten für Logos-Aktivität", mit dem Untertitel „Spuren des Logos."

[237] Siehe Kapitel 11, unten, „Die Umkehrung des Willens: Belehrtes Nicht Wissen."

[238] Heraklit, *Psychēs esti lógos heoytón aúxon*, in Kranz (Red.), *Vorsokratische Denker*, S. 74.

Der Schlüssel des Gegebenen

Auf dieser Stufe erblicken wir die praktische philosophische *Anwendung* der Idee des Gegebenen. Wenn wir uns der wahrnehmbaren Welt zuwenden, so wie sie uns gegeben ist, können wir in ihr zwischen ‚gegebenen' und ‚nicht gegebenen' Elementen unterscheiden. Wir können schälen und erfahren die wirkliche Natur der *Matrix*, die mit dem Gegebenen verwoben ist, und dann können wir das Verbleibende erfahren – das Gegebene als solches (oben ‚das *direkt* Gegebene' genannt)[239] – in der gleichen Weise, wie wir uns anfangs der naiv wahrgenommenen, ‚unmittelbar gegebenen' Welt zuwandten.[240]

Jetzt, in diesem direkt Gegebenen, begegnet unsere nicht gegebene, freie, empfangende Aufmerksamkeit dem Rest, der verbleibt, wenn alle Ideen und Begriffe von der sinneswahrnehmlichen Welt geschält wurden. Zunächst trifft unsere Aufmerksamkeit auf ein *Gefühl der Wirklichkeit* und dann auf den *Willen* der Substanzen[241], der das Gegebene trägt. Wenn dies erkannt wurde, begegnet der Aufmerksamkeitswille im erkennenden Willen seinem vorbildhaften Modell.

In diesem Sinne findet der Beobachter das direkt Gegebene und das Nicht-Gegebene vereint in der undifferenzierten Komplexität des Gegebenen, so wie es dem naiven Bewusstsein erscheint *vor* der bewussten Besinnung.

Mit und *nach* der bewussten Besinnung emanzipiert und unterscheidet sich das Nicht Gegebene von dem Gegebenen und stellt sich dem, was man dann ‚*direkt* gegeben' nennen kann.

Hier wird Goethes Begriff von der Natur eines *Organismus* unmittelbar erfahrbar. Der Organismus des menschlichen Bewusstseins lebt in einem fortwährenden Einatmen und Ausatmen zwischen Gegebenem und Nicht Gegebenem – Kreislauf und Herzschlag der Logosnatur des Menschen.

Wir können eine Parallele zur theoretischen Physik ziehen, welche die Ambiguität zwischen Teilchen und Schwingung beschreibt: Im Augenblick, wo wir hoffen, das Gesehene (gegebener, fertiger Gedanke) zu erfassen, verwandelt es sich blitzschnell in einen anderen Zustand. In diesem Sinne beziehen sich Ge-

---

[239] Siehe oben, Kapitel 7, „Leben im Erkennen: Phänomenologie des Bewusstseins", Untertitel „Denken und Erkennen".

[240] Schwarzkopf, „Epistemology: The Directly Given." in *Dialogues of Mind and Spirit.*

[241] Hier bedeutet „Substanz" den Willen der Idee. Wer bringt diesen Willen hervor? Einerseits ist es das Ich, weil es den bewussten Akt der Umkehrung des Willens zu vollziehen hatte (weshalb es bestätigen kann, dass es sich selbst als Substanz kennt). Andererseits wird es dem Ich völlig einsichtig, dass eine *andere* Substanz ihren Willen in dem umgekehrten Willen des Ich manifestiert, eine Substanz, die als die Substanz der Idee identifiziert werden kann. Auf diese Weise kann man das geistige *Wesen (substantia)* der ideellen Substanzen wiederentdecken, die seit der scholastischen Zeit nicht mehr in ihrer Wirklichkeit erlebt wurden. [Siehe auch Kapitel 13, „Das Buch der Natur: Wirklichkeit", Abschnitt „Fühlendes Wahrnehmen."]

gebenes und Nicht Gegebenes auf einander wie Teilchen und Welle, Vergangenes und Gegenwärtiges (in fortwährendem Werden), geschaffene Schöpfung und Fähigkeit, *„Was"* und *„Wie"*. Wenn dies verwirklicht wird, begegnet das Ende dem Anfang: die Logosnatur in dem Menschen findet den Logos, von wo sich die Schöpfung entfaltete.

Wir entdecken dann, dass das erste Gegebene, das in naiver Weise wahrgenommene ‚unmittelbar Gegebene' ein Name ist, den das Nicht Gegebene dem Gegebenen *gibt* in der Form, in der es vor der bewussten Besinnung gefunden wurde. Und wenn das Nicht Gegebene sich von dem Gegebenen emanzipiert und alle Begrifflichkeiten geschält hat, begegnet es einem reduzierten Rest in direkter Gegenüberstellung und nennt es ‚direkt gegeben'.[242]

Wir können Gegebenes und Nicht Gegebenes in der gleichen Weise behandeln wie den erscheinenden Teil (gegeben) und den ergänzenden inneren Teil (nicht gegeben) eines Wortes. Dies macht das Gegebene transparent, so dass seine Logosnatur durchscheinen kann.

---

242 Schwarzkopf, „Epistemology: The Directly Given," in *Dialogues of Mind and Spirit*.

Georg Muche
15/100

KAPITEL 11
DIE UMKEHRUNG DES WILLENS: BELEHRTES NICHT-WISSEN – MEISTER ECKHART UND NIKOLAUS VON KUES

Die Konklusion des letzten Kapitels war, dass der Mensch mit einem Organ der Aufmerksamkeit begabt ist, das wir Logosnatur nannten. Wir verstanden, dass dieses Organ nur in unserer *Anwesenheit* aktiv werden kann; in der Anwesenheit unserer Aufmerksamkeit – der Aufmerksamkeit der spirituellen Substanz, die alleine in letzter Instanz „Ich-bin" erfahren kann.

„Ich-bin" bedeutet die Selbst-Wahrnehmung der Aufmerksamkeit, in welcher das Ich zur Gegenwart des Ich-bin erwacht. Die Unterscheidung zwischen Ich und Ich-bin wird gemacht, weil das, was wir „Ich" nennen, sich gewöhnlicherweise mit dem gesamten mental-psychologischen Komplex der Persönlichkeit identifiziert hat. Ich-bin ist der „Sitz", von wo aus dies bemerkt wird – z.B. unsere spezifische Aufmerksamkeit oder Ablenkung. Ich und Ich-bin sind zwei Brückenköpfe einer und derselben Brücke.[243] Sie sind von der gleichen geistigen Substanz, erscheinen dennoch unterschiedlich je nach Perspektive. Die Anlage für die Logosnatur, die wir innerhalb des Ich als die Fähigkeit zur Aufmerksamkeit fanden, ist genau das Samenkorn des Logos, das uns erlaubt, in die andere Perspektive überzusetzen. Dies ist möglich, weil Ich und Ich-bin von gleicher Geistsubstanz sind.

Wir bemerkten, wie diese Substanz, Ich-bin, Zeuge ist der Angleichung der Logosnatur des Ich an das Licht der Idee, für welches das Ich transparent wurde. Das Ich bemerkt dies nur, falls und wenn es sein Gewahr-sein der Gegenwart des bezeugenden Ich-bin öffnet.

Der Prozess ist eine Selbst-Wahrnehmung, die das Denken transparent macht, und diese Transparenz ereignet sich in der Gegenwart. Auf dieser Ebene können wir Steiners Äußerung verstehen, dass das Denken in sich selbst durchsichtig ist, und dass es sich selbst trägt, weil es sich selbst hervorgebracht hat.

In dieser Selbst-Wahrnehmung stehen sich Ich und Ich-bin „Auge in Auge" gegenüber. Der Blick, der zwischen ihnen ausgetauscht wird, ist nicht ohne Qualität. Ganz im Gegenteil, je tiefer die Stille, desto eindeutiger ist das Sprechen dieses Blicks. Nur ein Ich ist in der Lage zu *sprechen* (Wortnatur). Doch als Ich ist

---

243 Kühlewind, *The Force of the Logos and the Force of the I*.

es noch nicht auf das Ich-Bin aufmerksam. Das erste Erwachen des Ich für seine Möglichkeit, das Ich-bin bewusst zu erfahren, geschieht, wenn es innerhalb der psychologisch-physiologischen Organisation seinen „gefangenen" Teil erblickt, nämlich den Teil des Ich, der mit der Persönlichkeit und dem Körper identifiziert ist.

So lange aber, wie sich diese Begegnung auf der Bewusstseinsebene der Vergangenheit vollzieht, wo Gedanke und Wahrnehmung nur in ihrer gespiegelten, fertigen Form erfahren werden, ist diese Begegnung von einem illusorischen Gefühl von Wirklichkeit begleitet. Die Egoität der Persönlichkeit empfindet sich als sehr „wirklich", bis das Ich zu seiner *wahren* Wirklichkeit erwacht, die nur erfahren wird, wenn das Ich im Willen bewusst aktiviert ist. Bis zu diesem Zeitpunkt befindet sich das Ich gegenüber all den wahrnehmlichen Objekten gleichsam in einem Schlafzustand.

Abhängig davon, wo diese Begegnung zwischen dem Ich und seinen psychologisch-physiologischen Reflexionen stattfindet, identifiziert es sich mit dem Körper, der Seele oder dem Geist. Der Mensch ist das, was er zu sein glaubt. Und die allmähliche Befreiung von den verschiedenen Ebenen der Identifikation wird in dem entsprechenden psychologischen Reifegrad gespiegelt: *Empfindungs*seele, *Verstandes*seele, *Bewusstseins*seele, *Geist*selbst und so weiter.[244]

Quelle des Lichtes
Das Aufmerksamkeitslicht des Ich für das zeugende Ich-bin ist ein Schauen der Quelle des flüssigen, bildekräftigen Lichts der Idee, das die dem Gegenstand der Aufmerksamkeit entsprechende Idee trägt. Der Stoff, der dies sichtbar macht, ist die „Linse" der selbsttransparenten Anlage des Ich zur Angleichung: seine Logosnatur, die *Licht* ist, *das Licht erschaut*. Dies ist mit der grundlegenden Erkenntnisgebärde von Meister Eckhart (ca. 1260 - 1327) vergleichbar.

> Das Auge, mit dem ich Gott sehe, ist dasselbe Auge, mit dem mich Gott sieht: Mein Auge und Gottes Auge ist ein Auge und ein Sehen und ein Erkennen und ein Lieben.[245]

Jetzt können wir unsere Metapher der optischen „Linse" oder des „Fisches im

---

[244] Diese Ausdrücke sind von Steiner in seiner geistigen Menschenkunde geprägt, z.B. in dem Buch *Theosophie*.

[245] „Daz ouge, dâ inne ich got sihe, daz ist daz selbe ouge, dâ inne mich got sihet: mîn ouge und gotes ouge daz ist éin ouge und éin gesiht und éin bekennen und éin minnen;" zitiert von Alois Haas in: *Nikolaus von Kues: Vom Sehen Gottes*, S. 151. Das mittelhochdeutsche „gesiht" kann übersetzt werden als „Sehen", „Gesehen-werden", „Gesicht", „Schau"... Vgl. Fußn. 317.

Wasserstrom" erweitern und uns eine *flüssige* Schleuse[246] vorstellen, die einem Strom durchzufliessen erlaubt, nämlich dem Lichtstrom der Idee.

Die Schleuse ist – analog dem Ich – empfindlich gegenüber der Quantität, Geschwindigkeit und Qualität des Stromes und in der Lage, sich entsprechend einzustellen. In dieser Weise kann die Schleuse die Intentionen des Stromes „erkennen". Der Strom wird dementsprechend ein *flüssiges* Flussbett finden, das ganz an die Natur des Stromes angeglichen ist, und zwar zu einem solchen Grade, dass Schleuse und Strom schließlich vollständig identisch sind in Form und Gestalt. Dies geschieht am besten, wenn der Schleusenmeister, das Ich, so wenig wie möglich eingreift, doch fähig ist, den Willen des „Stromes" (des Lichts der Idee) zu erfühlen und seine flüssige Schleuse entsprechend einzustellen.

Die Metapher der Schleuse entspricht dem Bild von demselben Auge, welches Gott sieht, durch welches auch das Ich gesehen wird. Der Schleusenmeister sieht, wie er gesehen wird. Seine erschauende Tätigkeit ist das Wahrnehmungsorgan, das ihn in nahtloser Vereinigung verbindet mit der Quelle des Lichts, dessen Durchfließen er erlaubt. Das Wahrnehmungsorgan nimmt im Weiteren auch die *Quelle* des „Stroms" (des Lichts) wahr, weil jede geringste Veränderung der Schleuseneinstellung – die der Strom empfinden kann – das Strömen verändern wird.

Im Zusammenhang unserer Metapher bedeutet dies, dass der Strom, das lebendige Licht der Idee, *gegeben* ist. Die Linse oder die Schleuse repräsentieren die gegebene *Anlage* zur Aufmerksamkeit. Doch die *Anwesenheit* des Ich ist nicht gegeben. Sie hängt ab von seiner Reife in dem Wunsch, gegenwärtig zu sein. Die *Möglichkeit* (Gegenwärtigkeit zu suchen) ist gegeben, die *Aktivierung* aber nicht.

Was ist daher die Voraussetzung für den Wunsch, teilzunehmen oder gegenwärtig zu sein? Zu *sein, lebendig* zu sein, „dabei zu sein". Im Sinne Steiners geht *wahre* Wirklichkeit hervor aus einer freien Ergänzung durch das Ich, die dem Sein Wirklichkeit *verleiht*.[247] Auch Nikolaus von Kues (1401–1461) betont diesen Aspekt des *Gebens* von Sinn und Wirklichkeit:

> Dann finde ich in der Dunkelheit die eine Kraft, welche mich in höchstes Staunen versetzt, und die durch keine Möglichkeit, die gedacht werden kann, erreichbar ist. Sie ist der Ursprung, der jeder Samenkraft und jeder anderen Kraft das Sein verleiht.[248]

---

[246] Eine Kombination von Wasserpforten oder Locks, um den Wasserstrom eines Kanals oder einer Wasserstraße zu kontrollieren.
[247] Steiner, *Wie bekommt man das Sein in die Ideenwelt hinein?*, Vortrag vom 19. Dezember 1914 (Dornach), GA 156, S. 128.
[248] Nikolaus von Kues, *Vom Sehen Gottes,* Kap. VII, S. 33.

Die Fortsetzung des Wunsches, dabei zu sein, anwesend oder zugegen zu sein, in jedem Augenblick *neu* zu sein, ist für das LEBEN charakteristisch. Dieses Leben ist jeden Augenblick *neu* – niemals ist es „der gleiche Strom".[249]

Quelle des Lebens
Von hier aus muss das bezeugende Ich[250] die Umstände seiner eigenen Gegenwart erfahren, die Quelle seines eigenen lebendigen Seins. Sein Wahrnehmungsorgan ist sein Funken des Logos-Lichts. Mit Hilfe dieses Funkens muss das bezeugende Ich sich an das Leben des Lichts angleichen. Der niemals endende Atem dieses Lebens wird als Licht erlebt: Licht als bewusste Gegenwart.

In dieser Angleichung versteht man, dass man das Gleiche wie das Leben selbst tun muss: immer wieder *neu* sein, ein neues Beginnen setzen. Jedes „Nein" ist ein Tod und eine Verleugnung der Quelle,[251] weil sogar die *Fähigkeit*, nein zu sagen, dieser Quelle entliehen ist, der Quelle, die Sprechen und Verstehen möglich macht. Man kann dieses Lebens inne werden, und es erfährt sich selbst an jeder Grenze, die weniger als Leben ist. Immer wieder sagt das Leben „Ich-bin".

Je mehr die Linse aktiviert wurde, desto mehr ist der „Betätiger" der Linse mit ihr identisch geworden. Der Betätiger *ist* jetzt das Auge, das die Quelle der Idee erblickt, *Angleichung und Einstimmung sind in dem Modus des eigenen Seins des Betätigers wahrnehmbar, dem Strom des Lebens.*

So finden wir, wie unser Leben *gegeben* ist. Können wir unser eigenes Bewusstseinsleben entfachen? Gewiss nicht auf der Ebene des gespiegelten, alltäglichen Bewusstseins in seiner Vergangenheitsnatur, wo wir von dem *gegebenen* Lebensstrom abhängen, wo wir uns nicht in vollständiger Umkehrung des Willens der Wirklichkeit des Ich-bin ergeben können. Doch können wir unsere eigene Bewusstseins*tätigkeit* entfachen? *Im Prinzip ja* – *dann, wenn* das Samenkorn des Logos in uns aktiv ist. Heraklit würde antworten:

Der Seele ist der Logos eigen, der aus sich heraus wächst.[252]

Jedesmal, wenn wir Zeuge der Verleugnung sind, die nein zu sagen wünscht,

---

[249] Hindeutung auf den berühmten Spruch Heraklits, dass man nie zweimal in den gleichen Fluss steigen kann.

[250] *Bezeugendes Ich* bedeutet das selbstgewahrende Ich, das alle Inhalte und Bewegungen des Bewusstseins wie auch seine eigene Gegenwart *bemerkt*. Es ist ein *geistiges Wesen*, weder ‚er' noch ‚sie' (was lediglich eine Erweiterung der Egoität sein würde), sondern oberhalb und jenseits jeglicher derartiger Identifikationen.

[251] Satprem, *Der Sonnenweg zum wahren Selbst*, Kapitel 11, S. 122, Kapitel 13, S. 162–163.

[252] Heraclitus, *„Psychæs esti lógos heoytón aúxon."* In Kranz (Herausgeber), *Vorsokratische Denker*, S. 74.

liefert dieses Bezeugen den Willen, ja zu sagen. Immer wieder „Ja!" ist der Anfang.

Falls wir finden, wie dieses Leben ein Gegebenes ist, können wir ein in ihm Enthaltenes, nicht Gegebenes schälen? Können wir die Intuition reduzieren, die ihre eigene Fortsetzung und ihren immerwährenden Anfang bestätigt, das Wort?

Die Vernunft wird mit dem Wort des Lebens genährt.[253]
Ich-Bin [ist] das Brot des Lebens.[254]

Das Wort im Anfang
Wir sehen, wie die Gebärde der *Umkehrung des Willens* unsere Annäherung an die Quelle des Erkennens ermöglichte. Diese innere Gebärde hat einen Vorläufer auch in der *docta ignorantia* des Kardinals Nikolaus von Kues. Wortwörtlich übersetzt bedeutet *docta ignorantia* „belehrtes" oder „instruiertes Nicht-Wissen", eine Gebärde des Nicht-Wissens, die mit neuer Anleitung erfüllt werden kann. Es ist die Fähigkeit, jegliches Thema – entweder ein sinneswahrnehmliches Element oder ein ideelles Gebilde – als die „äußere" Seite eines Wortes aufzufassen. Es ist auch die Fähigkeit, unseren Kräften der empfangenden Aufmerksamkeit zu erlauben, durch dieses Thema so lange aktiviert zu werden, bis diese die Ebene der *reinen geistigen Aktivität* erreichen: den „Strom", die Ebene der Imagination. Dieser Strom der geistigen Tätigkeit wird eine Substanz, ein Material oder „Gefäß". Dann lassen wir dieses Gefäß wie eine Bettelschale von etwas erfüllt werden, das nicht Teil des ‚unmittelbar gegebenen' äußeren Aspekts des gegebenen Themas ist, sondern der *inneren* Seite seines „Wortens" entspricht. Diese Gebärde erfordert die Fähigkeit, eine *Stille* zu erlauben – oder „Dunkelheit" in der Sprache des Cusaners – welche ein klingendes Gefäß oder ein Empfänger für die *Intuition* werden kann. Die Intuition, die die Stille füllt, wenn sie Verstehen anbietet, erlaubt eine neue Integration des Gegebenen in einen höheren Sinn*zu*sammenhang.[255] In der gleichen Weise, wie ein Wort in einem Text seinen Sinn verändert, je nach dem Zusammenhang, in dem es angewandt wird, erhält jedes Gegebene eine andere und neue Bedeutung, wenn es in der Integration eines größeren, umfassenderen Zusammenhangs gesehen wird.

Dieser integrierende Blick umgreift zwei Perspektiven, die wir auf der Alltagsebene des Bewusstseins nicht gleichzeitig erschauen können: 1. die analytische (unterscheidende) Wahrnehmung des individuellen Phänomens, das wir heraus-

---

253 Nikolaus von Kues, *Vom Sehen Gottes*, Kap. XXIV, S. 116.
254 Johannes 6.48.
255 Steiner, „Das Erkennen der Welt", Kapitel 5 in *Die Philosophie der Freiheit*, GA 4, S. 96.

gehoben haben, *und* 2. das Verstehen des Sinnes dieses Elements in diesem Zusammenhang.

Der *Vorgang der Interaktion* zwischen den Elementen eines Zusammenhanges wird *Ökologie* genannt – in der Interdependenz der Natur, wenn wir ihre prozessualen Verknüpfungen meinen. Bezüglich lebender Organismen können wir sagen, dass der „sinnvolle"[256] Austausch ihrer Vorgänge ihr ‚logos' ist, durch welchen der Organismus sich selbst organisiert.

Genau so, wie wir einen ‚logos' in den systemischen Interdependenzen des Organismus der Natur zu finden vermögen, können wir eine Aktivität beobachten, welche die Integration des einzelnen Menschen innerhalb der menschlichen Gemeinschaft sinnvoll zu gestalten und zu setzen sucht. Diese Aktivität erscheint als der „Dia-log", das fortlaufende Gespräch zwischen Menschen, das Gespräch, das fortwährend die Selbstdefinition der Menschheit konstituiert und rekonstituiert. Diese Aktivität ist, im höchsten Sinne, die *Sprache* der Menschheit, der Logos.

Auf diese Weise ist der *höhere* Zusammenhang gefunden in einer neuen Synthese, die das frühere Verstehen – das unmittelbar gegebene – in einen tieferen Sinn von Wahrheit *hebt*.

Wir können jetzt die Natur der *Intuition* veranschaulichen und erfahren. Wir finden uns an dem Ort wo wir höchsten Sinn, die letzte Funktion oder Idee erschauen als *in Einheit* mit der ursprünglichen Ursache, der beginnenden Empfängnis oder der schaffenden Idee. Wenn wir die Sphäre des *Gegebenen* betrachten, erblicken wir das „Ende" eines Zyklus des Werdens, und wenn wir das *nicht gegebene* Element innerhalb des Gegebenen erschauen, finden wir am Ende das Element, das den Anfang dieses Zyklus des Werdens initiierte.

Innerhalb einer „Dunkelheit" oder Leere erlauben wir unserem wartenden Aufmerksamsein, ein Resonanzkörper für die „Anderheit" zu werden. Die Anderheit verliert vollständig ihre Fremdheit auf Grund unserer völligen Angleichung innerhalb des Lichtes des Erschauens. In der Sprache des Nikolaus von Kues ist es ein „Nicht-Anderes".

So sieht der Geist die Natur und natürliches Leben und das Nicht-Andere, was das Wesen der Natur ist, von sich selbst ausstrahlen.[257]

Diese Anschauung mag uns einen festen Boden geben, dem wir vertrauen können, um das Wesenhafte in der Natur im Bewusstsein zu erschauen. Innerhalb

---

[256] Das Wort *sinnvoll* sollte hier nicht in dem utilitaristischen Sinne des Alltagsbewusstseins verstanden werden, sondern in seinem höchstmöglichen Sinne.

[257] Cusanus in Hopkins, *Nicholas of Cusa on God as Not-other*, S. 150.

des lebendigen Willenslichts der Idee erschauen wir einen gestaltenden Prozess, der den lebenden und wirkenden Ursachen der Natur entspricht.

Statt das „Feuer" zu finden, das beim Zerbrechen der Natur frei wird (z. B. beim „Brennen", von der einfachsten Methode im Holzfeuer bis zur raffiniertesten Entfesselung bei der Kernspaltung – dem Zerbrechen der *Form)*, könnten wir die lebende Wärme finden,[258] welche die Form schuf. Man könnte vielleicht finden, dass jede analytisch aufgefasste Struktur – wie z. B. ein sogenannter genetischer Code – reine Spiegelung eines Gestaltungs*prozesses* sein könnte, welcher dem Code* oder dem „Programm" vorausgeht. Es ist dieser Bildeprozess, in den das Leben der erkennenden Tätigkeit einsteigt in seiner Angleichung an die Idee in der Natur. Die erkennende Tätigkeit *liest* in der bildenden Bewegung, mit der sie identisch geworden ist, und sie liest in der inneren Intentionalität, die sich als diese Bewegung zur Erscheinung bringt.

Jetzt, nach der Begegnung mit Nikolaus von Kues' erkennender Gebärde, schaut uns die Idee-in-der-Natur ins Auge, so wie sie es auch für Goethe tat.[259] Doch innerhalb unseres Aufmerksamkeitslichtes findet eine Begegnung statt zwischen der Idee und dem Schauen des Auges, das am Anfang die Substanz für die Natur in ihrer Manifestation in der Form der Idee gab. Am Ende wird der Anfang erschaut – von einem Zeugen, der mit der Fähigkeit des Anfangs begabt ist, ein Zeuge, der immer gegenwärtig ist und immer gewesen ist, schon im Uranfang.[260]

---

[258] Im Sinne Heraklit könnte es „Logosfeuer" genannt werden.
* Solch ein Code wäre dann im Nachhinein wie die „Fußabdrücke" jenes Prozesses möglicherweise identifizierbar.
[259] „Goethe geht in der Betrachtung des Wirklichen so weit, bis ihm die Ideen entgegenblicken." Steiner, *Goethes Weltanschauung,* GA 6, S. 205.
[260] Kühlewind, „Die Gegenwart des Logos" Kapitel 1 in *Das Gewahrwerden des Logos.*

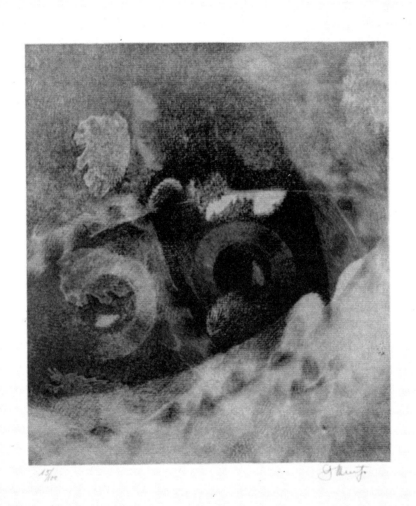

*Georg Muche,
15/100*

KAPITEL 12
ANGLEICHUNG IN DER WAHRHEIT: DIE GESTE DES THOMAS VON AQUIN

Goethes Anschauung von den Ideen der Natur, die uns ins Auge blicken, führt zur Sicht des Thomas von Aquin (1225-1274), wo die Ideen der Natur zwischen zwei Intelligenzen, der göttlichen und der menschlichen, konstituiert sind, und dass sie in ‚Angleichung' an diese beiden Intelligenzen gesucht werden müssen.

> Res naturalis, inter duos intellectus constituta, secundum *adaequationem* ad utrumque vera dicitur.[261] – Ein Phänomen der Natur, zwischen zwei Intelligenzvermögen gesetzt, wird *wahr* genannt in dem Grade, in welchem es beiden angeglichen ist.

Diese Aussage spiegelt die Weltanschauung des christlichen Mittelalters, wo der Schöpfergott am Anfang aller Schöpfung steht.

Für das moderne naturwissenschaftliche *induktive* Verfahren stellte dies eine transzendentale Hypothese dar, die eine Kluft zwischen dem Menschen und der Natur aufreißen würde, ähnlich wie die Doktrin, dass das Göttliche nur durch Offenbarung erfahren werden kann, eine Kluft zwischen dem Menschlichen und dem Göttlichen verfestigte. Wir können indes unsere Besinnung unter Auslassung dieser Hypothese anfangen und sehen, was wir finden werden.

Wenn wir unserem Verfahren folgen, zu einer *gegebenen* äußeren Erscheinung eine innere *nicht gegebene* ergänzende ideelle Entsprechung zu finden und jedes Naturphänomen als *Wort* aufzufassen, können wir auf der imaginativen Bewusstseinsebene eine bildende Bewegung der Aufmerksamkeit erschauen, als die innere Seite eines jeweils gegebenen sinneswahrnehmlichen Phänomens.

Dann können wir die Imagination (die bildende Bewegung auf der imaginativen Ebene) als eine *gegebene,* innere ideelle Wahrnehmung behandeln und versuchen, sie mit einem Verstehen zu ergänzen, das sinnhaft ist. Dies bedeutet, hier die Ebenen oberhalb der Imagination mit einzubeziehen, nämlich die Ebenen der Inspiration und Intuition. Die Inspiration könnte einen gewissen möglichen Sinn anbieten, doch nur die Intuition kann diesen Sinn in einen höheren *Kontext* intergrieren.

---

[261] Thomas von Aquin, *Von der Wahrheit – De Veritate,* S. 16.

Ein Ding erklären, verständlich machen, heißt nichts anderes, als es in den *Zusammenhang* hineinversetzen, aus dem es durch die oben geschilderte Einrichtung unserer Organisation herausgerissen ist.[262]

Dieser Inhalt würde in unserer Übung gleichsam „von oben" kommen (als inneres Einsehen), während die bildende Bewegung, das lebendige Bild (dem Goetheschen Urphänomen entsprechend) durch unsere gestaltende Bewegung der Aufmerksamkeit dargeboten würde. Im Bereich der *Sprache* wird menschliche Intelligenz verwendet, um *zwei* Blickrichtungen gleichzeitig auszuüben, nämlich die *analytische* Fähigkeit, ein einzelnes Wort innerhalb einer Sequenz von Lauten oder Zeichen zu *unterscheiden*, und die *integrierende* Fähigkeit, den spezifischen Sinn eines Wortes innerhalb eines bestimmten Textes oder einer Muttersprache zu verstehen.[263] Zwischen diesen zwei Blickrichtungen finden wir den Gegenstand der Natur, und wir sagen „*wahr*", wenn wir die Erfahrung einer *Evidenz* haben, in welcher die zwei Perspektiven sich in dem Naturphänomen vereinigen.

Die heutige Suche nach der erkennenden *Erfahrung in der Evidenz* kann mit der mittelalterlichen Suche nach der ‚ursprünglichen Schöpfungsidee der Gottheit' verglichen werden. Die moderne Wissenschaft folgt auch einer gewissen *adaequatio* (Angleichung oder Annährung) auf der Suche nach *Evidenz*, wenn sie versucht, „Erklärungen" für untersuchte Phänomene zu finden – Erklärungen, die *sinnvoll erscheinen*.

Zu diesem Zweck können wir den Begriff des Thomas von der *adaequatio* (assimilatio, conformatio = Assimilation, Angleichung) verwenden, wenn wir der natürlichen Welt zu begegnen suchen. Dadurch, dass wir der Natur „ins Auge schauen", sagen wir in der Gebärde des Nikolaus von Kues: „Dein Wille geschehe", und in dem Maße, in dem unser Ideen-gestaltender Wille den Impulsen folgt, die er empfängt, nähern wir uns etwas, was wir *adaequatio inter duos intellectus* nennen können, Angleichung zwischen zwei Intelligenzen – oder zwischen zwei Quellen des Bewusstseins. Ein solches Verfahren sucht die Evolution eines natürlichen Phänomens auf sein *Urbild* (in der Sprache Goethes), auf seinen Archetyp (in der Sprache C.G. Jungs) oder auf seine *Schöpfungsidee* (in der Sprache des Thomas) zurückzuverfolgen.

Wir werden indes oft eine gewisse Kluft oder Diskrepanz zwischen den zweien finden. Das sinneswahrnehmliche Bild mag nicht länger viel Ähnlichkeit mit seinem ideellen Gegenstück aufweisen. Hier können wir eine Möglichkeit stu-

---

[262] Steiner, „Das Erkennen der Welt," Kapitel 5 in *Die Philosophie der Freiheit*, GA 4, S. 95f.

[263] Im Sinne von Aristoteles würde man vom „trennenden (unterscheidenden) und vereinigenden Verstand" sprechen.

dieren, die Thomas in Betracht zieht, die Möglichkeit, dass die Ideen der Natur Veränderungen durchmachen, wenn sie sich an ihre charakteristische, natürlich gegebene Umwelt angleichen. Diese Umwelt ist bereits ein Konglomerat der Substanzen, die ihre eigenen spezifischen Schöpfungsideen verkörpern (und immer noch zu einem gewissen Grade manifestieren). Diese Umwelt ist somit bereits durch Zustände der Verwandlung gegangen (in welchen die Ideen der Natur durch die Gegenstände der Natur gefunden werden in dem Moment, wo die naturwissenschaftliche Forschung ansetzt). Im Sinne des Thomas von Aquin finden wir natürliche Ideen, eingekleidet in diesen gegebenen Erscheinungen, in einer Gestalt, die das Ergebnis der Angleichung von Schöpfungsideen zeigen. In dieser Form *existieren* die Ideen der Natur: Sie bringen *Sein* zur Erscheinung, und für Thomas sind solche Wesen von der Quelle allen Seins, der göttlichen *Wesenheit*, abgeleitet. Dies ist der Grund, warum Thomas von einer Angleichung spricht, wenn die Phänomene der Natur zwischen göttlicher und menschlicher Intelligenz *in der Wahrheit* erlebt werden. Die göttliche Wesenheit ist die *Substanz*,[264] welche dem Objekt der Natur in der sinneswahrnehmlichen Sphäre zu erscheinen erlaubt, und der Gegenstand der Natur wird durch die Form, in welcher er erscheint, fortwährend versuchen, die „Kunst" der göttlichen Intelligenz, seine primäre Schöpfungsidee, nachzuahmen.

Es ist diese Form, die dem menschlichen Geist ermöglicht, sich an beide anzugleichen. Was wir ein *Phänomen der Natur* nennen, ist ein Gleichgewichtszustand zwischen der göttlichen und der menschlichen Intelligenz. Wo sie sich begegnen, breitet sich der „Teppich" der Natur vor uns aus. So ist das „natürliche Ding" ein Ergebnis der zwei Angleichungen.

In der Sicht des Thomas erscheint das Ziel dieser „göttlichen Kunst" in der sinneswahrnehmlichen Sphäre nirgends in vollkommener Nachbildung (in vollständiger Gleichheit mit der Schöpfungsidee) ausser in der *Person* des Sohnes, die *den* Anfang sichtbar macht.[265] Der Sohn, in einem physischen Menschen verkörpert, der das „Dein Wille geschehe" zu leben fähig war, wird ein Repräsentant der Möglichkeit, dass menschlicher Geist den Logos im Innern erschauen und somit ein Logosträger werden könnte.

Hier finden wir eine Brücke zum Verständnis des philosophischen Anliegens Husserls, das er in seinem Essay über *Die Krisis der europäischen Wissenschaften und die transzendentale Phänomenologie* zum Ausdruck brachte.

---

[264] Im vorliegenden Kontext bedeutet Substanz *geistige* Substanz, hierarchisches Wesen, nicht physische Materie.
[265] Thomas von Aquin, *Von der Wahrheit – De Veritate*, S. 56.

Descartes macht sich nicht klar, dass das Ego, sein durch die *epoché** entweltlichtes Ich, in dessen funktionierenden cogitationes die Welt allen Seinssinn hat, den sie je für ihn haben kann, unmöglich in der Welt als Thema auftreten kann, da alles Weltliche eben aus diesen Funktionen seinen Sinn schöpft, also auch das eigene seelische Sein, das Ich im gewöhnlichen Sinne. Erst recht war ihm natürlich unzugänglich die Erwägung, dass das Ego, so wie es in der *epoché* als für sich selbst seiend zur Entdeckung kommt, noch gar nicht „ein" Ich ist, das andere oder viele Mit-Iche außer sich haben kann. Es blieb ihm [Descartes] verborgen, *dass alle solche Unterscheidungen wie Ich und Du, Innen und Außen erst im absoluten Ego sich „konstituieren".*[266]

Heute müssen wir uns im Klaren sein, dass die europäischen Wissenschaften in der Tat die weltweite Grundlage der Wissenschaft und den Hintergrund der westlichen Zivilisation bilden. Nach Husserls Ansicht wäre es die Aufgabe und das Schicksal der europäischen Wissenschaft und Philosophie gewesen, zu einem Gewahrwerden der Logos-Sphäre, der ‚transzendentalen Subjektivität'[267] hinzuführen, wo *Sinn* sich ausspricht. („Sinn" in wortender, nicht in utilitaristischer Bedeutung).

Jede gegründete Bedeutung ist so zugleich das Produkt wie die Grenze der freien Aktivität des autonomen Ego.[268]

Es ist dies „der blinde Fleck auf der Retina", wo Philosophie und Wissenschaft des 20. Jahrhunderts nicht sehen können, dass jeder „Beweis" nur für jemanden, der ihn auch *verstehen* kann, einen *Sinn* hat. Dieser Jemand ist immer die letzte Autorität oder die *Quelle*, die empfänglich ist für die *Evidenz*: die Logos-Sphäre. Dies wird nicht eingesehen und anerkannt, und dies ist die eigentliche Krankheit, welche die *Krise* der modernen Wissenschaft konstituiert.

Kühlewind weist auf diese Zusammenhänge hin in seinem Vortrag über „Theories of Consciousness"[269], wo er die fundamentalen erkenntnistheoretischen Fehler unserer Zeit aufzeigt und widerlegt. Er sagt, dass wir die Tatsache

---

* Siehe oben, Fußn. 165.

[266] Husserl, *Die Krisis der europäischen Wissenschaften und die transzendentale Phänomenologie: Eine Einleitung in die phänomenologische Philosophie.*

[267] Siehe oben, Kapitel 6, *Was spricht*, Untertitel „Phänomenologische Reduktion: Transzendentale Subjektivität".

[268] Breda, „Husserl und das Problem der Freiheit" in *Husserl*, S. 281.

[269] Kühlewind, „Theories of Consciousness" (Bewusstseinstheorien), Vortrag gehalten in Los Angelos den 22. April 1986, veröffentlicht in *Feeling Knowing*.

übersehen, dass jede Aussage, die den Anspruch erhebt, *wahr* zu sein, einen *Autor* braucht. Wenn zum Beispiel eine Theorie besagt, dass Denken nichts als bio-chemische oder Lebensprozesse sei, hätte man nur zu fragen: „War diese Aussage lediglich ein Produkt eines bio-chemischen Stoffwechselprozesses (Neuronen)?" Falls die Antwort ja ist, hat der Autor der Aussage sich selbst ausgeschaltet: Es gibt mit anderen Worten keinen Sprecher oder Sprechenden mehr. Und falls die Antwort nein ist, muss der Autor der Aussage aus seiner eigenen Autorität heraus sprechen, er muss glauben, die *Wahrheit* der Aussage zu verstehen, obwohl er implizit sagt: „Es gibt kein Verstehen – verstehst Du?" (Doch wer so etwas behauptet, „versteht" er es?)

Wie wir in *De Veritate* finden: „Wahrheit kann nicht zwischen Anfang und Ende eingeschlossen werden" (*nullo claudi potest veritas principio vel fine*)[270], können wir auch sagen „Wahrheit kann nicht in etwas anderes als in Wahrheit gehüllt sein." Und das ist die Evidenzerfahrung, die sich dem Ich auftut.

---

[270] Hier zitiert Thomas von Aquin aus dem *Monologion* von Anselm von Canterbury in Artikel 5 von *De Veritate,* ibid. S. 30.

*Georg Muche,
Zum 5. Mai 63*

KAPITEL 13
WIRKLICHKEIT UND DAS BUCH DER NATUR

Wir haben gesehen, wie die Quellen der Wirklichkeit aus zwei Komponenten bestehen: dem Gegebenen und dem Nicht-Gegebenen, oder: Existenz und Wesen, Dasein und Sein.

Wir haben gezeigt, wie wir, im Sinne von Thomas von Aquin und Steiner, zur Erfahrung der Komponente der *Wahrheit* steigen müssen – verifiziert durch das Nicht-Gegebene – in der Konstitution von Sinn innerhalb des absoluten Ich.[271]

Jetzt haben wir zu fragen, wie uns diese Annäherung wahre *Wirklichkeit* geben wird, die andere Komponente. Selbstverständlich kann dies nur durch die eigne Erfahrung des Lesers beantwortet werden. Wir müssen aber einen schlüssigen Weg suchen, um eine Möglichkeit zu finden, die ‚Erfahrung der Evidenz' zu haben.

Erfahrung deutet auf Wirklichkeit hin. Wirklichkeit ist der Bereich, den der Empirismus als seine eigene Domäne beansprucht. Dadurch wurden alle seelischen und geistigen Phänomene in eine Sphäre hinein vertrieben, die als eine „bloß ideelle" abgewiesen wurde. Doch wir waren in der Lage, auf ein geistiges Phänomen hinzuweisen, das gleicherweise wirklich wie ideell ist: die *erkennende Tätigkeit*. Wir betonten, dass wir keineswegs die Natur erneut in sinneswahrnehmliche physische Materie und ideell-geistigen Inhalt „trennen", denn wir erschauen die Aktivität, die dieser Trennung *vorausgeht* (die nur im nachhinein be-

---

[271] Husserl nannte es „transzendentale Subjektivität". Breda nannte es „absolutes Ego". Hier nennen wir es „absolutes Ich" und zwar aus folgenden Gründen: Wir beschrieben in den vorangehenden Kapiteln, wie das Ich fähig ist, sich selbst transparent zu machen für das Licht der Idee, weil seine Aufmerksamkeit für ein „Sprechen" empfänglich werden kann, d. h. dass es fähig ist, Sinn oder Bedeutung intuitiv zu erfassen. Wir identifizierten die Quelle dieses intuitiven (nicht gegebenen) Akts in der (gegebenen) Anlage zum Geben: Gegenwart geben, Sinn geben. Die Fähigkeit des Unterscheidens-und-Verbindens – des Umfassens von äußerem Zeichen und innerem Sinn in einem Akt – nannten wir Wortnatur oder Logosnatur. Und wir beschrieben, wie der Mensch mit der Anlage der Worthaftigkeit beschenkt ist, weil er die zwei Aspekte der Worthaftigkeit innerhalb des Bewusstseins in dem überbrückenden Licht („wortend") zwischen Ich und Ich-bin finden kann. Dies ist, was Kühlewind in seinem Aufsatz „Logoskraft und die Ichkraft" beschreibt als die Gegenwart des Logos auf beiden Seiten des „Abgrundes" (zwischen niederem und höherem Aspekt des Ich, zwischen Ich und Ich-bin).

Aus diesem Grund können wir die Überbrückung dieser Kluft absolutes Ich nennen. Obwohl er das Gleiche meint wie ich, vermeide ich dennoch bewusst die Entscheidung Bredas, es das „absolute Ego" zu nennen, weil das Wort „Ego" so sehr mit der Assoziation der Egoität, Persönlichkeit, des niederen Selbsts usw. belastet ist. Und auch Husserls Ausdruck ‚Transzendentale Subjektivität' kann von denen falsch interpretiert werden, die mit der philosophischen Terminologie nicht vertraut sind. Er kann aufgefasst werden als etwas Subjektives, obwohl er die Sphäre bezeichnet, aus der das Verstehen von ‚objektiv' und ‚subjektiv' hervorgeht.

merkt wird, wenn die Welt als Wahrnehmung und gespiegelter fertiger Gedanke „erscheint"). Und *innerhalb* dieser Aktivität, in der *Gegenwart ihres Prozesses,* erfahren wir *Wirklichkeit und Wahrheit als vereinigt.*

Wir erlebten auch die Sphäre des Bewusstseins, wo die erkennende Tätigkeit *erscheint.* Dies war der Weise analog, in welcher ein Urphänomen der Natur im Bewusstsein erscheint – in der *Sprache* in dem Phänomen des Verstehens, das wir zurückführten auf eine *Anlage,* die „Logosnatur der Aufmerksamkeit".

In diesem Zusammenhang möchte ich Goethes Andeutung folgen, dass die Natur als ein „Text"[272] aufgefasst werden könnte, eine Möglichkeit, die in Kühlewinds *Logos-Struktur der Welt* weiter verfolgt wurde.[273] Denn so bald wir entdecken, dass das, was wir „Welt" nennen, eine von uns geleistete Interpretation ist, müssen wir als Bestandteil der Welt auch die *erkennende Tätigkeit* mit einbeziehen, mit ihrer Neigung, sich ihrer Logosnatur entsprechend zu entfalten.

Dies ermöglicht uns zu untersuchen, in welcher Hinsicht die sinneswahrnehmliche natürliche Welt als die *Manifestation* eines Textes betrachtet werden könnte, als der äußere erscheinende Teil einer Intentionalität, die als die innere Kohärenz dieses Texts gefunden werden kann.

Struktur der Sprache, Struktur der Natur
Kühlewinds *Logosstruktur der Welt: Sprache als Modell der Wirklichkeit* ist gewissermaßen eine erkenntnistheoretische Fortsetzung in philosophischer Sprache dessen, was er in seinem Buch *Das Gewahrwerden des Logos*[274] dargestellt hat, welches in einer Sprache abgefasst war, die der theologischen Philosophie des Neuen Testaments entsprach, besonders des Johannesevangeliums.

Die *Logosstruktur der Welt* ist daher eine andere Beschreibung der grundlegenden Intuition Kühlewinds über die Natur des *Wortes,* die als verbindendes Motiv sein ganzes Werk durchzieht.[275] Für Kühlewind ist das *Wort* der Schlüssel, der uns die Auflösung zweier Rätsel ermöglicht: erstens der „Hieroglyphe", als welche sich Menschen in der Beziehung zu ihrem eigenen geistigen Ursprung finden (Gegenstand des Buches *Das Gewahrwerden des Logos),* und zweitens der Beziehung zu ihrer physischen Grundlage, der natürlichen Umwelt (Gegenstand der *Logosstruktur der Welt).*

---

272 „Wenn ich nun aber eben diese Spalten und Risse als Buchstaben behandelte, sie zu entziffern hätte, sie zu Worten bildete und sie fertig zu lesen lernte, hättest du etwas dagegen? (Goethe, von *Wilhelm Meister,* in *Goethes naturwissenschaftliche Schriften,* Band 2, S. LXXI).
273 Kühlewind, *Die Logosstruktur der Welt.*
274 Kühlewind, *Das Gewahrwerden des Logos.*
275 Kühlewind, *Der Sprechende Mensch: Ein Menschenbild aufgrund des Sprachphänomens.*

Die prinzipielle Charakteristik eines Wortes ist sein zweifacher Aspekt, der innere und äußere. Für die *äußere* Sinneswahrnehmung (Hören oder Sehen) erscheint ein Wort in unterscheidbaren Lauten oder Buchstaben. Falls es dem Wahrnehmenden klar wird, dass sie einen *Sinn* haben, werden sie als *Zeichen* begriffen (selbst wenn wir ihre Bedeutung nicht unmittelbar verstehen); letzteres ist der *innere* Aspekt des Wortes. Der Mensch hat die Fähigkeit, diese zwei Aspekte als *einen* zu umfassen. Diese Fähigkeit ist das entscheidende Element, das uns ermöglicht, unsere Menschlichkeit zu entwickeln.

In Bezug auf unsere innere geistige Quelle (das erste Rätsel), können wir das *Licht* unseres eigenen Selbstgewahrseins als ein *Zeichen* betrachten. Wenn es ein „Zeichen" für uns ist, muss es einen *Sprecher* haben, wie jedes Wort. So bald wir nach dem Sprecher fragen, haben wir indes bereits intuitiv begriffen, dass es eine Antwort auf diese Frage geben mag.

Dieser Akt des Fragens ist die erste Manifestation der menschlichen Fähigkeit des Sinngebens und Sinnverstehens. Sinn ist der innere Aspekt des Wortes. Indem wir unseren Blick dem einen zuwenden, welches fragt und Fragen zu beantworten versucht, erschauen wir unser Ich. Woher hat dieses Ich seinen Ursprung?

Die Frage nach dem Ursprung des Ich ist die grundlegende Gebärde der bewussten Besinnung auf die Quelle des Verstehens. Wer ist Zeuge der Gegenwärtigkeit des Blickes meines Ich? Die Antwort ist das Ich-bin, der ewige Zeuge. Ich und Ich-bin sind Phänomene, die als Manifestation und Sinn in der gleichen Weise wie ein Wort aufgefasst werden können. Das griechische Wort *Logos* beinhaltet genau diese zwei Aspekte. Betrachten wir auf diese Weise die menschliche Fähigkeit der bewussten Besinnung, führt es uns in der Tat zur Natur des *Wortes* (im Sinne des Evangelisten Johannes), das im Anfang war, des Logos.

In Bezug auf das zweite Rätsel – die gegebene sinneswahrnehmliche Welt der Natur – ist die gleiche Aktivität der bewussten Besinnung gegenwärtig wie in der ersten Frage: Was ist *das?* Auch hier ist die Fragehaltung ein Zeichen für die Intuition, dass „das" Sinn ist. Äußeres Zeichen und innerer Sinn konstituieren wiederum das, was man Wort nennen mag. So wird also auch die sinneswahrnehmliche Welt der Natur als ein Text aufgefasst, der aus Worten besteht, die einen Autoren haben könnten, denselben *Logos,* der im Anfang war. Erkenntnistheoretisch gesehen rechtfertigt Kühlewind seinen Ansatz damit, dass er zeigt, wie jedes *Gegebene* (d.h. jedes sinneswahrnehmliche, unterscheidbare Phänomen) identifiziert wird, sobald das Bewusstsein „D a s" sagt. Sobald man „D a s" sagt, *meint* man auch etwas. Man kann mit anderen Menschen dadurch kommunizieren, dass man sich einigt, was man mit „diesem" meint. Dieser *Baum* kann z. B. als Bauholz, Brennholz, Cellulose oder Pflanze (mit dem spezifischen Wesen einer Gattung) angesehen werden, oder sogar als ein linguistisches Konjunktionswort, wie etwa ein „und" – in welchem Falle ein Baum als ein sinneswahrnehmliches Phänomen gesehen wird in einem Lebensprozess zwischen Zentrum und Peripherie, zentralen und peripherischen Kräften, Erde und Himmel, eine „Konjunktion" im wortwörtlichen Sinne.

Kühlewind zeigt, dass, so weit wie wir die Entwicklung der Sprachen zurückverfolgen können, Worte fortlaufend ihre Bedeutung verändert haben. Er zeigt auch, dass mit dieser Bedeutungsveränderung der Worte eine Veränderung des Verstehens einhergeht, durch welches menschliche Gemeinschaften darin übereinstimmen, wie das gegebene „Das" der Natur zu gliedern (und aufzufassen) ist. Es kann gezeigt werden, dass der Wortsinn im Laufe der Sprachentwicklung fortwährend geschrumpft ist – von einer allumfassenden Bedeutung des „Baumes" als Manifestation einer Lebenskraft bis zu seiner modernen Konzeption als Bauholz, Brennholz oder Cellulose (als welche er weiter reduziert wird zu molekularen Strukturen und DNA-Codes). Die Struktur, die in irgendeiner gegebenen sprachlichen Evolutionsperiode gefunden werden kann, spiegelt so genau den Sinnzusammenhang, den die jeweilige menschliche Gemeinschaft teilte. Heute nennt man dies eine *vorherrschende Anschauung* oder ein *Paradigma*.

An dieser Stelle entsteht die Frage nach dem Ursprung der Sprache. Welche primäre Intuition ereignete sich an dem ursprünglichen Entstehungsmoment eines solchen gemeinsamen Blicks oder Paradigmas der Wirklichkeit? Die Frage führt an dieselbe Grenze,[276] gleichsam an den „Fluchtpunkt" der inneren Natur des *Wortes*, heran.

Sprache ist ein *Urphänomen* des Bewusstseins. Ein ‚Urphänomen' manifestiert inneren Sinn und wahrnehmbare Erscheinung als eine *Einheit*. Falls wir die Weise entdecken können, in welcher menschliche Gemeinschaften *Wirklichkeit* auffassen, und wenn wir dem, was sie als „Wirklichkeit" betrachten, einen neuen Sinn abgewinnen (d. h. „geben") können, dann fangen wir an, die Welt des Logos zu erfahren – d. h. „Wirklichkeit" als das äußere Zeichen für das innere gemeinsame Verstehen einer menschlichen Gemeinschaft. Sprache wird in diesem Sinne als Modell der Wirklichkeit begriffen.

Sprache als Modell der Wirklichkeit zu begreifen, ermöglicht uns die Metamorphosen der linguistischen Strukturen als Bild der Bewusstseinsentwicklung zu sehen. Gleichzeitig ermöglicht uns dieses Begreifen der Beziehung zwischen Sprache und Wirklichkeit, alle Aspekte der Natur als ein integriertes Ganzes zu betrachten, wie es die Menschheit früher tat.

---

[276] ‚Grenze' ist hier im mathematischen Sinne gemeint: in der unendlichen Annäherung wird der Abstand zu dieser Grenze ständig kleiner, führt m. a. W. *in Richtung* Null.

Aus dieser Einsicht heraus erscheint auf natürliche Weise die Aufgabe der heutigen Menschheit: einen neuen Weg zu finden, die Natur zu integrieren, nicht um unseres Behagens und unserer Bequemlichkeit willen, oder zum Verbrauch (Konsum), sondern als einen Text, der uns etwas mitteilen könnte und einen Autor hat. Falls wir während des Versuches, diesen Text zu entschlüsseln, uns von ihm angesprochen fühlen, könnte ein neuer Sinn der Schöpfung hervorgehen – Schöpfung als der Sinn eines Dialogs zwischen Anfang und Ende.

„Das Buch der Natur lesen" würde bedeuten, den Menschen zu seinem wahren *menschlichen Sein* zu erheben, in Kommunion mit der spezifischen Sprachquelle in der Natur, wobei die spezifische Art individualisiert und erkannt wird. Und in diesem Akt erfährt das jeweilige Wesen in der Natur eine *Auferstehung*, die jetzt von der geistigen Substanz des menschlichen Ich mitgetragen wird.

Fühlende Wahrnehmung
Zur Annäherung an dieses Ziel schließt Kühlewind sein Buch mit Hinweisen, wie der Mensch seine Wahrnehmungsfähigkeiten entwickeln könnte.[277] Er deutet in Richtung einer *fühlenden* Wahrnehmung – analog dem Gefühl der Evidenz, das alles intuitive Denken begleitet und immer der letzte Richter ist, die Richtigkeit und Wahrheit einer Aussage zu „fühlen". In dieser Form des Sehens werden die Elemente der Natur in einen höheren *Zusammenhang* integriert – in der gleichen Weise, wie eine Gruppe von einzelnen Buchstaben integriert werden muss, um als ein Wort gesehen zu werden, und wie eine Reihe von Worten integriert werden muss, um als Satz gelesen zu werden, der einen Sinn ausdrückt.

Kühlewinds Ansatz kann aufgefasst werden als eine Fortbildung der Goetheschen Intuition, die Natur als einen Text anzuschauen.

Wenn ich nun aber eben diese Spalten und Risse als Buchstaben behandelte, sie zu entziffern hätte, sie zu Worten bildete und sie fertig zu lesen lernte, hättest du etwas dagegen?[278]

Was für Goethe ein intuitiver Sprung war, kann eine systematische Entfaltung unserer Fähigkeiten werden. Wie ein Buch keinen Sinn ergeben würde, falls nur Papier und Schwärze chemisch identifiziert, sowie die Formen der Buchstaben

---

277 Kühlewind, „Die Wahrnehmungsmeditation", Kapitel 10 in *Die Logosstruktur der Welt*. Siehe auch „Die Schulung der Wahrnehmung", Kapitel 4 in *Vom Normalen zum Gesunden* und „Ways of Feeling Perception: Exercises," in *Feeling Knowing*.
278 Steiner, aus „Wilhelm Meister" zitierend, in *Goethes naturwissenschaftliche Schriften*, Band. 2, S. LXXI.

nach Methoden der analytischen Geometrie²⁷⁹ analysiert würden, so sind auch die Elemente der Natur nicht nur in systemische ökologische Kreisläufe integriert, sondern auch in einen *Organismus*, dessen Existenz seinen eigenen Sinn aussagt. Dieser entspricht dem *inneren* Verstehen, das ein Wort zum Träger eines Sinnes macht. So werden die Phänomene der Natur in zweifacher Hinsicht betrachtet: als *Erscheinung* und als Ausdruck eines *Sinnes*. Der Begriff ‚Sinn' wird hier nicht in der utilitaristischen Weise des Alltagsbewusstseins benutzt, sondern als unmittelbar erfahrene Intentionalität, die ihre Persönlichkeit und Wesensart durch die Qualitäten offenbart, in welchen sie erscheint – wenn sie sozusagen „spielt"²⁸⁰ mit den unendlichen Möglichkeiten ihrer eigenen höheren Gesetze (die auch Manifestationen solcher „sprechender" Intentionalität sind).

Dies ist der Grund, weshalb eine gepflegt wird. Denn im Fühlen wird das Wollen des Beobachters mit der bewussten denkenden Teilnahme im Wahrnehmen spürbar mitklingen. Und in der Bewegung des Aufmerksamkeitswillens im Wahrnehmen erfährt der Wahrnehmende die Natur dessen, was einmal als *Substanz* aufgefasst wurde – *substantia* – nicht „Materie", sondern geistige Hierarchie, wie man es noch in der Sprache von Dantes *Divina Commedia*²⁸¹ sehen kann. So erlebt der Wahrnehmende in der Natur seines eigenen Wahrnehmungswillens die Kraft, in welcher die Komplexität der Natur sich selbst zur Erscheinung bringt. Hier wird die Wirklichkeit von Wesen und Sein empfunden. Und dadurch wird *fühlende* Wahrnehmung ein Vermittler zwischen unserer denkenden Auffassung und der aktiven Intentionalität der Wirklichkeit der Natur. In den bereits zitierten Worten des Thomas von Aquin:

---

[279] Der Sinn eines Wortes ist völlig unabhängig vom Stil der Handschrift.

[280] Goethe, „Die Natur" in *Goethes naturwissenschaftlichen Schriften*, Band 2, S. 8. Vergleiche auch Schiller, *Über die ästhetische Erziehung des Menschen: In einer Reihe von Briefen.*

[281] *Queste sustanzie, poi che fur gioconde*
Della faccia di Dio, non volser viso
Da essa, da cui nulla si nasconde;
                Dante, „Paradiso" (29. Gesang, Zeile 76–78)

Seitdem des Angesichtes Gottes diese
Substanzen froh geworden, wandten nie sie
Den Blick von selbem, dem kein Ding verhüllt ist.
                Philalethes (Johann I von Sachsen), Knaur, Berlin

In der englischen Übersetzung von Laurence Binyon (Viking, New York 1947) kommt das in diesem Zusammenhang Entscheidende ebenso zum Ausdruck:

These substances, since they first had joy therein,
On God's face have their constant vision kept,
Wherefrom nothing is hidden or unseen

Siehe auch Kühlewind, „The Substance of the I," in *Feeling Knowing*.

Res naturalis, inter duos intellectus constituta, secundum *adaequationem* ad utrumque vera dicitur.[282] – Ein Phänomen der Natur, zwischen zwei Intelligenzvermögen gesetzt, wird *wahr* genannt in dem Grade, in welchem es beiden angeglichen ist.

Im gleichen Sinne leitet Kühlewind sein Buch *Die Logosstruktur der Welt* mit einer anderen Äußerung von Thomas ein: „Die Wirklichkeit der Dinge ist selber ihr Licht."[283]

Paradigma der Wirklichkeit
Wir sind zur Perspektive unseres Ausgangspunkts zurückgekehrt. Wir stehen wiederum vor der Welt der Natur, doch jetzt auf einer höheren Ebene, in einem anderen Modus des Erkennens, nicht mehr in einer Gegenüberstellung, nicht mehr vis-à-vis.
Wir können nicht mehr sagen: „Da draussen ist die unmittelbar gegebene Welt. Sie stellt sich selber teilweise in einer Art dar, die vom Menschen beeinflusst ist, und teilweise ist sie uns von Gott oder von der Evolution gegeben." Wir verstehen jetzt, dass selbst die grundlegenden sinneswahrnehmlichen Qualitäten von der Logosnatur konstituiert sind, die uns das Wesenhafte dieser Qualitäten vermittelt. Wir finden uns auf beiden Seiten eines Abgrunds, „hier" und „dort". Auf der einen Seite ist unser Alltags-Ich (Ego, Persönlichkeit) auf der alltäglichen Ebene des gespiegelten Gedankens (immer noch gefangen von Jahrhunderte alten Gewohnheiten des Sehens und Denkens); und auf der anderen Seite,[284] auf der überbewussten Ebene, ist die Quelle für unsere empfangende Aufmerksamkeit, der Logos-Funke – darauf wartend, dem Wahrgenommenen (neuen) Sinn zu *geben*.
Wir waren nahe daran, uns von „holistischen" Auffassungen der Welt beruhigen zu lassen, die uns glauben machen wollen, dass unsere physische Leiblichkeit die *einzige* Wirklichkeit ist, an der wir gemeinsam teilnehmen, insofern als sie aus dem gleichen ‚Stoff' besteht wie die gegebene materielle Welt „draußen". Dies würde bedeuten, dass wir in Milliarden getrennter Einheiten atomisiert wären, die nur vereinigt sind durch die Materie, die durch Luft, Wasser, physisch-chemisch-biologische Interaktion usw. zirkuliert. Doch bezüglich des Bewusstseins wurde angenommen, dass wir in die Getrenntheit der individuell verschiedenen Perspektiven hinein zerstreut wären.

---
282 Thomas von Aquin, *Von der Wahrheit – De Veritate*, S. 16. Vgl. S. 177.
283 Thomas von Aquin, Kommentare zu *Liber de causis*. 1, 6.
284 Kühlewind, „The Force of the Logos und the Force of the I" (Logoskraft und Ichkraft).

Jetzt finden wir eine Tätigkeit, die uns wirklich zu einem „Körper" vereint, nämlich das *Verstehen*. Sobald wir dies sagen, kann uns entgegnet werden: „Aber oft verstehen wir uns doch *nicht*, und wenn wir glauben uns zu verstehen, können wir doch niemals sicher sein." Unsere Antwort wäre, dass wir miteinander *sprechen* und unsere Perspektiven einander verständlich machen können. Wir können zuhören und in unseren eigenen Worten wiederholen, was wir verstanden haben. Unsere Gesprächspartner können unser Verstehen bestätigen oder noch einmal in anderen Worten erklären, was sie meinen. Wenn wir unsere Perspektiven geklärt haben, können wir sagen: „Obwohl ich verstehe, was Du meinst, bin ich weiterhin nicht mit Dir einverstanden." Doch manchmal sind wir uns einig und teilen *ein* Verstehen. Was ist das?

Wir sind dann in einer neuen Sicht oder Anschauung vereinigt, eine leichte Verschiebung von der bisherigen Ebene der „herrschenden Meinung" zu einem neuen Plateau der Übereinstimmung, eine *gemeinsame Wirklichkeit*, eine Kommunion in der Sphäre der Idee ist möglich.

Das Gewahrwerden der Idee in der Wirklichkeit ist die wahre Kommunion des Menschen.[285]

Wir finden somit in der *Aktivität des Verstehens* die Brücke, die uns über die Kluft trägt, welche unsere subjektive Welt der vorstellungshaften Bilder von der objektiven Welt der Sinneswahrnehmung trennt. Wenn wir wissen, was „das" ist – wenn unsere erkennend-wissende Aufmerksamkeit mit ihrer Prädisposition für Logosnatur fähig ist, ein spezifisches „Etwas" in der sinneswahrnehmlichen Welt zu identifizieren – wird unser überbrückendes Verstehen bereits überbewusst gewahr, dass das gegebene „Etwas" bedeutsam oder potentiell sinnvoll ist. Insofern unsere Aufmerksamkeit für die sprechende Quelle eines Phänomens durchlässig ist, ist sie bereits *da*, in inniger Vereinigung mit der Welt – *in schlafender Gottseligkeit: tat vam asi* (das bist Du).[286]

Jetzt sehen wir unsere Aufgabe, zu suchen, ob es eine solche „Sprache der Natur" gibt, und ob wir nur ein einziges Wort daraus entschlüsseln können. Es ist wie die Entschlüsselung von Hieroglyphen; so bald wir *ein* Zeichen verstanden haben, verstehen wir viele, weil *ein* Zeichen einen Sinn nur innerhalb einer Sprache hat, die aus der Gesamtheit ihres Vokabulars besteht.

Eine Möglichkeit wäre, dass der Mensch versuchen würde, *sich selbst* zu verste-

---

[285] Steiner, Vorwort zu *Goethes Naturwissenschaftliche Schriften*, 1887, Bd. 2, S. IV. Auch als Kapitel 6, „Goethes Erkenntnisart," in Steiner *Goethes naturwissenschaftliche Schriften*. GA 1, S. 126)

[286] Chandogya Upanishad, VI. 8.7.

hen, weil er hier seine sinneswahrnehmliche physiologische Organisation als seine äußere Erscheinung *und* seinen inneren Sinn gleichzeitig erschauen könnte. In dem Maße, in dem der Mensch sich selbst einen Sinn verleiht, kann er diesen Sinn auch verstehen, weil er intuitiv seine eigene innere ideelle Intentionalität erfassen kann. Der Mensch ist fähig, in einer sinnvollen Weise zu handeln, den Taten, durch welche er den sinneswahrnehmlichen Phänomenen der Welt etwas hinzufügt, *Sinn zu geben*. Und da wir die Schöpfer unserer Taten sein können – wenn sie *neue*, intuitiv erfasste Anfänge sind –, kennen wir ihre Intention (ihren inneren Sinn) *zusammen mit* ihrem durch die konkrete menschliche Handlung entstehenden äußeren Erscheinungsbild. Dies könnte das *eine* „Wort" sein, in dem wir das Innere und das Äußere gleichzeitig erschauen.

Es ist leichter, den Text der Natur zu entschlüsseln, wenn wir mit dem Menschen als mit dem ersten ‚Wort' anfangen, weil der menschliche Geist sich selbst in seiner Gegenwärtigkeit begegnen kann, wogegen der Natur immer auf der Ebene der Vergangenheit begegnet wird, als etwas, das, von fertigen Gedanken überlagert, wahrgenommen wird. Wir können die Welt der Natur – die für das gespiegelte Bewusstsein in einer abgeschlossenen Form erscheint – und den *im Prinzip* offenen, nicht abgeschlossenen Menschen wie den inneren und äußeren Aspekt eines Wortes betrachten. Da der Mensch die Möglichkeit hat, sich selbst als Schöpfung bewusst fortzuführen, ist er mit den intuitiven Kräften, die sein eigenes Werden lenken, verbunden. Der Mensch hat deshalb die Möglichkeit, seine eigene Stellung innerhalb der Natur zu *erkennen*, weil er fähig ist, sich selbst durch einen erkennenden (nicht gegeben) Akt in die gegebene Welt hinein zu *integrieren*. Weil er *jeden* Sinn durch sein Tun manifestieren kann, ist der Mensch somit ein „offenes Wort."

Da wir alle zusammen eine vollständige Menschheit konstituieren – aus individuellen Menschen bestehend und jeder von uns mit dem Keim der Logosnatur begabt –, sind wir alle einzelne Worte, die gesamthaft eine vollständige Sprache ausmachen. Da wir im Prinzip – d. h. der Anlage nach, als Prädisposition – die Fähigkeit haben, unseren eigenen Sinn intuitiv zu erfassen und zu ergreifen (was ein „*offenes* Wort" zu sein bedeutet), *sind* wir eine Sprache im Prozess des Werdens.

In der jetzigen Phase der Erdenzivilisation werden wir uns in zunehmendem Grade klar, wie wir unsere gesamte Weltauffassung in diese Sprache einbringen und setzen somit den ganzen Organismus der Erde den Konsequenzen aus, die sich aus dieser Perspektive ergeben. Je mehr wir wachsen und reifen, desto mehr werden wir uns auch für alles verantwortlich fühlen, was wir als Tat, Wort oder Gedankenform (die Qualität der denkenden Tätigkeit) aus uns heraussetzen.

Unser *Dialog mit der Natur* ist ebenso Bestandteil von uns, wie wir Bestandteil von ihm sind – nicht nur, weil unsere Physiologie aus Natur besteht, sondern auch, weil das, was wir „Natur" nennen, bereits das Ergebnis unserer gemeinsamen Perspektive ist. Der Dialog könnte unsere *Fähigkeit* spiegeln, lauschend-sprechende Wesen zu sein. Wenn wir sie annehmen, ist diese Anlage unser *Erbe*. Wir *können* unsere Logosnatur verwirklichen – die Fähigkeit, Sinn zu *geben*, die Fähigkeit, etwas *hinzuzufügen* und dadurch zu erlauben, dass geistige Aktivität in der sinneswahrnehmlichen Sphäre erscheint.

Unsere „Leiter" ist die Möglichkeit, intuitiv dem Gegebenen *neuen Sinn* zu verleihen, was die nichtgegebene *Ergänzung* zu jedem gegebenen sinneswahrnehmlichen oder ideellen Phänomen ist. Das ist unser *sich entwickelnd-entfaltender* „Blick". Er „entwickelt" sich aus der Perspektive des Sinneswahrnehmlichen, nämlich in dem Sinne, dass alles, was für die Sinne als Taten und Ereignisse in der Geschichte, Kultur und Zivilisation erscheint, eine evolutionäre Verwandlung sichtbar macht. Er „enfaltet" sich in dem Sinne, dass jedes dieser Stadien als unendliche Möglichkeit innerhalb dieser „Blüte" bereits enthalten ist, weil die Blume sich in ewiger Annäherung an ihren unendlichen Pol entfaltet, ihr offenes Ziel, das ihren eigenen Anfang entzündete.

Das Rätsel ist, dass kein einzelner von uns die Rolle als Architekt für das Ganze beanspruchen kann, und dass doch dieses Ganze nichtsdestoweniger auf der Teilnahme jedes einzelnen beruht. Dieses Ganze ist ein „Gespräch,"[287] ein Gespräch, dessen Sprache der Logos ist.[288]

Und weil dieses Gespräch unendliche Möglichkeiten eines *neuen* Anfangs in jedem Menschen bietet, können wir von einer *Metamorphose* sprechen, wo der künftige Zustand nicht durch lineare statistische Projektionen vergangener Entwicklungsphasen für die Zukunft vorausgesagt werden kann.

---

[287] Viel hat erfahren der Mensch,
    Der Himmlischen viele genannt,
    Seit ein *Gespräch* wir sind
    und hören voneinander.
Aus „Friedensfeier" (erste Fassung) in Friedrich Hölderlin, *Sämtliche Werke und Briefe*, (Darmstadt 1984), Bd.1, S. 1068 (vergleiche auch S. 368).

[288] Kühlewind, „The Force of the Logos and the Force of the I" (Logoskraft und Ichkraft).

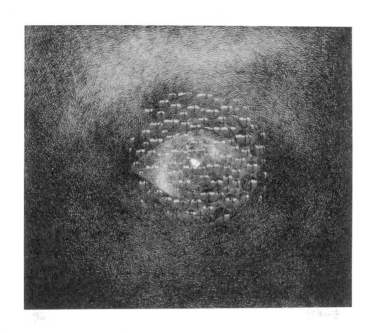

Georg Muche
15/100

KAPITEL 14
ZU EINER ÖKOLOGIE DES BEWUSSTSEINS

Das Neue (oder das Wiederentdecken) und Fruchtbare des oben charakterisierten Ausblicks – der Metamorphose des *Sehens* – ist seine *dynamische* Natur.

Bis jetzt war die Anschauung oszillierend: von der fertigen, abgeschlossenen Vergangenheit, die bis jetzt ins Dasein getreten ist, zu ihrem Urbild, das wirksam war bei der Einleitung dessen, was wir in der abgeschlossenen Sphäre finden.

Wir finden das, was immer in *fortwährendem Beginnen* ist, den Kern, das innerste Wesen des Menschen, die Logosnatur. Dieser Prozess des *Werdens*, der *oberhalb* aller Gedanken lebt, ist die geistige Aktivität, die dem menschlichen Denken die Substanz zuführt, aus der das Denken seine Schöpfung formt.[289] Wenn man sich auf die Zukunft des Menschen besinnt, ist dies das letzlich Wesentliche. Doch ohne die *wollende* Initiative des Menschen, mitzuwirken, gibt es keine Zukunft.

Diese neue Art des Sehens gibt nicht länger Form in einer komparativen Weise, durch Vergleich der Gegenwart mit einem fertigen vergangenen Modell. Es ist ein Bildprozess aus sich selbst heraus, wo die Angleichung stattfindet in Orientierung an den einen, der *immer* „im Anfang" ist. Es ist *ein* Auge das sieht, Vater und Sohn schaffen gemeinsam, in vollkommener Einheit, wie wenn Sonne und Erde miteinander verschmölzen – ein Übergang von der Kindheit des Menschen zu seiner Sohnschaft.

Die neue systemische, ökologische Anschauung führt uns zu der Einsicht, dass das, was *wir* schulden – unser Mangel an Wahrheit im Vergleich mit voller Wahrheit –, bei weitem das aufwiegt oder überwiegt, was andere (Menschen, Naturreiche) uns schulden mögen. Diese *Einsicht* ist das Vergeben und die Bitte um Vergebung in einem Akt. Denn jetzt sehen wir mit der Sichtweise des gemeinsamen Logos der Menschheit – der alle Schöpfung umfasst – das „Ich" aus dem heraus wir uns selbst individualisiert haben. Dieses Erschauen ist eine *Reintegration*.

„Wir", dass ist nicht die Summe von „I+I+I ...", sondern das flüssige, lebende, dynamische, warme, sehende Licht, aus dem wir zu individuellem Wesen erwachten. In diese Art des Sehens erheben wir uns erneut hinein, mit der Frucht der bewussten „Erfahrung" dessen, was uns „gegeben" wurde, nämlich die erschaffene Welt einschließlich aller unserer schöpferischen Möglichkeiten und

---

[289] Steiner, *Die Philosophie des Thomas von Aquino*, GA 74. S. 101–102.

Anlagen. „Wir": das schließt ein das *Gespräch* mit anderen Menschen, die unserem Leben Orientierung, Zweck und Sinn gegeben haben.

Unser *Sehen*, innerhalb dessen ein Wesen der Natur der Auferstehung zugeführt wird, ist analog dem Sehen Meister Eckharts: „Das Auge mit dem ich Gott sehe ist das gleiche Auge durch welches Gott mich sieht."[290] Beide, der Seher und der Gesehene, werden im Prozess des Sehens reintegriert.

Was das Licht des Verstehens *für uns* ist, könnte entsprechend unser liebevolles Anschauen *für die Reiche der Natur* bedeuten. Diese finden ihre Auferstehung in jenem umfassenden Verstehen (Goethes Art des Schauens[291]) in der gleichen Weise, wie die Möglichkeit sich öffnen kann innerhalb des Schauens dieses *einen* Auges, den „Himmel" zu betreten. Dies ist die Ebene der Wirklichkeit, innerhalb welcher wir *immer* gewesen sind, ohne uns dessen bewusst zu sein: „Und das Licht scheint in der Finsternis, aber die Finsternis hat es nicht aufgenommen" (Johannes 1.5.), was in unserem Zusammenhang bedeutet, dass wir das himmlische Licht des Verstehens verwenden, ohne es als kosmische Gabe zu begreifen.

Die Aktivität unseres Sehens ist die *Substanz* – die geistige Substanz –, die uns ermöglicht, das lebende Urbild der Natur auferstehen zu lassen, so wie wir uns auch mit unserem ursprünglichen Urbild vereinigen, wenn wir mit dem dynamischen Schauen eins werden. Dies ist der „Sprung", welcher der gesamten Schöpfung bevorstehen könnte: die gleichzeitige Entstehung von etwas, das vergleichbar wäre dem Phänomen der harmonischen Obertöne in der Musik. Wenn mehrere Stimmen *einen einzigen* Ton vollständig im Einklang singen, wird ein harmonischer Akkord leise hörbar werden, eine Quint über dem gegebenen Grundton, dann eine Terz oberhalb der Quint und so weiter ... (obwohl niemand einen dieser Töne physisch singt).

Wir können die Aufgabe des Gegebenen in derselben Weise angehen wie die Metamorphose der Pflanze.[292] Dort finden wir den lebenden Organismus des *übersinnlichen* Blatts, das physische Blätter bildet.

Das Bedeutsame der Pflanzenmetamorphose liegt z. B. nicht in der Entdeckung der einzelnen Tatsache, dass Blatt, Kelch, Krone usw. identische Organe seien, sondern in dem großartigen gedanklichen Aufbau eines lebendigen Ganzen ineinander wirkender Bildungsgesetze, welcher daraus hervorgeht und der die Einzelheiten, die einzelnen Stufen der Entwicklung, aus sich heraus bestimmt.[293]

---

[290] Vgl. S. 168, Anm. 245.
[291] Schwarzkopf, *The Archetypal Phenomenon*.
[292] Ibid.
[293] Steiner, *Goethes naturwissenschaftliche Schriften*, GA 1, S. 12.

In der Philosophie findet man Paradigmen, Formen des Sehens, Kulturen, Zivilisationen und so weiter. Wenn man den Organismus findet, der sich selbst von einer Perspektive in eine andere verwandelt (d. h. vom sinnlich Gegebenen, erkennend Gegebenen, phänomenologisch geschältem *Eidos* zu erkennender Aktivität und lesendem Verstehen), offenbart er sich als das Ich der Menschheit, das aus „Du und ich" besteht, „Bruder Tier", „Vater Sonne – Mutter Erde", wie auch aus „Engeln", „Göttern" und „Hierarchien des Seins", welche sie tragen (unabhängig davon, wie solche Ebenen von Wesen in verschiedenen Zeitaltern von unterschiedlichen Kulturen oder Zivilisationen benannt oder abgebildet wurden).

Es ist diese Art von „Ichheit", die Metamorphosen durchläuft: ein dynamischer Prozess, innerhalb dessen wir uns selbst *integriert* finden als unabhängige Einzelwesen, als Ich-Wesen, beschenkt mit der Möglichkeit autonomer, freier Aufmerksamkeit, wo wir uns mit unserem geistigen Ursprung vereinigen und zusammenwachsen, und wo die Welt der Natur mit uns zusammen aufersteht.

Doch vorläufig sind die Reiche der Natur uns ausgesetzt. Dies verstehen wir jetzt mit schmerzlicher Klarheit. Die Ganzheit muss zu einer höheren Ebene steigen. Wir müssen unser „selbst" hinter uns lassen und jede Stimme liebevoll umarmen, die an dem unhörbaren großen Dialog teilnimmt, die ganze Ordnung der Schöpfung mit uns nehmen auf dem Weg zu den nächsten Obertönen.

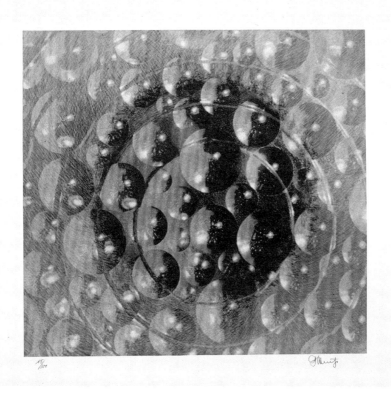

Georg Muche,
15/100

KAPITEL 15
DIE VERWANDLUNG DES GEGEBENEN

Ich habe den Durchgang durch eine Reihe von sich ändernden Perspektiven beschrieben. Und die Veränderungen, die wir in dieser Kontemplation durchgemacht haben, entsprechen den charakteristischen Wendepunkten der europäischen Philosophie des letzten Jahrtausends.

Die Erkenntnisleiter bestand darin, von einem gegebenen Phänomen zu einem nicht gegebenen Sinn zu steigen. Auf der jeweils nächsten Stufe wurde der *Sinn* das *Phänomen*, das in den darüber liegenden Sinn zu integrieren war usw. Von der Perspektive des höheren Sinns wurde das ursprüngliche Phänomen am Ausgangspunkt immer in einer neuen Weise reintegriert, mit dem Ergebnis einer Veränderung des Paradigmas der Wirklichkeit.

Wir bewegten uns von der Welt der Sinneswahrnehmung als einem ursprünglich Gegebenen zu dem Gegebensein der Ideen, und von hier zurück zu den gegebenen sinnlichen Elementen in atomisierten Analysen. Wir fuhren weiter fort zur geistigen *Gestalt* der Phänomene – dem phänomenologischen *Eidos* – wo das *Sein* der Dinge zu geistiger Auferstehung kam, und schließlich kamen wir zu dem Medium oder der Substanz der *geistigen Aktivität*, welche die phänomenale Erscheinung des Gegebenen wie auch deren inneres Wesen erschaut.

Dann betraten wir das Gegebensein dieser *geistigen Aktivität* – die uns ermöglicht, im Denken und Wahrnehmen anwesend zu sein – und erhellten sie in einer oszillierenden Bewegung von unten nach oben, von imaginativer Erfahrung zu inspirativem Verstehen. Hier erschauten wir die imaginative Erfahrung als den phänomenalen Aspekt und das inspirative Verstehen als den inneren Aspekt der *Wortnatur*, die sich selbst in dem Gegebensein der geistigen Aktivität offenbart.

Um nun Missverständnisse zu vermeiden, fügen wir hier hinzu, dass die Anschauung von dem „äußeren" und „inneren" Aspekt des Wortes keine neue und subtilere Form des Dualismus ist. Denn „Äußeres" und „Inneres" ergibt nur einen Sinn für ein Ich-Wesen, das dies versteht, und das in der faktischen Aktivität des Sprechens und Lauschens, Lesens und Schreibens diese zwei Aspekte immer *vereinigt* in dem intuitiven Akt des Verstehens. Dieser Akt ist weder Innen- noch Aussenseite; er ist eine höhere Wirklichkeit, die beide umfasst.

Wir hatten auch die Frage zu stellen: „*Wie* ist das Wort gegeben, das Wort, das uns zum Zentrum des Bewusstseins führte, zu dem höheren Ich, das die *lesende*

Aufmerksamkeit ermöglicht (das ‚Äußere' und ‚Innere' als eins zu lesen), und das sich in gleichem Abstand zu meiner eigener Egoität wie zu jeder anderen Egoität und jedem anderen Phänomen befindet?" In gleichem Umfang, wie das Ich-Wesen mit der Fähigkeit beschenkt ist, Sinn zu *finden*, kommt es auch in die Lage, Sinn zu *verleihen* – was nicht weniger bedeutet als die Fähigkeit, neue Anfänge zu setzen.

Hier verstehen wir, wie diese Besinnung in einer „Ökologie des Bewusstseins" gipfelt. Es gibt keine Trennung mehr zwischen Innenseite und Aussenseite, oben und unten, Geist und Materie und so weiter. Es ist die Erfahrung eines gegenseitig verbundenen und andauernden Strebens nach der höheren Harmonie eines Chores von anfänglich widersprüchlich scheinenden Gegensätzen. Das einzige einsehbare Argument dafür, dass dieses Streben eine Wirklichkeit darstellt, ist der Umstand, dass, so lange die *Frage* nach der Wirklichkeit solchen Strebens *existiert*, die Antwort auf diese Frage die lenkend-treibende Kraft gewesen sein muss, die uns ermöglichte, diese Frage am Anfang unseres inneren Wegs überhaupt zu stellen. Mit anderen Worten muss diese Frage – ehe sie zum Bewusstsein kam – bereits auf einer Ebene oberhalb der bewussten Rationalität des Alltags vorhanden sein.

Diese *Zielrichtung* einer gegenseitigen Abhängigkeit des Verlangens nach höherer Harmonie wäre eine höhere Form des Gegebenseins, die unsere Mitwirkung erfordert, falls sie in die sinneswahrnehmliche Sphäre verkörpert werden soll. Sie erfordert den Zusammenfall einer gegebenen *Möglichkeit* (Prädisposition) und eines nicht gegebenen *Anfangs* (Aktualisierung der Möglichkeit).

Jetzt existiert der *Anfang* „zwischen uns", als eine *Möglichkeit* unseres Zusammenklangs, einer Eintracht, der wir uns zuwenden können. Denn „uns" oder „wir" sind nicht mehr die oben erwähnte Gesamtsumme der Ich-Wesen, sondern ein geistiger Leib, den wir *wir* nennen, wenn wir uns in das *Gespräch*, das wir miteinander pflegen, hineinleben. Dies ist die höhere Wirklichkeit, welche die Wirklichkeit konstituiert, in der wir leben.

Teil III

Konsequenzen

Georg Muche
15/100

KAPITEL 16
DER WIRKEN DES LOGOS
BEIM WANDEL DES WELTBILDES

Leben als Sinn
In unserer Zeit werden wir zunehmend empfänglich für solche Wirklichkeiten unserer Umwelt wie Hungersnot, ethnische und religiöse Konflikte, Bedrohungen des ökologischen Gleichgewichts der Natur, das Ringen des Menschen um Gesundheit an Körper und Seele – die Liste ist endlos. Doch alle diese „Wirklichkeiten" können die Natur der *Wirklichkeit*-an-sich verschleiern. Wir wagen nicht, die Frage zu stellen: „Was ist Wirklichkeit?" Denn wir empfinden eine so große Dringlichkeit, die Bedürfnisse und Probleme, die wir wahrnehmen, zu lösen. Sie müssen *jetzt* gelöst werden.

In dieser Situation wäre es hilfreich, wenn wir eine Antwort auf die Frage nach dem *Sinn des Lebens* als solchem finden könnten. Die Frage fordert auf, uns der Natur des *Sinnes* direkt zuzuwenden – ‚Sinn' oder ‚Bedeutung' als Inhalt eines Substantivs oder Hauptworts, und ‚bedeuten' als Verb, das etwas bezeichnet oder bedeutet im Sinne dessen, was wir selbst ‚meinen', wenn wir *sprechen*.

Sinn erscheint uns als *gegeben*, bis wir selbst erfahren, dass wir dem Leben durch unser eigenes Tun Sinn *geben* können. Das ist ein *Wendepunkt*. Jetzt finden wir die Fähigkeit, in eine Welt zurückzu*sprechen*, die bislang – bestenfalls – zu uns sprach, oder auf uns einsprach.

Was bedeutet es, die Fähigkeit zum Sprechen zu haben? Was bedeutet es, die Welt als *sprechend* zu erleben? Wir könnten möglicherweise eine Antwort finden, wenn wir versuchen, uns auf die Natur des *Wortes*-an-sich zu besinnen.

Etwas wird als Wort erfahren, wenn wir ein *äußeres* sinneswahrnehmliches Phänomen finden, das zu uns spricht, in einer solchen Weise spricht, dass wir es als sinnvoll erleben; letzteres ist seine *innere* Natur. Dann ist es ein *Zeichen* – für *uns*.

Das urbildliche Wort kann gesehen werden in dem *Wort*, das im Anfang war, dem Logos im Sinne des Prologs des Johannesevangeliums.

Die Bedeutung von Logos
Die Besinnung auf den Prolog des Johannesevangeliums[294] ergibt eine sehr an-

---

[294] Kühlewind, *Das Gewahrwerden des Logos.*

gemessene Charakterisierung der kosmischen Natur des *Wortes*, des *Logos*, dessen Träger Jesus wurde und als welcher er „Christus" genannt wurde.

Der Ausdruck *Logos* ermöglicht uns, das Wort ‚Logos' an die Stelle des Wortes ‚Christus' zu setzen, wenn man einen Aspekt der kosmischen Wesenswirklichkeit desjenigen charakterisieren will, den Christen „Christus" nennen, den „*Logos-Träger*."[295] Wenn man jedoch mit Vertretern anderer philosophischer oder religiöser Strömungen spricht, die zu verstehen suchen, was im Zentrum der christlichen Weltanschauung steht, ist man oft in der schwierigen Situation, nichts mehr oder weniger sagen zu können als eben diese zwei Worte. Falls man nicht in der Lage ist, den Hörer oder Leser zu einer erkennenden Erfahrung der Natur dieser Wirklichkeit zu führen, verfügt man nur über „Etiketten".

Das ist letzlich die Tragödie unseres nominalistisch geprägten Bewusstseins: Worte zeigen nicht mehr auf ein *Verstehen*, sondern auf Dinge, und wenn das geschieht, werden sie zu Idolen. Francis Bacons Ansicht wäre hier angemessen, wenn wir seine Kritik vor allem als ein Bedauern über ein Stadium der Bewusstseinsentwicklung verstehen könnten. Seine Perspektive erlaubte jedoch keine Anerkennung dessen, dass Worte ursprünglich auf *Verstehen* zeigten – d.h. auf Begriffe und Ideen – und *durch* letztere auf deren tragende geistige Substanzen. Sein lediglches Feststellen eines „status quo" wurde zum Dogma und beeinflusste die Gedankengewohnheiten unseres Bewusstseins.

Erfahrung von Sinn

Wir müssen daher nach Wegen suchen, um die sich erlebende Aufmerksamkeit an den Ort zu führen, wo eine *Erfahrung* gemacht werden kann, über welche wir – nachdem wir die Erfahrung gemacht haben – sagen können: „Das ist es, was wir mit diesem Ausdruck *Logos* oder *Wort* meinen." Dann ist es keine blosse Etikette mehr.

Ein Schlüsselbegriff, um diese Wirklichkeit zu erfahren, kann das *Nicht Gegebene* sein. Das Nicht Gegebene kann verstanden werden im Zusammenhang von allem, was für das Bewusstsein als *gegeben* erscheint, nämlich sinneswahrnehmliche Gegenstände und Qualitäten, Gefühle und alle Gedanken in ihren verschiedenen Manifestationen, sowie religiös-philosophische Systeme und Weltanschauungen. Dasjenige, welches alle diese „gegebenen" Elemente deutet, ist das „Nicht Gegebene", das integrierende menschliche Verstehen, das die Aufmerksamkeit in ihrem selektiven Erschauen lenkt.

---

[295] Es gibt jedoch eine Differenzierung zwischen Logos und Christus in dem Sinne, dass „Christus" denjenigen bezeichnet, durch den der Logos in der Körperlichkeit gelebt wird, „Fleisch wurde", wie es bei Luther heißt (Johannes 1.14).

Rudolf Steiner beschreibt die Natur des Nicht Gegebenen in seinem grundlegenden erkenntnistheoretischen Werk *Wahrheit und Wissenschaft* folgendermaßen:

Wäre alles wirklich nur gegeben, dann müsste es beim bloßen Hinausstarren in die Außenwelt und einem völlig gleichwertigen Hineinstarren in die Welt unserer Individualität sein Bewenden haben. Wir könnten dann die Dinge höchstens als Außenstehende beschreiben, aber niemals sie begreifen. Unsere Begriffe hätten nur einen rein äußerlichen Bezug zu dem, worauf sie sich beziehen, keinen innerlichen. *Es hängt für das wahrhafte Erkennen alles davon ab, dass wir irgendwo im Gegebenen ein Gebiet finden, wo unsere erkennende Tätigkeit sich nicht bloß ein Gegebenes voraussetzt, sondern in dem Gegebenen tätig mitten darinnen steht.* Mit anderen Worten: Es muss sich gerade bei dem strengen Festhalten an dem Bloß-Gegebenen herausstellen, dass nicht alles ein solches ist.²⁹⁶

Später in seinem Leben charakterisiert Steiner die Natur dieses „nicht gegebenen" Elements in einem Vortragszyklus zum Thema „Wie bekommt man das Sein in die Ideenwelt hinein?"²⁹⁷ wie folgt:

Nehmen wir an, wir wären so auf den physischen Plan versetzt, dass wir nicht Bilder, sondern Realitäten hätten. Was heißt das denn eigentlich? Das würde heissen: Wir stehen hier wahrnehmend der physischen Welt gegenüber. Wir hören z. B. einen Tonzusammenhang. Die Wirkung dieses Tonzusammenhangs geht in unser Ohr, in unsere Gehörnerven hinein und bewirkt in unserem Gehirn eine Veränderung. *Genössen* wir bloß die Vorgänge in den Gehörnerven, hätten wir nicht die Vorstellung; dann würden wir die Realität haben, nicht bloß die Bilder. Das ist aber nicht der Fall. Wir sind wirklich herausgeworfen aus der Welt der Realität und versetzt in eine Bilderwelt, in eine Welt der Irrealität. *Wären wir in einer Welt der Realität, in einer Welt der Wirklichkeit, dann könnten wir niemals in die Möglichkeit kommen, selber einer Welt Realität zu geben, denn dem, was wir als Realität erleben, können wir nicht erst Realität geben.* ... Aber wenn es sich darum handelt, dass wir selber Realitäten *schaffen*, dann ist es gerade richtig, dass wir in einer Welt von Bildern leben, denn dann haben zwar die Bilder keine Realität, *wir können ihnen aber Realität verleihen.*²⁹⁸

---

²⁹⁶ Steiner, „Der Ausgangpunkt der Erkenntnistheorie," Kapitel 4, in *Wahrheit und Wissenschaft*. GA 3, S. 52.

²⁹⁷ „Wie bekommt man das Sein in die Ideenwelt hinein?", Dornach, 19. Dezember 1914, 7. Vortrag.

²⁹⁸ Ibid. GA 156, S. 127–128.

Die Konsequenz dieser Anschauung ist, dass der Mensch der Welt Sinn *gibt* durch seine „nicht gegebene" sinnschaffende Anlage. Und durch menschliche sittlich-ethische Aktivität fließt *Liebe* in die Welt hinein.[299]

Um die Natur von Sinn zu erfahren, können wir die Vorbedingungen pflegen durch welche er gleichsam „greifbar" werden kann, „wirklich" in einer Weise, dass unser Wirklichkeitssinn darauf antworten kann.

Gemeinsamer Sinn

Um eine solche Erfahrung der „Natur der Wirklichkeit" zu ermöglichen, könnte es hilfreich sein zu verstehen, wie sich „geistige Kommunion"[300] vollziehen kann. In den bereits zitierten Worten Rudolf Steiners:

> Das Gewahrwerden der Idee in der Wirklichkeit ist die wahre Kommunion des Menschen.[301]

Wie die wirklichkeitsstrukturierende Kraft menschengemachter Begriffe oder der Natur der Idee für den menschlichen Geist erfahrbar ist durch Hingabe und Angleichung an die Funktion des Begriffs oder an die Aktivität der Idee, ebenso haben Menschen die Möglichkeit, sich zusammen einzustimmen und die Bewegungen ihrer Aufmerksamkeit – die sie überhaupt in die Lage versetzten, das Begriffliche und das Ideelle zu erfassen – einer gemeinsamen Angleichung (adaequatio, alignment, atunement) zu widmen. Dies bedeutet: In der gleichen Weise, wie wir es vermögen, verschiedene ‚subjektive' *Perspektiven* desselben Gegenstandes (objektive Wirklichkeit) miteinander zu teilen, können wir auch die gleiche Idee schauen, obwohl wir sie in der Form unterschiedlicher (subjektiver) Vorstellungsbilder erleben mögen – gemäß unserer individuellen Organisation, unserer Anlage und unseren Erfahrungen und Begriffen, die wir im Leben gewonnen haben.

Wenn eine Gemeinschaft von Menschen sich bewusst macht, dass die Kräfte ihrer Aufmerksamkeit von einer gleichen Quelle aus bewegt werden können, wie es z. B. in einer spezifischen Idee erfahrbar ist, und wenn sie erfahren wie es ihr eigener „nicht gegebener" Wesensteil ist, der das spezifische Verstehen, das sie gemeinsam haben, hinzufügt, dann schafft dies die Voraussetzung eines „Zusammenklingens" oder Einklangs der Herzen.

---

299 Schwarzkopf, *Dialogues of Mind and Spirit.*
300 Schwarzkopf, *Spiritual Communion.*
301 Vgl. S. 192, Anm. 285.

Wir finden dies im Matthäusevangelium (18.19–20) charakterisiert:

19. Weiter sage ich Euch: Wo zwei unter Euch eins werden* auf Erden, warum es ist, dass sie bitten wollen, das soll ihnen widerfahren von meinem Vater im Himmel.
20. Denn wo zwei oder drei versammelt sind zu meinem Namen, da bin ich mitten unter ihnen.[302]

Diese Möglichkeit kann gepflegt werden, wann immer Gemeinschaften sich auf eine gemeinsame Idee besinnen.

Hier finden wir die Möglichkeit eines *Paradigmenwechsels* (d. h. die Änderung der zentralen oder vorherrschenden Anschauungen unserer Zeit, die unseren Wirklichkeitssinn beeinflussen). Wenn wir dies miteinander tun können, dürfen wir die Gewissheit haben, dass wir für den Logos eine Möglichkeit öffnen, zwischen uns als ‚geistiges Leitbild' zu leben. Doch wir sollten hier nicht die Vorstellung hegen, dass dieser Logos ein fertig gegebener Archetyp wäre; das wäre eine abgeschlossene, „vergangene" Zukunft. Die exemplarische Gebärde des Logos ist, dass wir in unserem Bewusstsein immer *im Anfang*, immer in der anfangenden Tätigkeit unserer Aufmerksamkeit verbleiben, wenn wir den anderen Menschen begegnen.

Als Gemeinschaft, miteinander, haben wir die Möglichkeit, uns vorzubereiten, um fähig zu werden, die ‚Substanz' bereitzustellen, die am Ende die „himmlische Stadt" tragen wird – mit allem, was dies mit einbezieht.

Wir fragen daher: Was heißt es, zu einem neuen Paradigma zu kommen?

Das Wesen des Paradigmenwechsels

Hier müssen wir eine grundlegende Aufgabe der Erkenntnislehre beachten, welche Edmund Husserl in seinem Buch *Die Krisis der europäischen Wissenschaften* beschreibt.[303] Wenn wir Entscheidungen darüber treffen, was uns *Wahrheit* geben kann, wenn wir z. B. entscheiden, dass messbare *Materie* die Beweiskraft besitzt, etwas als wahr auszuweisen – z. B. durch statistische Angaben –, haben wir bereits die unbewusste Wahl getroffen, dass *Materie* der richtige Maßstab ist, um et-

---

* Das griechische Verb, das Luther mit „eins werden" übersetzt hat, lautet „symphoneuein", das heißt wie das Wort es schon andeutet: „harmonisch zusammenklingen."

302 19. Palin [amæn] lego hymin, hoti ean duo *symphonæsosin* ex hymon epi tæs gæs peri pantos pragmatos** hou ean aithæsontai, genæsetai autois para tou patros mou tou en ouranois.
 (**"*Peri pantos pragmatos*" bedeutet buchstäblich „in aller Aktivität," „in allem Tun.")
 20. hou gar eisin duo æ treis sunægmenoi eis to emon onoma, ekei eimi en meso auton.
303 Husserl, *Die Krisis der europäischen Wissenschaften*.

was zu beweisen, und dass dieser Maßstab „objektiv" ist. Mit anderen Worten, die Entscheidung darüber, was subjektiv und was objektiv ist, wurde getroffen, *bevor* das Erkennen, das diese Entscheidung trifft, hinreichend bewusst wurde. Dieser Vorgang wird manchmal unberechtigterweise als ‚subjektiv' abgetan, weil er sich innerhalb der Sphäre des menschlichen Bewusstseins ereignet, die äußerlich nicht wahrnehmbar erscheinen kann.

Gerade die Beobachtung solcher Entscheidungsvorgänge war nun die Arbeit von Husserl. Und hier steht ein unendliches Aufgabenfeld auch vor uns: warum wir zum Beispiel einem Evidenzgefühl trauen – wie in der Mathematik –; die Kriterien, nach denen wir entscheiden, ob wir etwas für wahr halten; sowie weitere psychologische und geistige Elemente, die unsere Entscheidungen beeinflussen. Indem man diese Prozesse einfach nur „subjektiv" nannte, haben viele positivistische und neopositivistische Kritiker unserer Zeit den Blick dafür verschlossen, dass solche Beobachtungen der Phänomenologie ja zum Feld der Wirklichkeit dazugehören, insbesondere, wenn man über *Wirklichkeit* sprechen will.

Husserl aber verfolgte diese Fragen und fand einen Weg, die Aufmerksamkeit des unvoreingenommenen Bewusstseins zu einer höheren Warte zu führen – einer Bewusstseinsebene, die er, in der Sprache der Philosophie, „Transzendentale Subjektivität" nannte (einige seiner Schüler nennen es „absolutes Ich" oder „absolutes Ego"[304]). Dies ist eine *Bewusstseinsebene*, die wir dadurch erreichen, dass wir durch mehrere vorausgehende Ebenen „steigen", indem wir: 1. uns selbst als denkendes, fühlendes und wollendes Subjekt wissen; 2. unsere *intentionale* Bezugnahme auf Objekte (Gedanken, Emotionen, greifbare Gegenstände) erfahren, und verstehen, dass diese Aktivität des Uns-Beziehens ein *Verleihen von Sinn* ist; 3. dann dazu kommen, das *Zeuge-Sein* dieser Aktivität, sowie die *Anlage* für den Sinn zu erfahren, welcher 4. die Ebene oder Sphäre eröffnet, auf welcher Sinn erscheint, nämlich das Ich, welches uns schließlich 5. auf die Ebene führt, die oberhalb aller Urteile, wie „subjektiv-objektiv", liegt (weshalb sie *transzendentale Subjektivität* genannt wurde).

Hier erleben wir uns an der absoluten *Quelle*, in welcher Sinn letzlich urständet – vor jedem Anfang und nach jedem Ende.* Sobald wir in der Lage sind, diese Erfahrung miteinander zu teilen, haben wir einen gemeinsamen Bezugspunkt mit unseren Mitmenschen gefunden, selbst wenn wir diese Erfahrung bislang

---

304 Ricoeur, „Husserl und der Sinn der Geschichte", in *Husserl*, herausgegeben von Hermann Noack, ibid, S. 235.

* Denn im Sinne von Thomas, *De Veritate*, liegt ja, wenn man „Anfang" oder „Ende" *bezeichnet*, ein Verstehen vor, welches jenseits von Anfang und Ende ruhen muss.

mit unterschiedlichen Worten und Ausdrücken bezeichnet haben. Wir verstehen *oberhalb* der Worte, *oberhalb* der Sprache.

Jetzt müssen wir die Frage stellen: Können wir ein Beispiel anführen, wie die *transzendentale Subjektivität* in unserem Leben wirkt? Wir können dies z. B. unter den Elementen finden, die wirksam sind, wenn wir uns um Verständigung bemühen. Dies kann beobachtet werden, wenn wir mit anderen ein Gespräch führen. Wir können über dies oder jenes sprechen; wir können einander fragen, was wir meinen; und wir können versuchen, wirklich zu verstehen, warum der Andere so denkt, denken muss, wie er es tut, und wir können versuchen, den Punkt zu erreichen, wo wir sagen können: „Wenigstens weiß ich jetzt, warum Du in dieser Weise denkst."³⁰⁵ Doch auf dieser Ebene haben wir noch nicht einen *gemeinsamen* Boden.

Es gibt jedoch eine Ausnahme, wenn zwei odere mehrere Menschen sagen können: „Ja, ich verstehe, warum Du so denkst, wie Du es tust, *und* wir stimmen auch miteinander überein!" Wenn ein solches Einverständnis zwischen zwei oder mehreren stattfindet, kann die Grundlage eines neuen Einklangs entstehen.

In seinem Buch *Saving the Appearances*³⁰⁶ verweist der englische Philosoph Owen Barfield auf den Übergang vom ptolemäischen zum kopernikanischen System, dem klassischen Beispiel eines Paradigmenwechsels. Selbstverständlich wäre es möglich, ein ‚siriozentrisches', ‚andromedazentrisches' oder ‚saggitariozentrisches' System zu definieren – mathematisch gesehen, ist das überhaupt kein Problem –, doch so lange es nur wenige Menschen täten, würde es als eine subjektive, willkürliche Wahl abgetan. Wenn aber die wissenschaftliche Gemeinschaft sich zu einem gewissen Zeitpunkt auf eine neue astronomische Bestimmung einigen würde, dann hätten wir einen neuen gemeinsamen Nenner. Solches geschieht in einem *Dialog*.

Die Quelle des Sprechens

Hier muss man weitergehen und fragen: Was geschieht in einem Gespräch? Was beeinflusst einen Dialog? Denn in dem Vorgang des miteinander Sprechens folgt unser Urteil auch einem *Gefühl der Evidenz*. Wir können dies z. B. in unserem eigenen Erkenntnisprozess beobachten, wenn wir entweder reine Mathematik oder reine Naturbeobachtung betreiben und darauf achten, wie in der Evidenz des *Wie* Formen des Seins in Erscheinung treten; in beiden Fällen ist die

---

³⁰⁵ In unserer Zeit ist es geradezu ein Privileg, wenn das jemand nach einer Debatte sagen kann; ein „Privileg", weil solch ein Zugeständnis den Boden bereitet für friedliche Lösungen von Konflikten, und am Ende schließlich Einvernehmen.

³⁰⁶ Barfield, *Saving the Appearances*.

Ebene der *transzendentalen Subjektivität* spürbar, so deutlich, dass die bloss subjektive Perspektive rasch verblasst und verschwindet. Doch wenn ein *Dialog* stattfindet, könnte es notwendig sein, darauf aufmerksam zu werden, was unsere individuellen Beiträge zu den expliziten oder impliziten Entscheidungen beeinflusst, die wir in einer Gruppe treffen.

Gefühl der Evidenz
Es gibt ein Kriterium, das uns zu unterscheiden erlaubt, inwieweit solche Entscheidungen von der unterbewussten oder überbewussten Sphäre beeinflusst werden. Die Inspiration, die andeutet, dass ein bestimmtes Element *sinnvoll* sein könnte, kommt dann von der *überbewussten* Sphäre, wenn sie von demjenigen, der fragt, zurückverfolgt werden kann zu demjenigen, der spricht – dem Verfasser oder der Autorität des *Sprechenden*. In unserem Inneren finden wir die Autorität des Sprechenden bestätigt, wenn unsere Aufmerksamkeit fähig ist, in einem Zustand des fortwährenden Beginnens zu verbleiben: in einer improvisierenden, ständig neuerstehenden Bewegung – „immer wieder und wieder" –, denn unser Wollen (Wille) (wenn wir „das Ruder in der Hand halten") erlaubt dem Sprechenden, sich im *Wie* des Bewusstseins zu manifestieren.

Doch die Inspiration kann auch von der *unterbewussten* Ebene kommen; das geschieht, wenn unsere Entscheidungen zwanghaft sind oder mechanisch, halb oder gänzlich träumend, unterbewusst oder unbewusst entstehen. Wenn wir z. B. von einer kollektiven Gewohnheit oder einer persönlichen Schwäche veranlasst werden, in einer bestimmten Weise zu entscheiden, dann liegt die Quelle unserer Entscheidung in der unterbewussten Sphäre. Die Suche nach dem Ursprung der Inspiration, der Quelle, wo das individuelle Ich seine Intuition findet (und nachher artikuliert), erfordert ein sehr behutsames inneres Lauschen. Dies kann in einem *kontemplativen* Dialog oder Gespräch gepflegt werden, wo die Stille, die zwischen den Gesprächsbeiträgen lebt, mehr spricht als die Worte.[307]

Kosmos des Gesprächs
Die Frage entsteht: Wäre ein solches Paradigma Zeichen eines Fortschrittes? Hätte es Vorzüge gegenüber unserem bestehenden Paradigma? Vom Gesichtspunkt des Pragmatismus aus wären die Kriterien folgende: dass „eine Theorie

---

[307] Manche nennen dies gern ein „Gespräch im Goetheschen Sinne" mit Bezug auf eine Stelle in Goethes *Märchen von der grünen Schlange und der schönen Lilie*, wo folgender Dialog vorkommt:
„Was ist herrlicher als Gold?" – „Das Licht."
„Was ist erquicklicher als Licht?" – „Das Gespräch."
Goethe, *Unterhaltungen deutscher Ausgewanderten* – „Das Märchen", in *Sämtliche Werke* (Artemis Gedenkausgabe), Band 9, S. 374–375.

nur dann wesentlich ist, wenn es einen wirklichen Unterschied ausmacht, ob sie in der Welt angewandt wird; wenn sie in der Welt keinen Unterschied herbeiführt, ist sie unwesentlich."[308]

Wir sind zum Kern unseres Themas vorgedrungen, weil der Unterschied, den das Paradigma eines *Kosmos des Gesprächs* macht, weder messbar noch quantifizierbar ist. Die Entscheidung für oder gegen dieses Paradigma kann folglich nicht auf der Grundlage der Kriterien des vorhandenen Paradigmas basieren. Denn die Konsequenz daraus, gewahr zu werden, dass es unser *nicht gegebenes,* unser sinnverleihendes Potential ist, welches die *Wirklichkeit, in der wir leben,* konstituiert – wenn wir den Mut hätten, dies anzuerkennen – wäre, dass wir als menschliche Gemeinschaft in eine *Partnerschaft* mit der Natur eintreten würden; wir müssten uns auf einen anderen Lebensstil einlassen, der auf dem Prinzip der *Liebe* basieren und einer „Ökologie des Bewusstseins" entgegenführen würde. Wir würden dabei die Verantwortung annehmen müssen für die Art, wie wir denken, für die gegenseitige Abhängigkeit und Verbundenheit des gesamten *Organismus des Bewusstseins,* in dem wir leben, für die Art, wie wir mit unseren Kindern am Mittagstisch sprechen usw. Die Folgen wären ohne Grenzen.

Der Unterschied würde sich in einer menschlichen Gesellschaft auswirken, die nicht auf Egoismus basiert – z. B. in der wirtschaftlichen Sphäre, wo unser Konsum der natürlichen Ressourcen von Bequemlichkeit und Rentabilitätsgesichtspunkten motiviert ist. Die vorherrschenden Wirtschaftstheorien gründen auf der fragwürdigen Voraussetzung, dass das zentrale Agens aller wirtschaftlichen Aktivität des Menschen das Prinzip des Eigeninteresses sei. Die Alternative wäre eine Interaktion auf der Grundlage von *Kommunikation* oder *Gespräch.*

Doch „Gespräch" ist ein Kriterium, gegen das der Pragmatismus möglicherweise Einwände hätte, weil die Theorie nicht verifiziert werden kann mit Hilfe von analytischen, messbaren Methoden, die empirisch auf dem sinneswahrnehmlichen materiellen Pol der Wirklichkeit basieren. Doch der *Empirismus der ideellen Aktivität* der menschlichen Aufmerksamkeit ist noch nicht als zumindest ebenso gültig anerkannt worden. Dies ist der Grund warum die o. a. ‚Verifikationstheorie' nicht wirklich benutzt werden kann, um die Frage zu entscheiden, inwieweit unser Vorschlag unter den Voraussetzungen des Pragmatismus zu einem wesentlichen Unterschied führen würde oder nicht.

Dies hat der Schriftsteller Michael Ende in der Form eines Gleichnisses beschrieben. Eine der Hauptpersonen in seinem *Gauklermärchen,* eine Spinne (als eine Art hemmende Kraft) stellt dem Helden eine Frage über die *Liebe,* weil sie

---

[308] Dies ist der entscheidende Satz der Verifikationstheorie, wie sie z. B. von William James artikuliert wurde.

nicht versteht, was Liebe ist. Der Held der Geschichte, Prinz Joan, hatte der Spinne ein Rätsel aufgegeben:

> Denkt Euch zwei festverschloss'ne Schreine, ...
> Den Schlüssel zu dem zweiten birgt der eine
> Und den zum ersten wiederum der zweite.
> Und nun die Kunst, die Euch verborgen ist:
> Nicht durch Gewalt, Zerstörung oder List,
> Nur mit den Schlüsseln die im Innern liegen –
> Wie stellt man's an, die Schreine aufzukriegen?[309]

Die Schreine beziehen sich auf den Held und die Prinzessin, deren Herzen im Brustkorb schlagen; und nur durch Liebe können beide gleichzeitig geöffnet werden. Die Spinne kann, selbstverständlich, das Rätsel nicht lösen. Sie geht vorwärts und rückwärts, rückwärts und vorwärts – und webt ein Netz von Gedanken. Wenn ihr der Held schließlich die Antwort gibt, wird die Spinne wütend und fragt: „Was fang ich denn mit Liebe an? Kann ich sie wägen, zählen, messen?"

Es ist offensichtlich, dass die Vorzüge eines *Kosmos des Gesprächs*[310] weder gemessen noch gewogen werden können. Indes ermöglicht *Gespräch* etwas anderem, zu erscheinen – das ist *Sinn*, und die Quelle für immer *neuen* Sinn, und die *Gegenwart* dieser Quelle, die unser wirklichkeitsschaffendes Gespräch auf eine Ebene bringen kann, wo die *Wirklichkeit in der wir leben*, das Gewahrwerden sein könnte, dass die Quelle von Sinn ununterbrochen das Paradigma des immerwährenden „Jetzt" *setzt*.

Diese Idee eines Kosmos des Gesprächs bedeutet auch, dass wir unsere Welt nicht betrachten können als ein für alle Mal fertig gegeben, abgeschlossen oder determiniert. Ebensowenig erlaubt sie die Erklärung, dass das Leben und der Mensch auf der Erde bloss ein kosmischer Zufall sein könnten. Denn wenn wir uns begegnen, etwa in einer Arbeitsgruppe, um das auszutauschen und miteinander zu teilen, was wir als wesentlich für unser Leben betrachten, können wir nicht sagen, dass die Konstellation dieser Begegnung *determiniert* war, noch ehe sie stattfand. Keine äußere Kraft zwang uns dazu; wir fassten selbst den Entschluss, daran teilzunehmen. Auch ist es nicht möglich, zu sagen, dass wir uns rein *zufällig* versammelten; denn jeder von uns traf eine freie Entscheidung, dass es vielleicht fruchtbar sein könnte, miteinander zu arbeiten. Dies würde bedeu-

---

[309] Michael Ende, *Das Gauklermärchen* S. 91.
[310] Der Ausdruck wird von Georg Kühlewind benutzt.

ten, dass das formende Element, das unseren Aktivitäten auf der Erde Gestalt und Sinn gibt, die Kraft des Logos wäre – weder determiniert, noch zufällig – ein Kosmos von Sinn, bewohnt und beseelt von geistiger Seinsheit.

In Verbindung mit der Paradigma-Frage postuliert Kühlewind, dass das einzig *wirklich* neue Paradigma wäre, die *Ebene* des Bewusstseins zu finden, wo *jedes bekannte* Paradigma seinen Ursprung hat.

Es gibt heute viele Menschen die sehr ernsthaft nach den Grundlagen eines Paradigmas suchen, das eine gesündere, ganzheitlichere Gesellschaft für die Zukunft der Welt tragen könnte. Bis jetzt sind einige z.T. untaugliche Modelle angeboten worden.[311] Solche Modelle könnten tatsächlich das *nächste* Paradigma werden, doch es ist eine Frage, ob dieses Paradigma wieder nur ein weiteres Experiment wäre, wie manche der Weltanschauungen des vergangenen Jahrhunderts.

Man könnte Kühlewinds Postulat jedoch als Hoffnung auffassen, dass die faktische Ebene des Bewusstseins identifiziert werden würde, wo alle *gewordenen* Wirklichkeitsmodelle ihren Niederschlag fanden.

Das Herz der Materie

Im menschlichen Bewusstsein ist die genannte Ebene das *Überbewusstsein*, oberhalb der Ebene des Alltagsbewusstseins. Es ist die Sphäre, die dem menschlichen Bewusstsein die Fähigkeit zu sprechen und zu verstehen, die Fähigkeit zu lesen und zu schreiben gibt. Es ist die *Wortnatur* oder *Logosnatur,* dasjenige welches das Wesentliche im Menschen ausmacht – die Fähigkeit, einen sinneswahrnehmlich oder ideell gegebenen Gegenstand aufzugreifen und als die *äußere Schale* eines *inneren Sinns* zu behandeln. Der innere Sinn ist nicht gegeben. Er muss vom Ich, das Fragen stellen und *staunen* kann, gefunden werden. Diese Fähigkeit des *Staunens* und *Wunderns* – mit der gleichzeitigen Frage: „Ist dies wesentlich?", indem sie zu sich selbst spricht: „Es könnte dies, es könnte auch jenes sein" – dieser innere Dialog ist bereits das *Sprechen;* er ist die Antwort, er ist das, was der Schale Sinn *verleiht*.

Wenn wir konsequent *induktiv* vorgehen, wie wir es in der Empirie des Bewusstseins könnten, dann haben wir abzuwarten und zu sehen, ob die Begriffe ‚Worthaftigkeit', ‚Wortnatur' oder ‚Logosnatur' uns tatsächlich zum *Logos* führen

---

311 Umberto Maturana und Francisco Varela schlagen z.B. vor, das Denken als einen Prozess des Lebens aufzufassen, und dass daher der Prozess der lebenden Systeme Denken ist. Folgt man ihrem Vorschlag bis zur letzten Konsequenz, müsste man zum Schluss kommen, dass unser Denken ein Ergebnis der Systeme unseres Gehirns wäre, und dass *diese* letztere Einsicht auch „verursacht" wäre, und zwar durch eine bio-chemische Reaktion!? „Ich weiß nicht, ob ich wünsche, bloss ein System innerhalb eines Systems zu sein", fragt der Dichter-Journalist in Fritjof Capras Film *Mind-Walk* am Ende eines langen Gesprächs.

– zum Wort, das im Anfang war, im Sinne der Aussage des Evangelisten Johannes. Wir können nicht vorgehen wie Teilhard de Chardin in seinem Buch *Le Cœur de la Matière*[312], wo er *deduktiv* von der Intuition ausgeht, die besagt, dass *diese* Kraft das *Herz* der Materie ist, das *der* Anfang das Herz, oder der Kern dessen ist, was wir am Ende finden könnten in den Manifestationen, die wir materiell nennen. In der jetzigen Phase der Welt ist es schwer, durch die Philosophie einen solchen Anspruch zu stellen. Man muss Schritte machen, abwarten und sehen, ob es sich auf diese Weise offenbart.

Wesen des Lichts
Wenn man durch die Philosophie in diesem Bereich forscht, ist das Medium *gegeben*, nämlich die geistige Aktivität, die es uns erlaubt, Beobachtungen der Natur des Geistes zu machen. Und nur der Geist des Forschenden kann den entsprechenden Einlass bereitstellen.

Steiner weist auf die geistige Aktivität hin, welche die empirische und die ideelle Sphäre *verbindet*. Er nennt sie auch *Denken.*[313] Man kann dabei feststellen, dass Steiner zwischen Gedanken und Denken unterscheidet, zwischen fertigem Produkt und der geistigen Aktivität. Diese *geistige Aktivität* kann, ehe sie zum Gedanken wird, auch zum Gegenstand der Beobachtung gemacht werden – selbstverständlich mit der Hilfe von und auf der Grundlage der „Substanz' der geistigen Aktivität selbst, dargeboten von einem Ich, das bezeugt und begleitet.

Und in diesem *Tun* wird die „Lücke" zwischen dem *Nicht Gegebenen* und dem *Gegebenen* überbrückt, weil das Nicht Gegebene in der Tat *mein* Akt ist, mein wollender Akt, einem *gegebenen Phänomen* Aufmerksamkeit zu *geben*. Ohne meinen bewussten, wollenden Beitrag könnte dieser Akt gar nicht entstehen. In diesem Sinne ist er *nicht gegeben.*

Doch nur die *Anlage* dieser Fähigkeit zur Aufmerksamkeit ist *gegeben*, der Keim, dass ich dies zu tun vermag, selbst dass ich die Frage stellen kann: „Was ist das?", selbst dass ich wissen kann wo hinzublicken – dies bedeutet, dass ich bereits mit dem *Potential* begabt bin, zu verstehen, dass in der Quelle dieser geistigen Aktivität etwas Bedeutsames vorliegen könnte. Einige der östlichen Philosophien deuten auch auf dieses ‚gegebene' Phänomen einer *geistigen Aktivität*. Sie nennen es manchmal „vibration" (Schwingung).[314] Die Schwierigkeit, die dem Leser hier

---

312 Teilhard de Chardin, *Le Cœur de la Matière (Das Herz der Materie).*

313 Schwarzkopf, *Dialogues of Mind and Spirit.*

314 Satprem und die Aurobindo-Schule verwendet sie. Deepak Chopra, der sich streckenweise an der Tradition des Maharishi orientiert hat, spricht manchmal von dem „Ur-Laut" als dem Selbst im „Gespräch" mit seiner innersten Quelle, dem höheren Selbst.

anfänglich erwächst, ist selbstverständlich, dass man geneigt ist, zu denken, dass es sich hier um eine der Physik entliehene Vorstellung handelt. Doch wenn man z.B. die Beschreibungen in den Tagebüchern der „Mutter" von Sri Aurobindos Ashram betrachtet, sieht man, dass sie diese Vibration als *Liebe* beschreibt, einen *kosmischen Strom von Licht*.[315] Dies könnte vergleichbar sein der Erfahrung, die der Prolog des Johannesevangeliums (1.4) beschreibt:

In Ihm [dem Logos] war Leben, und das Leben war das Licht der Menschen.

Die Quelle ist uns *zugänglich*, mit anderen Worten „gegeben", und es ist uns möglich, uns ihr zu nähern, ihr Licht „sinnvoll" anzuwenden oder „weiter-zu-leiten." Wenn wir unsere eigene (nicht gegebene) Aufmerksamkeit auf sie (das gegebene Licht) lenken, dann begegnen sich Anfang und Vollendung – Alpha und Omega.[316] Dieser Akt ist *nicht* gegeben. Dies kann in dem Symbol des *Uroboros* veranschaulicht werden, der Schlange, die ihr eigenes Ende hält. Man findet es auch in dem meditativen Satz von Meister Eckhart, das bereits oben zitiert wurde:

Das Auge, mit dem ich Gott sehe, ist dasselbe Auge, mit dem mich Gott sieht: Mein Auge und Gottes Auge ist ein Auge und ein Sehen und ein Erkennen und ein Lieben.[317]

Heranwachsen
Vielleicht gelänge die empirische Annäherung, diesen Weg durch Ideen und Begriffe – statt durch Vorstellungen – zu beschreiben, in einer solchen Weise, dass ein Gesprächspartner tatsächlich die innere *Erfahrung* herstellen könnte in dem Prozess, solche Ideen und Begriffe zur inneren Wirklichkeit zu machen. Statt z.B. bloß mit Worten zu hantieren – wo wir, je nach unserem eigenen kulturell-spirituellen Hintergrund, Worte wie „Christus", „Logos", „Gottes Wort", „Brahma", „Buddhanatur" oder Ausdrücke verwenden, für welche unser Gesprächspartner keine entsprechende Erfahrung hat (wiederum ist dem Anderen eine „Etikette" gegeben, und er weiß nicht, was hinter der Etikette steht) –, wäre ein Weg denkbar, wo wir einander im Gespräch zu der Perspektive führen könnten, von wo aus wir *schauen*. Dann könnte man sagen: „Dies ist, was ich sehe, und jenes ist, was ich *Ich* nenne." Und der Andere könnte erwidern: „Dies ist, was ich

---

[315] Satprem, in *The Mind of the Cells*, ibid., S. 24, 58–59, 102.
[316] Siehe auch Steiner, „Der Gott des Alpha und der Gott des Omega", Vortrag gehalten in Berlin 25. Mai 1909, in GA 109/111, S. 125.
[317] Vgl. S. 168, Anm. 245.

Nicht-Ich nenne." Und dann könnte man sagen: „Gut, mir ist es gleich, wie Du es nennst. Das Entscheidende ist, dass wir die *Erfahrung* miteinander teilen können."

Der Versuch würde auch bezwecken, den Nominalismus hinsichtlich höchster Namen zu überwinden und die innere Erfahrung gemeinsam an einen Ort zu führen, wo die Wirklichkeit bezeugt werden kann, an die diese Namen die Menschheit früher hinführten: eine Erfahrung *jenseits der Worte*. Dies würde nicht gegen das Gebot „Dein Name werde geheiligt" verstoßen, wenn der Name als ein *Weisen* auf die Tür aufgefasst wird, durch welche wir in die geistige Welt hineintreten möchten, genannt „Himmel" in der Sprache der Testamente. Selbstverständlich würde der Versuch einer Gesellschaft, diese Worte zu beseitigen, dem Bestreben gleichkommen, eine Betondecke oder undurchdringliche Wand zwischen uns und den Himmeln zu errichten. Dies ist aber glücklicherweise unmöglich, weil *jeder* fragen kann: „Was ist *oberhalb* dieser Decke oder *jenseits* dieser Wand?" Dann ist die Frage die neue Tür.

Ob wir, um jetzt einen weiteren Schritt zu machen, nun den Wunsch hätten, es *Ich* oder *Nicht-ich* zu nennen, so ist das, was wir erfahren können, eindeutig ein Steigen auf der Leiter, dem inneren *Zeugen* und der Quelle des Wortes entgegen, wo das Alltags-Ich unerheblich wird, weil das, was *sieht*, sich als unabhängig erzeigt von der subjektiven Position der normalen alltäglichen Persönlichkeit (z. B. des Philosophen oder des Mathematikers). Derjenige, der eine solche Meditation vollzieht, kann nichtsdestoweniger die Erfahrung oder das Erfahrene auch in begrifflich-ideeller Form *beschreiben* und in Worten *strukturieren* und dabei möglicherweise die geeignetesten Worte finden, um die Erfahrung zu beschreiben, je nach Gesprächspartner. Wenn man über eine *Erfahrung* spricht, dann muss jemand anwesend gewesen sein, der *sah*.[318] Und wenn derjenige, der sah und anwesend war, danach sagt: „*Ich* existiere nicht, verstehst Du," entsteht eine paradoxe – aufweckende – Aussage. Denn der Zuhörer, falls er diese Aussage versteht, muss *sein*, um in die Lage zu kommen, überhaupt etwas zu verstehen.

Hier könnte der Begriff der *Metamorphose*[319] uns eine Antwort geben, die eine Möglichkeit des Einvernehmens anbietet. Es könnte tatsächlich die Möglichkeit

---

318 Der beschriebene Zustand der geistigen Erfahrung in ungeteilter Kommunion ist *nicht* ein Zustand der Auflösung, sondern der Hingabe: *selbstlos*, aber nicht *ichlos*. Das bedeutet, dass derjenige, der *sieht*, nicht an einem Spiegelbild klebt, mit dem das selbstsuchende Ego sich so gern identifiziert, indem es das Spiegelbild fälschlicherweise als sein „wirkliches Selbst" auffasst (erkennbar durch seinen Vergangenheitscharakter). Denn die Aktualität des *Sehens* ist die Manifestation der geistigen Substanz des Ich aus der Quelle der ewigen lebenden Gegenwart. Derjenige, der sieht, manifestiert sein Wesen – immer „*neu-seiend*" – in der Kontinuität des *Sehens*.

319 Schwarzkopf, *The Metamorphosis of the Given*, Dissertation 1992.

geben, dass wir im Innern des Menschen eine angeborene Anlage zur Verwandlung des Bewusstseins (und im Miteinander als gemeinsames Bewusstsein der Menschheit) haben, so dass wir tatsächlich fähig sein könnten, einen Prozess des Heranwachsens von der Kindheit zur Reife durchzumachen. Man findet diesen Vorgang auch angelegt in den Texten des Evangelisten Johannes.[320] Man könnte zu der Erfahrung geführt werden, dass dieser ‚Ort' – den wir bereits charakterisiert haben und über welchen wir sagten, „gut, Du magst ihn Ich nennen, oder Du magst ihn genau so gut Nicht-Ich nennen" (falls Du damit „keine Trennung von Ichheit und Anderheit" meinst) – eine Verwandlung durchmacht.

Während wir von diesem Ort sprechen, ist jeder von uns in seiner eigenen Weise fähig zu empfinden, wovon wir sprechen. Demgemäß haben wir teil an einem gemeinsamen Sinn. Ob wir uns einig sind oder nicht, ist hier noch nicht die Frage, denn wir befinden uns – wenn wir miteinander *sprechen* – schon in einer rein geistig-ideellen Sphäre, wo wir uns mit unseren Kräften der Aufmerksamkeit, unserem inneren Blick *begegnen*. Wir können diese Sphäre als ein unser „individuelles" Bewusstsein zunehmend Umfassenderes, Übergreifendes, charakterisieren. In dieser Weise könnte etwas leben, das man das *Ich* einer *Gemeinschaft* nennen könnte. Würde man diese Möglichkeit noch erweitern, könnte man zum Begriff eines *Ich der Menschheit* kommen. Hier ist die geistige Grundlage, die wir „berühren", wenn wir von *Sinn* sprechen.

Dieser Prozess kann als ein „Heranwachsen" angesehen werden, wo derjenige, der die Aufmerksamkeit an die Quelle seiner Aufmerksamkeitskräfte lenkt, ins Licht hineinschaut und zu diesem Licht sagt: „Du *bist*. Es gibt keinen Zweifel. Doch gleichzeitig gibt es keinen Zweifel, dass ich *Zeuge* bin, dass Du bist." Und mit diesem Schritt geschieht etwas Ehrfurcht Erweckendes, Wunderbares, weil es als eine Emanzipation, ein Aufwachsen des Menschen angesehen werden kann: Er ist jetzt nicht mehr so sehr ein *Produkt* der Schöpfung, sondern wird zum *Partner* des Gesprächs der Schöpfung.

Hier beginnt die schwierige Aufgabe, das Gleichgewicht zu halten zwischen *Anmaßung (arrogance)* einerseits und *falscher Demut* und *Verleugnung (denial)* andererseits. „Anmaßung" wäre der Anspruch, dass man das Wort „vertreten" könne, „allein" sozusagen „besitzen" könne. „*Falsche* Demut" wäre die *Verleugnung* des Wortes (indem man das Wort gebraucht, um die Wirklichkeit des Wortes zu verleugnen: die „Sünde gegen den Heiligen Geist"); dies wäre eine Verweigerung der Möglichkeit, in die Verantwortung hineinzuwachsen – wie ein Sohn heranwachsen muss, wenn er ein Erbe empfängt, wenn er von der Kindheit zur „Sohn-

---

[320] Siehe auch: Kühlewind, „Liebe und Furcht", übersetzt ins Englische und herausgegeben von F. Schwarzkopf in der Essaysammlung *Feeling Knowing*.

heit" reift (ob wir es wünschen oder nicht, unsere Eltern werden ihr Erbe hinterlassen, spätestens wenn sie sterben, und sie überlassen es unserer Verantwortung, wie wir unser Leben gestalten). *„Angemessene* Demut" hingegen entspringt aus dem Erlebnis des *Wunderbaren* in der Begegnung mit dem Licht, dem richtigen Gefühl für Proportion: des Heranwachsenden zu demjenigen, was sich ihm öffnen kann.

Für den Menschen bedeutet dies, dass seine Fähigkeit der *freien Aufmerksamkeit* ihm die Möglichkeit gibt, in Richtung der Quelle der Aufmerksamkeit, der geistigen Aktivität zu schauen. Dieser spontane Blick ist an sich ein *neuer* Anfang. Solcher Anfang hat keine „Ursache", die das Schauen durch eine Art von Kraft oder Kausalkette von Ereignissen sozusagen „zwingend" *bewirken* müsste, sondern ist eine ursprüngliche Geburt aus dem Selbst innerhalb des Ich. Die *letzte* Manifestation der Schöpfung, der Mensch, hat am Ende die Möglichkeit auf den *Anfang* zu schauen, der ihn schuf. Dieses Wenden der Aufmerksamkeit zu ihrer Quelle ist selbst Manifestation eines *neuen* Anfangs. Und jeder Anfang ist ein *Sprechen* („Worten").

Wir entdecken unsere Möglichkeit, unsere keimhafte Anlage. Wir *müssen* nicht weiter sinken und unser Erbe verlieren wie die „gefallenen Engel", die ihre eigene *arché*,[321] ihre spezifische, ursprüngliche Anlage zum Anfang nicht pflegten. Der Verlust dieser Arché wurde die Ursache ihres Sturzes. Ursprünglich waren sie nicht dazu bestimmt, *gefallene*, sondern wahrhaftige Engel zu sein.

Wenn wir entdecken, dass wir mit dieser Gabe beschenkt sind – die Anlage zum spontanen Anfang – haben wir uns selbst zu fragen, was uns dieses Phänomen *bedeutet*. Die Antwort, die wir geben, ist unser *Sprechen*; unsere „Erwiderung" an die schöpferischen Kräfte, die uns dies Erbe hinterlassen haben. Mit dieser Fähigkeit zu antworten entsteht unsere Verantwortlichkeit.

Fußspuren des Logos
Hier können wir einen Prozess beobachten, Wellenmuster einer Evolution des Bewusstseins, das sich durch Kulturen und Zivilisationen im Laufe der Zeiten um den Planeten legt. Diese Kulturen, Zivilisationen und Religionen existieren jetzt gleichzeitig nebeneinander. Wir können sie mit verschiedenen Stadien der Jugend und des reiferen Alters vergleichen, die gleichzeitig existieren. Es wäre aber verkehrt, diese Metapher als eine *Wertung* aufzufassen. Richtig verstanden, ist ein Mensch immer ein Mensch, ob Kind, Jugendlicher, Erwachsener oder Greis.

---

[321] Arché, *griechisch*, bedeutet „Anfang", „Autonomie", „Autorität". Siehe auch Judas Brief 6 f. (nicht Judas Ischariot, sondern der anderer Apostel namens Judas).

Die Grundeinstellungen der verschiedenen Religionen sind Teilwahrheiten, die *eine* Wahrheit, von verschiedenen Standpunkten aus betrachtet. So wie man beim Besteigen eines Berges von verschiedenen Höhen verschiedene Ansichten der Umgebung erhält und erst, wenn man auf dem Gipfel angekommen ist, eine Überschau über die ganze Umgebung erlangt, ebenso erlangt man nur die ganze Wahrheit, wenn man die Spitze der geistigen Entwicklung erreicht hat. Die exoterischen Religionen geben nur einen Teil der Wahrheit, soweit das menschliche Gehirn sie erfassen kann. Das Esoterische der großen Weltreligionen, auch das des Christentums, geben einen der Wege an, um die Spitze der Wahrheit zu erreichen. Die christliche Lehre ist niemals anders gemeint, denn als Impuls, der zukünftigen Entwicklung der Menschheit zu dienen. In den ersten Jahrhunderten des Christentums wurde als esoterische Lehre gegeben, was in den älteren Religionen und philosophischen Systemen bereits exoterisch geworden war. … Die christlichen Mysterien dienten hauptsächlich zur Entwicklung des inneren Gefühlslebens, während die alten Mysterien hauptsächlich auf der Entwicklung von Erkenntnis und Weisheit beruhten."[322]

Hier gibt es keinen Widerspruch in der Tatsache, dass Gesellschaften, religiöse Bekenntnisse und philosophische Positionen vorhanden sind, die gegensätzliche Ansichten vertreten, weil es möglich ist, sie in dem Begriff der *Metamorphose* zu integrieren. Die *Metamorphose* ereignet sich in dem Moment, wenn die *nicht gegebene* Aufmerksamkeit sich selbst auf ihre eigene *Anlage* lenkt: ihr Potential, auf ihren eigenen *Ursprung* zu schauen. Denn das Potential verwandelt sich von einem *gegebenen* „Was" zu einem neuen „Wie": „Wie" wirst du auf diesem Grat gehen?

Dies stellt in gewisser Weise eine Parallele dar zu der Anlage, die im Neuen Testament angedeutet ist. Es ist nicht ein Gegebenes, sondern es kann sich nur ereignen, falls und wenn es *aktualisiert* wird.

Fichte war mit seinem Postulat sehr radikal, dass das Ich sich selbst *setzen* muss:

Nichts kommt dem Ich zu, als das, was es in sich setzt[323] [...] *bis wir bei dem höchsten theoretischen Faktum ankommen; bei demjenigen, durch welches das Ich (mit Bewusstsein) sich setzt, als bestimmt durch das Nicht-Ich.*[324]

---

[322] Steiner, Vortrag gehalten in Amsterdam, 7. März 1908, in *Beiträge zur Rudolf Steiners Gesamtausgabe,* (Dornach, Schweiz: Rudolf Steiner Nachlassverwaltung), Bd. 60, Weihnachten 1977, S. 18.

[323] Fichte verwendet hier *Setzen* als ein Synonym für das griechische Verbum tithemi (Thesis), das eine Anzahl Bedeutungen haben kann: „Setzen", „Stellen", „Legen", „Plazieren", „Errichten", „Arrangieren", „Bestimmen", „Ordnen", „Erstellen", „Identifizieren" etc.

[324] Fichte, *Grundriss des Eigentümlichen der Wissenschaftslehre,* 1795, § 1, S. 4.

Steiner ergänzt Fichtes Ausrichtung mit der Aussage, dass das Ich entdecken und erfahren muss, dass seine wesenhafte Natur das Erkennen ist, welches bedeutet, dass es zum ‚Setzen' und damit auch zum Sinngeben veranlagt ist.

> Überall finden wir, das sein [Fichtes] Gedankengang sofort Hand und Fuß gewinnt, wenn wir die bei ihm ganz graue, leere Tätigkeit des Ich erfüllt und geregelt denken von dem, was wir Erkenntnisprozess genannt haben.[325]

Mit anderen Worten ist das Ich, so lange es sich als Gegebenes setzt, bloss dogmatisch. So lange es seine setzende Aktivität als ein Postulat auffasst, verbleibt es idealistisch. Das Ich ist eine Wirklichkeit nur in der *Tätigkeit* des Sinngebens, des „Schauenden Identifizierens" seines *eigenen Wesens;* dies bedeutet, in einem bewusst setzenden Bezug innerhalb der Ich-Bin Erfahrung zu stehen.

Doch nicht nur dies: das, was mit Inhalt und Sinn durchdrungen ist, das *Denken*, muss ebenso beobachtet und erfahren werden:

> Das Ich kann ja zu gar keiner wirklichen, gegründeten Entscheidung und Bestimmung kommen, wenn es nicht etwas voraussetzt, welches ihm zu einer solchen verhilft. Alle Bestimmung vom Ich aus bliebe leer und inhaltlos, wenn das Ich nicht etwas Inhaltsvolles, durch und durch Bestimmtes findet, was ihm die Bestimmung des Gegebenen möglich macht und damit auch zwischen Idealismus und Dogmatismus die Wahl treffen läßt. Dieses durch und durch *Inhaltsvolle* ist aber die Welt des *Denkens*.[326]

Vielleicht kann dieser Akt nur stattfinden, falls und wann wir empfinden, dass wir stark genug sind, zu wagen (und dann ist es nicht mehr ein „Wagnis", denn es ereignet sich wie eine Reihe von Fragen: „Bist Du bereit? Bist Du vorbereitet? Bist du gewillt …?"), die Tür zu öffnen und sagen: „Ja, zumindest bin Ich bereit, auf den Umstand zu schauen, dass ich vielleicht hinaufwachsen sollte zu der Stufe, wo ich mit Dir, Quelle, zusammen sein würde, in einer selbstgewahrenden Gegenwart."

Ich und Nicht-Ich
Die Erfahrung von der Veranlagung zu dieser Fähigkeit führt uns zur Wahrnehmung, dass diese Quelle *universal* ist. Das Ich kann den *Logos* erfahren, der uns ermöglicht, Sinn zu geben.

---

[325] Steiner, „Erkenntnistheorie ohne Voraussetzungen und Fichtes Wissenschaftslehre," Kapitel. 6 in *Wahrheit und Wissenschaft*, GA 3, S. 79).
[326] Ibid.

Aus dieser Perspektive ergibt sich, dass man richtiger sagen müsste, dass das Ich diese Einsicht nicht „gemacht" hat, sondern dass sie „gegeben" ist, also „Nicht-Ich". Im Akt des Erschauens dieses Phänomens kann das Ich eine Geste machen, wodurch es seinen „eigenen" Willen der Natur dieser Quelle zueignet. Dann sagt es: „Nicht ich, sondern der Logos in mir."[327]

Mit anderen Worten: wenn die Erfahrung des „Nicht-Ich" in diesem Sinne aufgefasst wird, würde sie dem sinngebenden intuitiven Akt entsprechen, der feststellt: „Ich bin", nämlich, dass der Sehende/Schauende die Aktivität, die diesen Sinn schuf, erfährt, doch ohne fälschlicherweise diese Aktivität mit dem Alltags-Ich zu identifizieren, das gelernt hat, die Voraussetzungen dieser erkennenden Einsicht vorzubereiten.

So wäre dieser hohe Seinszustand – das scheinbar widersprüchliche höchste Ideal des Christentums – in Verständigung mit dem Buddhismus. In der Versöhnung des im Paradox von „Ich und Nicht-Ich" inhärenten Widerspruchs integrieren wir seine Wirklichkeit in unserer Erfahrung des Verstehens. So erfährt das Ich die *universelle* Natur der Logos-Quelle.

Wir sehen in uns eine schlechthin absolute Kraft zum Dasein kommen, eine Kraft, die universell ist, aber wir lernen sie nicht bei ihrem Ausströmen aus dem Zentrum der Welt kennen, sondern in einem Punkte der Peripherie. Wäre das erstere der Fall, dann wüssten wir in dem Augenblicke, in dem wir zum Bewusstsein kommen, das ganze Welträtsel.[328]

Kritiker dieser Gedankengänge könnten argumentieren, dass es genau diese entstandene Unabhängigkeit der menschlichen Kräfte der Aufmerksamkeit gewesen ist, welche die Menschheit und die Erde in die bedauerliche Lage der Gegenwart hineingeführt hat. Das ist möglich. Doch wir müssen die Geschichte des Falls (oder der Metapher – je nachdem, wie wir dieses Bild interpretieren) als einen gegebenen Ausgangspunkt der Menschheit nehmen – lange vor der Entwicklung der griechischen Philosophie und der Entdeckung des Gedankens. Das Bild des Falls drückt die Einstülpung jener Kräfte aus, die in ihrer ursprünglichen Anlage geeignet waren, die Natur in einem Akt der geistigen Kommunion zu schauen: verstehend, dass die Grundlage aller Manifestationen der Natur es möglich machte, dass ein Wesen auf der Erde erscheinen konnte, das

---

[327] Doch das Ich, das fähig war, seinen Willen zu dem Logos (d.h. dem Ursprungswort) umzukehren, wurde in der christlichen Tradition *Christus* genannt. Mit diesem Verstehen wird die Aussage des Paulus – „Nicht ich lebe, sondern der Christus lebt in mir." [Gal. 2.20] – sinnvoll. Mit anderen Worten, „in mir lebt das Ich, das seinen ‚eigenen' Willen zu der universalen Quelle des Logos umkehrt."

[328] Steiner, „Das Erkennen der Welt," Kapitel. 5 in *Die Philosophie der Freiheit*, GA 4, S. 91.

mit der Möglichkeit betraut ist, den *inneren* Aspekt aller dieser Manifestationen zu kennen, nämlich der Geist, der nur innerhalb des Bewusstseins erscheinen kann – z. B. im Geist eines Menschen. Die Kräfte des Fühlens und Denkens begannen sich selbst zu dienen, wurden selbst-fühlend und selbst-bezogen (self-indulging) statt selbstlos, erkennend und „lesend" zu dienen. Anstelle einer geistigen Kommunion mit dem Logos, der auch durch die Natur erscheint, durch die äußere Materie, welche diesem Logos ermöglicht, sinneswahrnehmlich zu werden, wurde diese Materie zunehmend zur *Befriedigung* des Menschen und am Ende ausschließlich zu selbstdienenden Zwecken verwendet.

Doch jetzt haben wir keine andere Wahl, als diese erkennenden Fähigkeiten einer *lesenden adaequatio* (Angleichung) zu widmen, in bewusst liebender Hingabe an das geerbte „Buch der Natur". Dies könnte zu der Einsicht führen: „Ich bin ‚das'," d. h. dieses „Buch" der Natur, das bedeutet mich selbst. Nicht nur „bedeutet" es mich, sondern ich *bin* es in der Einsheit und Ungeteiltheit des Logos, der diese *Einsicht*, diese Erkenntnis und diesen Erkenntnis*akt* ermöglicht.

Dies ist die wahrhafte *metanoia*, die *Umkehr*, oder, in der Sprache der Übersetzer der Texte des Alten und Neuen Testaments, die *Sinnesänderung* (bereuen). Es ist nun ein demutsvoller Akt der „Rückkehr", mit der Geste einer „Umkehrung des Willens" in der Geste der Angleichung an das *Buch* der Natur, das uns einlädt, seine Geschichte zu *lesen*.

Die Rückkehr kann möglich werden durch die Einsicht in die *Universalität* des Logos, die Einsicht, dass der Logos eine geistige Wirklichkeit ist, welche ich, wenn ich sie in ihrem Gegebensein erschaue und erfahre, als ein Nicht-Ich anerkennen muss. Das Verstehen, inwiefern „Ich" eigentlich „Nicht-Ich" ist, ist die Fähigkeit der Einsicht, die Fähigkeit der Angleichung, die uns das Vertrauen gibt, dass durch Umkehrung des Willens der Logos auch durch uns auf der Erde wirken kann, individualisiert in einem irdischen Leib, als „Adam", „irdischer Mensch".[329]

So kann die Vielfalt der Individualisationen zu einer höheren Einheit zurückführen. Doch jetzt wäre diese Vereinigung *bewusst* erfahren – weder als eine undifferenzierte Einheit, noch in der Form gesonderter Individualität, sondern als unterscheidbare „Vielfalt-in-Einheit."

Natur der Wirklichkeit
Die selbstgewahrende Gegenwart bedeutet nicht und sollte nicht bedeuten, dass man sich vom Ganzen abtrennt. Das würde einer *Hypertrophie* der in der abendländischen Philosophie und Religion veranlagten Möglichkeiten gleichkommen,

---

[329] Die wörtliche Übersetzung des hebräischen Wortes *Adam* ist „irdischer Mensch".

wo das Ich sich wahrhaftig zum monströsen Ego verwandeln kann. Dies kann mit dem Individualitätsimpuls geschehen, wenn er seine Integration in die Ganzheit verliert. Doch die *Fähigkeit, das Ich in die Ganzheit zu integrieren, ist Logos-Kraft*, ist eine sinngebende *Strukturierung*, und damit vereinigt es sich in einer liebenden Geste erneut mit der Ganzheit.

Dies führt zu dem *„Ich einer Gemeinschaft im Gespräch"*: Die Ganzheit ist zwischen jenen Mitgliedern der Gemeinschaft, die dieses Gefühl zu berühren versuchen, diese Art des *Wirklichkeitsgefühls*. Und dort berühren sie vielleicht das, was „*Natur der Wirklichkeit*" genannt werden könnte, oder was von Bodhidharma „die Kontemplation der Buddhanatur" genannt wurde[330], das Gefühl für den Raum (ob wir es *Natur der Wirklichkeit* oder *Logosnatur nennen*, das ist letzten Endes nicht die entscheidende Frage). Der Aspekt, der uns am meisten bewegt, ist, dass wir uns hierüber austauschen und verständigen können, und dass wir sagen können: „Ja, da ist *etwas*, das wir nicht ignorieren können."

Wenn wir diese Idee in der gleichen Weise anschauen, wie es Goethe in seiner *Metamorphose der Pflanzen* beschreibt – jedes Blatt ist ein „Schritt" der Metamorphose eines organischen Wesens – können wir die im Laufe der Zeit artikulierten Weltanschauungen und religiösen Philosophien als Schritte einer ‚Seinsheit' betrachten, die Entwicklung und Veränderungen als Spuren hinterlässt. In der Pflanze nannte Goethe dieses metamorphotische Element „Blatt"; er nannte es „Urpflanze".

Jetzt können wir uns fragen: Was ist es, das in diesen verschiedenen Manifestationen der Orientierung, der Koordinaten eine ständige Metamorphose durchmacht? Wir verzichten dann auf eine Position, wo wir den Dualismus des Geist-Materie-Gegensatzes behandeln als etwas *für immer* in einer bestimmten Form Gegebenes. Jetzt können wir die Möglichkeit in Betracht ziehen, dass dieser Zustand nicht endgültig ist, sondern Stufe eines unendlichen Prozesses. Dies bedeutet nicht, dass eine Kultur mehr fortgeschritten ist als eine andere. Wir können lediglich beobachten, dass verschiedene Kulturen im Laufe der Zeit erscheinen. Und ebenso, wie wir nicht sagen können, dass die grünen Blätter der Sonnenblume „hinter" der Blüte zurücktreten – weil sie als weniger strahlend als die vollkommene Blüte angesehen werden, obwohl sie an der Pflanze früher erscheinen als die Blüte, die in der sinneswahrnehmlichen Sphäre „später" *erscheint* – können wir nicht sagen, dass frühere Kulturen „hinter" späteren zurückbleiben. Die Chlorophyllprozesse der grünen Blätter ernähren eine Pflanze so lange, bis sie in der Lage ist, eine Blüte hervorzubringen. Im übertragenen Sinne verhält es sich auch so im Falle des Alten und des Neuen Testaments. Bedenkt man dies,

---

[330] *The Zen Teachings of Budhidharma.*

so wird man nicht mehr sagen, dass die Kultur des Alten Testaments „hinter" der Lehre des Neuen Testaments zurückbleibt (oder man fasst den Ausdruck „hinter" nicht im Sinne von „mehr oder weniger vollkommen" auf, weil das Neue Testament ohne die ganze Grundlage des Alten Testaments unvorstellbar wäre. Eine ähnliche Beziehung besteht auch in Asien zwischen den vedischen Religionen und dem Buddhismus). Nichtsdestoweniger gibt es auch die Möglichkeit, dass verschiedene Kulturen tatsächlich verschiedene Wege gehen in diesem Prozess der Metamorphose. Letztendlich ist es unsere Möglichkeit und Verantwortung, die unterschiedlich wahrgenommenen geistig-kulturellen Manifestationen in einer liebenden Weise zu integrieren, so dass ihre Beiträge zum Ganzen *sinnvoll* erscheinen.

Man muss verstehen, dass jemand, der im heutigen Indien als sechzehnjähriges Kind aufwächst, den Glauben der Eltern erben wird, ob sie nun Hindus oder Muslims sind. Doch dadurch, dass er Autos benutzt und im Fernsehen Maschinengewehre sieht, wird er zwangsläufig in die Gegenwart hineinkatapultiert. Er wendet daher unbewusst bereits das Bewusstseinsparadigma an, welches diese Entdeckungen möglich gemacht hat – das Paradigma, das weltweit zur gegenwärtigen Stufe des westlichen Bewusstseins geführt hat, das wiederum am Ende den Menschen herausfordern wird, die Hindernisse, die durch dieses Paradigma geschaffen wurden, zu überwinden. Die Erfahrung des Logos-Prinzips bietet die Möglichkeit einer Metamorphose an, jenseits der Ebene geographischer Grenzen – sie dadurch von „Grenzen" zum „Stadium" eines Durchgangs verwandelnd.

Der Ort des Begegnens
Es gibt nicht nur verschiedene Kulturen, sondern auch unendliche Möglichkeiten, die jeder einzelne Mensch in sich trägt und im Laufe des Lebens zum gestalterischen Ausdruck zu bringen versucht. Alle diese haben einen *Überschneidungspunkt.* Dieser Schnittpunkt erscheint in der sinneswahrnehmlichen Wirklichkeit als unser *Gespräch,* und in der Bewusstseinssphäre drückt es sich aus in unserem inneren Dialog mit unseren Mitmenschen. Dort sind wir miteinander in *Berührung.* Es ist völlig illusorisch, zu glauben, dass man einfach seinen eigenen Weg gehen könne – „seine eigene Wirklichkeit erträumen", wie ein sich verirrender Satellit –, denn wir tragen diesen Bezugspunkt immer in uns. Wir können nicht übersehen, dass das Kriterium, die Matrix und Struktur des *Sinns,* innerhalb dessen wir uns aussprechen, ein Produkt dieses Gesprächs ist, in dem wir aufwuchsen und an dem wir teilnahmen. Dies nehmen wir mit, wohin wir auch gehen.

Die fortwährende Anpassung und Neubestimmung unseres „Kompasskurses"

– um ein Bild aus der Navigation zu gebrauchen – geschieht im tatsächlichen Miteinander des Gesprächs zwischen Menschen und Gruppen von verschiedenen Regionen und unterschiedlicher Kultur. Wir gehen neu aus jedem Gespräch hervor, und auch unsere Mitmenschen bleiben nicht unverändert. Sie machen ebenfalls Wandlungen durch. Wir müssen nur ein Auge für diesen feinen Vorgang entwickeln.

So haben wir selbst unsere eigene Position im Gespräch mit unserer Gemeinschaft zu überprüfen. Wir lernen, in Berührung zu bleiben mit einem fortwährend sich wandelnden Bild – ähnlich Seekapitänen, die, wenn mehrere Schiffe sich im offenen Meer begegnen, ihren Kurs mit den Bewegungen der anderen Schiffe abstimmen müssen. Verhängnisvolle Konfrontationen können so durch fortwährende Korrektur und Angleichung vermieden werden.

Es könnte deshalb im Bereich der Pädagogik und Weiterbildung eine Aufgabe sein, uns selbst und unsere Mitmenschen, mit denen wir uns in einem bestehenden kulturellen Paradigma integriert finden, an einen Standort im Bewusstsein zu führen, wo wir zumindest in Augenblicken *frei* sind, den Ort zu finden und zu verstehen, woher ein anderer Mensch seine Orientierung nimmt. Denn wir sind alle in irgend einer Weise gespalten: Einerseits bauen wir Atomreaktoren, und gleichzeitig versuchen wir innerhalb des Zusammenhangs unserer kulturellen und religiösen Tradition zu leben. Diese Art, unseren eigenen Standort innerhalb einer Kultur zu bestimmen, würde den Sinn erweitern, weil jede Kultur jetzt mit einem notwendigen Wort innerhalb eines Satzes verglichen werden kann; würde das Wort fehlen, so wäre der Satz sinnlos.

Jede Stufen kann so als bestimmte Phasen einer Gesamtentwicklung integriert werden. Man kann sagen, dass es eine Sphäre gibt, wo die verschiedenen Phasen sogar koexistieren können – eine Bewusstseinsebene, von welcher aus man der Möglichkeit ansichtig wird, dass diese Phasen in gewisser Hinsicht Manifestationen des *Bewusstseins des Planeten* sind, das eine Metamorphose erfährt und teilnimmt an diesem Prozess, von dem wir heute individuelle Zeugen sind. Dieser Prozess verursacht auf der Erde viel Leid, wenn er nicht verstanden wird. Doch wenn er uns zum Verstehen führt, führt er zu wahrer Freude.

Eine neue Pädagogik könnte zeigen, wie das Prinzip des *Nicht-Gegebenen* – die *Möglichkeit*, einen neuen Sinn zu verleihen – eine Anlage ist, die jeder Mensch in sich trägt. Wenn man sie in sich selbst findet, versteht man ihre Möglichkeit und erfährt ihren Quellcharakter. Dann „wäre die Freude vollkommen".[331] Wie Kühlewind sagt, ist es die Öffnung des Neuen Testaments, dass diese Möglichkeit exi-

---

331 1. Johannesbrief 1.4; „Und solches schreiben wir euch, auf dass eure Freude völlig sei" (Luther) (*peplaeromenae*, „vollendet", „erfüllt").

stiert in jedem Menschen: wenn man sie als ein lebendes Prinzip *in sich selbst* erschaut, dann „kann die Freude voll sein".

Kann man die wahre Bedeutung dieser Gebärde des Sinns ermessen? Denn indem man den Sinn auf diese Weise liest, gibt man dem ganzen bereits *Liebe*, oder durchdringt das ganze Bild mit Liebe.

POSTSCRIPTUM

Empirie des Geistes
Auf der Stufe, wo der Organismus des Bewusstseins, in dem wir leben, eine gemeinsame Erfahrung sein wird, können wir nicht länger von einem *empirischen Idealismus* sprechen. Die *Erfahrung* der effektiven Wirklichkeit, der Tätigkeit unserer Aufmerksamkeit als *ideeller* Tätigkeit –Tatsachen bereits in der nichterscheinenden Sphäre des Bewusstseins schaffend – mag eines Tages eine gemeinsame Wirklichkeit werden. Auf dieser Stufe müssen wir von *Empirie des Geistes* sprechen.

Wir finden in der Weltanschauung der Indianerkulturen Nord-Amerikas einen Vorläufer solcher Erfahrung. Diese Kulturen waren noch eingebettet in ein nichtdualistisches Universum, wo der Geist des Menschen Teil des Geistes war, welcher Natur und Welt als ihr innerer Aspekt durchdringt.

Von der Perspektive dieses Universums der nordamerikanischen Indianer würde es „einer Rückkehr des verlorenen Sohnes"[332] gleichkommen, wenn die Völker, welche der westlichen Zivilisation zu folgen hatten, „bankrott und überschuldet" an einen Ort zurückkehrten, wo sie den Himmel in ihrer geistigen Aktivität teilen können. An diesem Punkt wird das *Miteinander* der „Erde" eine Umkehr aus *Metanoia* (Einsicht) heraus und nicht aufgrund eines Zwanges.

Die westliche Zivilisation würde eine Rückkopplung an die hohen Ideale finden, nach denen sie immer gestrebt hat. Ältere Kulturen, von der gottseligen Einheit mit ihrem Ursprung getrennt, können an der „Individualisierung des Logos"[333] teilnehmen. Dies bedeutet ein Universum, erweitert durch die Wirklichkeit der Freiheit. Denn ohne Freiheit ist eine Entfaltung der Liebe nicht denkbar. Jede helfende Tat und sorgende Handlung, die aus Zwang oder äußerer Notwendigkeit stattfinden muss, kann nicht die Art von Liebe hervorrufen, die aus dem spontanen Anfang des individuellen Ich strömen kann.

Geistige Kommunion
Die Situation fordert uns auf, die Möglichkeiten eines „gemeinsamen Lauschens" in Betracht zu ziehen. Dies verlangt, dass wir uns bewusst werden, wie wir beim Sprechen miteinander ein und dasselbe Sinnsystem teilen, und vor al-

---

[332] Gleichnis aus dem Lukasevangelium (Lk 15,11-32).
[333] Kühlewind verwendet diesen Ausdruck unter Bezugnahme auf den Sinn des Gleichnisses vom Sämann (Mk 4,1-20).

lem, dass jeder von uns ein und dieselbe lebendige Logos-Quelle ansprechen muss, um fähig zu sein, verstehend und sinnvoll zu kommunizieren. Ohne ein gemeinsames Sinnsystem könnten wir nicht einmal streiten oder argumentieren. So vertrauen wir auf eine Kommunion im Logos.

Dies schließt ein, dass wir an zwei Orten gleichzeitig sein können.[334] Einerseits können wir an dem Ort sein, wo wir *geistige Kommunion* miteinander teilen – und die „Natur der Wirklichkeit" erfahren –, wo wir die *Worthaftigkeit* erschauen, wie sie aus dem geistigen Zentrum des Universums hervorquillt.[335] Anderseits sind wir „auf der Erde", wo wir unsere Alltagspersönlichkeit erblicken, mit ihren Mängeln und Fähigkeiten. Wir sehen auch, neben uns, unsere Mitmenschen, und wir haben keinen Anlass, uns selbst oder einem Mitmenschen den Vorzug zu geben. Aus dieser Perspektive können wir die Bewegungen *integrieren,* die unsere Persönlichkeiten leisten müssen innerhalb einer sinnvollen Verwandlung der Erde. Es ist wie eine Gruppe von Freunden, die um eine Partie Schach versammelt sind. Wir finden unsere Persönlichkeit wie eine der Figuren auf dem Schachbrett und müssen sie benutzen, wie die *Harmonie* des Schachspieles es uns befiehlt.

Es gibt jedoch einen Unterschied. In einem Schachspiel sind die Regeln *gegeben.* Doch in diesem Miteinander des Lebens bilden sich „Regeln" – und werden gleichzeitig aufgelöst – im gegenseitigen Hinhören und im gemeinsamen Lauschen.

Es ist nicht ein „Lotterie Spiel", wo wir mit Regeln jonglieren, deren Autoren lange vergessen sind (das große „Monopoly"), noch ist es ein „Sprach-Spiel" im Sinne Wittgensteins (Selbstunterhaltung im Denken). Es ist eine Kommunion in der Stille des *wortlosen* Verstehens. Doch wo wir *Verstehen* begegnen, begegnen wir der wortenden Quelle, dem Urbild des Verstehens.

So würde die Quelle der Wirklichkeit, die wir bislang vor uns selbst versteckt haben, ein unverborgener Teil der Wirklichkeit werden.

---

334 *„Jenseits von Bewegung und Ruhe zu sein ist die höchste Meditation.* Sterbliche sind fortwährend in Bewegung, und Arhats stehen still. Doch die höchste Meditation überflügelt sowohl die der Sterblichen und die der Arhats. Diejenigen, die solches Verstehen erreichen, befreien sich ohne Anstrengung von allen Erscheinungen und heilen alle Krankheiten ohne Behandlung. Das ist die Kraft grossen Zens." („Wake-up Sermon" in *The Zen Teachings of Bodhidharma,* S. 49.)

335 Siehe oben, Kapitel 16, Untertitel „Ich und Nicht-Ich", auch Steiner, „Das Erkennen der Welt", Kapitel 5 in *Die Philosophie der Freiheit,* GA 4, S. 91.

BIBLIOGRAPHIE

Aquinas, Thomas, siehe Thomas von Aquin.

Bacon, Francis, „Novum Organum" und „De Augmentis", in: *The Works of Francis Bacon,* hrsg. von Spedding, Ellis, Heath, Band 4, London 1857–1874, Faksimileausgabe: Fromm Verlag, Stuttgart 1962.

Barfield, Owen, *Saving the Appearances: A Study in Idolatry,* Faber & Faber, London 1957; Wesleyan University Press, Middletown, Connecticut 1988.

Becker, Oscar, „Die Philosophie Edmund Husserls," in: *Husserl,* hrsg. von Hermann Noack, 129–167, Wissenschaftliche Buchgesellschaft, Darmstadt 1973, Ursprünglich veröffentlicht in *Kantstudien 35* (1930), 119–150.

Berkeley, George, *Berkeley's Complete Works,* hrsg. von A.C. Fraser, Oxford 1901.

Biemel, Walter, „Husserls Encyclopaedia Britannica Artikel und Heideggers Anmerkungen dazu", in: *Husserl,* hrsg. von Hermann Noack, Wissenschaftliche Buchgesellschaft, Darmstadt 1973, 283–324. Erstmals veröffentlicht in: *Tijdschrift voor Philosophie,* 12 (1950), 246–280.

Bodhidharma, *The Zen Teachings of Bodhidharma,* translated by Red Pine, North Point Press, San Franzisco, Ca, 1989.

Bortoft, Henri, *Goethe,s Scientific Consciousness,* The Institute for Cultural Research, Tunbridge Wells, Kent 1986.

Breda, Herman-Leo von, „Husserl und das Problem der Freiheit", in: *Husserl,* hrsg. von Hermann Noack, 277–281, Wissenschaftliche Buchgesellschaft, Darmstadt 1973.

Capra, Fritjof, Tyrone Cashman, Friedemann Schwarzkopf, Redakteure, „Cognition and Creation" (Erkennen und Schöpfung), Berichte aus dem Elmwood Institute Symposium, 11.-13. März 1988, erhältlich vom Elmwood Institut, P.O. Box 5805, Berkeley, Ca, 94705.

Cassirer, Ernst, *Das Erkenntnisproblem,* Band 2–3, Wissenschaftliche Buchgesellschaft, Darmstadt 1974.

Chopra, Deepak, *Quantum Healing: Exploring the Frontieers of Mind/Body Medicine.* New York, N.Y., Bantam Books, 1989.

Cusanus, Nicholas, siehe Nikolaus von Kues.

Dante, *The Portable Dante: The Divine Comedy,* herausgegeben von Paolo Milano, ins Englische übers. v. Laurence Binyon, mit Anmerkungen von C.H. Grandgent, Viking Press, New York 1947, 1955.

Ende, Michael, *Das Gauklermärchen,* K. Thienemanns, Edition Weitbrecht, Stuttgart 1982.

Fichte, Johann Gottlieb, *Grundriss des Eigentümlichen der Wissenschaftslehre. 1795,* hrsg. von Wilhelm G. Jacobs, Felix Meiner Verlag, Philosophische Bibliothek, Hamburg 1975.

Goethe, J.W., siehe *Goethes naturwissenschaftliche Schriften,* herausgegeben von Rudolf Steiner, Band 2, Rudolf Steiner Verlag, Dornach (Schweiz) 1975, [Nachdruck der ersten Ausgabe der *Deutsche National-Litteratur,* Historisch-kritische Ausgabe, hrsg. von Joseph Kürschner, Band 115: *Goethes Werke,* Teil 34, „Naturwissenschaftliche Schriften," Band 2, Verlag von W. Speman, Berlin und Stuttgart 1887]

Goethe, J.W., *Sämtliche Werke,* hrsg. von Ernst Beutler, Band 7, 9 und 16, Artemis Verlag, Zürich, Deutscher Taschenbuchverlag, München 1977.

Goethe, J.W., *Readings in Goethean Science,* zusammengestellt und mit einer Einleitung versehen von Herbert Koepf und Linda Jolly, Bio-Dynamic Farming and Gardening Association, Wyoming, Rhode Island, 1978.

Goethe, J.W., *The Metamorphosis of Plants: With an Introduction by Rudolf Steiner,* Wyoming, Rhode Island: Bio-Dynamic Literature, 1978.

Goethe, J.W., *Theory of Colours: Introduction by Deane B. Judd,* MIT Press, Cambridge, Massachusetts, 1978.

Grimm, E., *Von Bacon zu Hume: Zur Geschichte des Erkenntnisproblems,* Leipzig 1890.

Hegel, Georg Wilhelm Friedrich, *Phänomenologie des Geistes,* Suhrkamp Verlag, Frankfurt a.M. 1973.

Hobbes, Thomas, „Elements of Philosophy" und „Leviathan", in: *Hobbes Selections,* herausgegeben von F. Woodbridge, New York, Chicago, Boston 1930.

Hölderlin, Friedrich, *Sämtliche Werke und Briefe,* Wissenschaftliche Buchgesellschaft, Darmstadt 1989.

Hopkins, Jasper, *Nicholas of Cusa on God as Not-other. A Translation and an Appraisal of De Non Aliud,* University of Minnesota Press, Minneapolis 1979.

Hume, David, *Enquiries Concerning the Human Understanding.* hrsg. v. L.A. Selby-Bigge, Oxford 1902.

Hume, David, *A Treatise of Human Nature,* hrsg. v. L.A. Selby-Bigge, Oxford 1888.

Husserl, Edmund, *Ideen zu einer reinen Phänomenologie und phänomenologischen Philosophie,* Max Niemeyer Verlag, Tübingen 1980,

Husserl, Edmund, *Die Krisis der europäischen Wissenschaften und die transzendentale Phänomenologie: Eine Einleitung in die phänomenologische Philosophie,* hrsg. v. Walter Biemel, Martinus Nijhoff, Den Haag 1954 (auch erschienen unter dem Titel: *Husserliana: Edmund Husserl, Gesammelte Werke,* Band VI, Den Haag 1954) [auch veröffentlicht als: Husserl, Edmund, *Die Krisis der europäischen Wissenschaften und die transzendentale Phänomenologie,* hrsg. v. Elisabeth Ströker, Felix Meiner Verlag – Philosophische Bibliothek, Hamburg ^{2}1982, ^{3}1996].

Kant, Immanuel, *Kritik der reinen Vernunft,* Wissenschaftliche Buchgesellschaft, Darm-

stadt 1956, (Zitate aus der *Kritik*: A = 1. Ausgabe 1781, B = 2. Ausgabe 1787,)
Kim, Hee-Jin, *Dogen Kigen: Mystical Realist*, University of Arizona Press, 1. Ausgabe Tucson 1975, neue Auflage 1987.
Kranz, Walther (Herausgeber), *Vorsokratische Denker*, Weidmansche Verlagsbuchhandlung, Berlin 1959.
Kröner, *Philosophisches Wörterbuch*, Begründet von Heinrich Schmidt, hrsg. v. Georgi Schischkoff, Alfred Kröner Verlag, Stuttgart 1961.
Kühlewind, Georg, *Bewusstseinsstufen: Meditationen über die Grenzen der Seele*, Verlag Freies Geistesleben, Stuttgart 1976.
Kühlewind, Georg, *Das Gewahrwerden des Logos: Die Wissenschaft des Evangelisten Johannes*, Verlag Freies Geistesleben, Stuttgart 1979.
Kühlewind, Georg, *Der sprechende Mensch: Ein Menschenbild aufgrund des Sprachphänomens*, Vittorio Klostermann, Frankfurt a.M. 1991.
Kühlewind, Georg, *Die Logosstruktur der Welt: Sprache als Modell der Wirklichkeit*, Verlag Freies Geistesleben, Stuttgart 1986.
Kühlewind, Georg, „Die Schulung der Aufmerksamkeit", in: Jørgen Smit, Georg Kühlewind, Rudolf Treichler, Christof Lindenau u.a., *Freiheit Erüben: Meditation in der Erkenntnispraxis der Anthroposophie*, Verlag Freies Geistesleben, Stuttgart 1988.
Kühlewind, Georg, *Feeling Knowing: Collected Essays*, übers. u. hrsg. von Friedemann Schwarzkopf, Rudolf Steiner College Press, Fair Oaks (Kalifornien) 1994.
Kühlewind, Georg, *Fundamentals of an Ideal-Empirical Philosophy*, Textgrundlage an der Tagung *Cognition and Creation* (Erkenntnis und Schöpfung), 11.–13. März 1988, The Elmwood Institute, P.O. Box 5805, Berkeley, Ca. 94705 [auch veröffentlicht in Schwarzkopf, *The Metamorphosis of the Given*, Dissertation 1992].
Kühlewind, Georg, *Schooling of Consciousness*. übers. u. hrsg. v. Friedemann Schwarzkopf, Rudolf Steiner College Press, Fair Oaks (Kalifornien) 1986.
Kühlewind, Georg, „The Force of the Logos and the Force of the I", übers. v. Friedemann Schwarzkopf, veröffentlicht in *Journal for Anthroposophy*, Nr. 51 (Herbst 1990) S. 70–79 und Nr. 52 (Frühling 1991) S. 46–57 [auch veröffentlicht in *Feeling Knowing* – siehe oben], ursprünglich veröffentlicht als „Logoskraft und Ichkraft".
Kühlewind, Georg, *Vom Normalen zum Gesunden: Wege zur Befreiung des erkrankten Bewusstseins*, Verlag Freies Geistesleben, Stuttgart 1983.
Levinas, Emmanuel, „Über die Ideen Edmund Husserls", übers. v. Herbert Backes, in: *Husserl*, hrsg. v. Hermann Noack, S. 87– 128, Wissenschaftliche Buchgesellschaft, Darmstadt 1973, ursprünglich veröffentlicht in: *Revue Philosophique de la France et de l'Étranger* CVII (1929), S. 230–265.
Locke, John, *An Essay Concerning Human Understanding*. 2. Ausgabe, hrsg. v. P.H. Nidditch, Oxford 1979.
Mach, Ernst, *Die Analyse der Empfindungen*, hrsg. v. G. Wolters, Wissenschaftliche

Buchgesellschaft, Darmstadt 1985, Nachdruck der neunten Auflage, G. Fischer, Jena 1922.

Menge-Güthling, *Griechisch-Deutsches Hand- und Schulwörterbuch*, Langenscheidt, Berlin 1913.

Motroshilova, Nelli V., *Delineation and Analysis of Objectivities (Gegenständlichkeiten) in Edmund Husserl's Phenomenology*, auf der Grundlage der „Logischen Untersuchungen", Band II in *Husserliana*, 1989, S. 99.

Nikolaus von Kues, *Vom Sehen Gottes*, hrsg. v. Alois Haas, übers. v. Dietlind und Wilhelm Dupré, Artemis, Zürich und München 1987.

Querido, René, *The Golden Age of Chartres*, Floris Press, Edinburgh (Großbritannien) und Anthroposophic Press, New York 1987.

Ricoeur, Paul, „Husserl und der Sinn der Geschichte," übers. v. K. Stichweh, Originaltitel: „Husserl et le sens de l'histoire", in: *Revue de Metaphysique et de Morale*, 54 (1949), S. 280–316, Deutsche Übersetzung in *Husserl*, hrsg. v. Hermann Noack, 231–276, Wissenschaftliche Buchgesellschaft, Darmstadt 1973.

Satprem, *Der Sonnenweg zum wahren Selbst: Der Schlüssel zur bewussten Evolution*, übers. v. Cay Hehner, hrsg. v. Bernd Jost u. Jutta Schwarz, Rowohlt Taschenbuch Verlag, Hamburg 1990, ursprünglich veröffentlicht als *La Genèse du Surhomme* (Editions Buchet/Chastel, Paris).

Satprem, *The Mind of the Cells*, ins Englische übers. v. F. Mahak und L. Venet, Institute for Evolutionary Research, New York, N.Y., 1989, ursprünglich veröffentlicht als *Le Mental des Cellules* (Editions Robert Laffont, Paris 1981).

Schieren, Jost, *Zur Metamorphose des Erkennens: Goethes Erkenntnisart und der Ursprung seiner Kunst*, Magisterarbeit der Philosophie, Ruhr-Universität Bochum 1991.

Schiller, Friedrich, *Über die ästhetische Erziehung des Menschen in einer Reihe von Briefen, (On the Aesthetic Education of Man. In a Series of Letters)* ins Englische übers., hrsg. u. mit einer Einleitung vers. von Elizabeth Wilkinson und L.A. Willoughby, Clarendon Press, Oxford 1967.

Schlick, Moritz, *General Theory of Knowledge*, übers. v. Albert E. Blumberg, mit einer Einleitung von A.E. Blumberg und H. Feigl, Springer Verlag, New York 1974, Originaltitel: *Allgemeine Erkenntnislehre*, erst veröffentlicht im Verlag von Julius Springer, Berlin 1925.

Schwarzkopf, Friedemann, *Beholding the Nature of Reality: Posibility of Spiritual Community*, Rudolf Steiner College Press, Fair Oaks, California, 1997.

Schwarzkopf, Friedemann, „Community Support to Healing", in: *Raphael Newsletter*, (Sommer 1992), Raphael Association, Fair Oaks, California (7953 California Ave., Fair Oaks, CA 95628).

Schwarzkopf, Friedemann, *Dialogues of Mind and Spirit: The Givenness of Thought and the*

Potential of Thinking in Steiner's Perspective, Rudolf Steiner College Press, Fair Oaks, California, 1993.

Schwarzkopf, Friedemann, „Spiritual Communion", in: *Newsletter of the Anthroposophical Society in America*, Frühling 1993.

Schwarzkopf, Friedemann, *The Archetypal Phenomenon: Guide for a Goethean Approach to Natural Science*, Rudolf Steiner College Press, Fair Oaks, California, 1991.

Schwarzkopf, Friedemann, *The Metamorphosis of the Given: Towards an Ecology of Consciousness: Empirical Idealism as Foundation for Paradigmatic Thinking (Also Under Consideration of J. W. Goethe, R. Steiner and G. Kühlewind)*, Dissertation zur Erlangung des philosophischen Doktorgrads, American Commonwealth University, San Diego, California, 1992; U.M.I. University Microfilms Intl., Ann Arbor, Michigan, 1992, Catalog: LDO 2454.

Stegmüller, Wolfgang, *Hauptströmungen der Gegenwartsphilosophie*, Band 1, Kröner Verlag, Stuttgart 1978.

Steiner, Rudolf, *An den Grenzen der Naturerkenntnis*, GA 322, Rudolf Steiner Verlag, Dornach (Schweiz) 1981.

Steiner, Rudolf, *A Way of Self-Knowledge* und *The Threshold of the Spiritual World*, Anthroposophic Press, Hudson, New York, 1999.

Steiner, Rudolf, *Der menschliche und der kosmische Gedanke*, vier Vorträge, gehalten in Berlin, 20.-23. Januar 1914, GA 151, Rudolf Steiner Verlag, Dornach (Schweiz) 1980.

Steiner, Rudolf, *Die Kernpunkte der sozialen Frage*. 1. Ausgabe und Auflage 1919, GA 23, Rudolf Steiner Verlag, Dornach (Schweiz) 1976

Steiner, Rudolf, *Die Philosophie der Freiheit. Grundzüge einer modernen Weltanschauung*, 1, Ausgabe und Auflage im Verlag von Emil Felber, Berlin 1894, (Faksimile Nachdruck der Erstausgabe im Philosophisch-Anthroposophischen Verlag am Goetheanum, Dornach (Schweiz) 1983), 2. revidierte und erweiterte Ausgabe 1918, GA 4, Rudolf Steiner Verlag, Dornach (Schweiz) 1974.

Steiner, Rudolf, *Die Philosophie des Thomas von Aquin*, drei Vorträge, gehalten in Dornach 22.-24. Mai 1920, GA 74, Verlag der Rudolf Steiner Nachlassverwaltung (später Rudolf Steiner Verlag), Dornach (Schweiz) 1967.

Steiner, Rudolf, *Geisteswissenschaftliche Impulse zur Entwicklung der Physik*, GA 320, Rudolf Steiner Verlag, Dornach (Schweiz) 1987.

Steiner, Rudolf, *Goethes Weltanschauung*, 1. Ausgabe 1897, GA 6, Verlag der Rudolf Steiner Nachlassverwaltung (später Rudolf Steiner Verlag), Dornach (Schweiz) 1963.

Steiner, Rudolf, *Goethes naturwissenschaftliche Schriften*, 1. Ausgabe 1926, GA 1, Verlag der Rudolf Steiner Nachlassverwaltung (später Rudolf Steiner Verlag), Dornach (Schweiz) 1963.

Steiner, Rudolf, *Grundlinien einer Erkenntnistheorie der Goetheschen Weltanschauung. Mit besonderer Rücksicht auf Schiller,* 1. Ausgabe und Auflage Berlin 1886, GA 2, Verlag der Rudolf Steiner Nachlassverwaltung (später Rudolf Steiner Verlag), Dornach (Schweiz) 1960.

Steiner, Rudolf, *Nationalökonomischer Kurs,* 14 Vorträge, gehalten in Dornach 24.-31. Juli und 1.-6. Dezember 1922, GA 340, Rudolf Steiner Verlag, Dornach (Schweiz) 1965.

Steiner, Rudolf, *Theosophie: Einführung in übersinnliche Welterkenntnis und Menschenbestimmung,* 1. Ausgabe und Auflage Berlin 1904, GA 9, Verlag der Rudolf Steiner Nachlassverwaltung (später Rudolf Steiner Verlag), Dornach (Schweiz) 1973.

Steiner, Rudolf, *Wahrheit und Wissenschaft: Vorspiel zu einer „Philosophie der Freiheit",* 1. buchförmige Ausgabe 1892; zuerst veröffentlicht als: *Die Grundfrage der Erkenntnistheorie mit besonderer Rücksicht auf Fichtes Wissenschaftslehre, Prolegomena zur Verständigung des philosophischen Bewusstseins mit sich selbst,* Inaugural-Dissertation zur Erlangung der Doktorwürde von der Philosophischen Fakultät der Universität Rostock, 1891, Faksimile Nachdruck unter dem Titel: *Rudolf Steiners Dissertation,* redigiert und hrsg. von David Hoffmann, Walter Kugler und Ulla Trapp, Rudolf Steiner Verlag, Dornach (Schweiz) 1991, GA 3.

Steiner, Rudolf, *Wahrspruchworte,* 1. Ausgabe München 1907, GA 40, Rudolf Steiner Verlag, Dornach (Schweiz) 1975.

Steiner, Rudolf, *Wie bekommt man das Sein in die Ideenwelt hinein?* Sechs Vorträge, gehalten in Dornach 12.-27. Dezember 1914, aufgenommen in die Sammelausgabe *Okkultes Lesen und okkultes Hören,* GA 156, Verlag der Rudolf Steiner Nachlassverwaltung (später Rudolf Steiner Verlag), Dornach (Schweiz) 1967.

Thomas von Aquin, *Truth, (Questions I–IX),* übers. von dem endgültigen Leonine Text von Robert Mulligan, S.J., West Baden College, Henry Regnery, Chicago 1952.

Thomas von Aquin, *Von der Wahrheit: De Veritate (Quaestio I),* (Lateinisch-deutsche Parallelausgabe), übers. u. hrsg. v. Albert Zimmermann, Felix Meiner Verlag, Hamburg 1986.

Teilhard de Chardin, Pierre, *Das Herz der Materie: Kernstück einer genialen Weltsicht,* übers. v. R. Brüchsel, B.A. Güntensperger, G. Schiwy, Walter-Verlag, Olten (Schweiz) 1990; ursprünglich veröffentlicht unter dem Titel *Le Coeur de la Matière,* Éditions du Seuil, Paris 1976.

Whorf, Benjamin, *Language, Thought and Reality,* MIT Press, Cambridge, Massachusetts, 1956, Auch in deutscher Ausgabe unter dem Titel: *Sprache – Denken – Wirklichkeit, Beiträge zur Metalinguistik und Sprachphilosophie,* Rowohlt, Hamburg 1984.

Wittgenstein, Ludwig, *Philosophische Untersuchungen,* Suhrkamp Taschenbuch Verlag, Frankfurt a.M. 1971.

INDEX

Absolutes
- Ich 145
- Ego 185, 214
- Wissen, 102
Abstraktion 50, 98
Adaequatio 36, 98, 178, 191
Adam 228
Aktivität
- des Geistes 19
- des Verstehens 192
Allgemeines 50
Analyse 50
Analytische
- Fähigkeit 178
- Geometrie 189
- Naturwissenschaft 21
- Philosophie 79
Angeborene Ideen 51
Angleichung 36
Anschauung 68
Anwesenheit des Ich 169
Apperzeption 72
Arché 224
Archetyp 54
Archipenko, A. 13
Aristoteles 179
Assoziation 64, 78
Ästhetik 70
Auferstehung 189
Aufmerksamkeit 15, 17, 21-22, 36, 115, 126, 145-150, 155, 158-159, 161, 168-169, 185, 214
- empfangende 36, 149, 155
- nichtgegebene 125 149
Aufmerksamkeitslicht 168, 173
- -wille 155, 160
Aurobindo, Sri 220
Avenarius 79

Backes, H. 113
Bacon, F. 33, 45-47, 49, 56, 210
Barfield, O. 33, 215
Becker, O. 114
Begriff 68, 70, 95, 97, 135, 137, 144, 150
Belehrtes Nicht-Wissen 167
Beobachtung 18, 141
Berkeley, G. 56-60

Bernardus Silvestris 43
Besinnung 144, 146
Bewusstsein 230
Bewusstsein 34, 52, 64, 122-123, 135, 146, 156, 158, 203, 219, 233
- des Planeten 231
Bewusstseins
- -ebenen 123, 150
- -inhalte 48
- -seele 168
Biemel, W. 112-113
Bildhafte Vorstellung 60-61
Bio-chemische Reaktion 219
Bortoft, H. 133
Brahma 221
Breda, H.-L- v. 180, 185
Brüderlichkeit 20
Buch der Natur 228
Buddhanatur 221
Buddhismus 230

Capra, F. 26, 219
Carnap, R. 79
Cashman, Tyrone (Ty) 26
Cassirer, E. 56, 98
Chandogya Upanishad 192
Christentum 225, 227
Christlichen Mysterien 225
Christus 156, 210, 221
Conformatio 98
Cosmographia 43

Dante Alighieri 45, 190
Dasein 185
Deepak Chopra 220
Denken 98, 122-124, 127, 141, 145-146, 197, 219-220, 226
- Gegenständliches 135
Denkende
- Betätigung 44
- Imagination 127- 128, 141, 157
Descartes, R. 180
Dialektische Verwandlung 100
Dialog 216
- mit der Natur 194
Philosophie der Freiheit 124-125, 234

Ding-an-sich 21, 35, 72-73, 77, 86, 88
Dioptrische Farben 133
Direkt Gegebenes 16, 44, 78, 122, 162
Divina Commedia 190
DNA 159
DNA-Code 188
Docta ignorantia 171
Dogen 138
Dualismus 124, 229

Egoismus 217
Eidetische Einstellung 110
Eidos 107, 109, 111-112, 114, 136, 199, 203
Empfindung 62-63, 68, 78
Empfindungsseele 168
Empirie des Bewusstseins 219
- des Geistes 233
Empirisch Gegebenes 70, 95
Empirische
- Anschauung 70
- Perzeption 71
- -r Idealismus 17, 26, 129, 138, 159, 233
Empirismus 15, 17, 35, 43, 60, 116
- der ideellen Aktivität 217
- der Sinnesempfindung 35
- Englischer 20, 45
- Rationeller 128
Schieren, J. 128
Ende, M. 115, 218
Epoché 115
Erfahrbares Erfahrenes (Noema) 109
Erfahrung 21, 43, 49, 51-52, 56, 60-61, 101, 110, 128, 178, 185, 210, 221, 233
- der Gegenwart 125
- von Sinn 210
- Form der 70
Erinnerung 51
Erkennen 23, 122
- Akt 125
- Tätigkeit 185-186
Erkenntnis 137
- Prozess 36
Ernst, M. 13

Erscheinungsbild 52
Essenz 158
Ethischer Individualismus 126
Evident Gegebenes 114
Evidenz 63, 114, 178, 180
– -erfahrung der Wahrheit 181
Existenz 185

Fichte, J.G. 35, 85-86, 90, 100, 225
Fokussieren 149
Forschung 24
Französischen Revolution 20
Freiheit 19-20, 233
– im Bestimmen 89
Fühlende
– Wahrnehmung 189-190
– Ideen 138
Funktionelles Verstehen 57

Galilei. G. 33
Ganzheit 199
Gauklermärchen 217
Gedächtnis 78
Gedankliche Elemente innerhalb des Gegebenen 44
Gefallene Engel 224
Gefühl der Evidenz 215-216
Gefühl der Wirklichkeit 162
Gegebenes 20, 22, 27, 36-37, 39, 43, 48, 60, 86, 88, 114, 117, 137, 144, 146, 162-163, 172, 185, 203, 211, 220, 226
– unmittelbar - 162
Geist 49, 52, 54, 63, 135
Geist-Materie-Gegensatz 229
Geisteswissenschaft 18, 27, 121
Geistige Aktivität 197, 203, 220
– Kommunion 233-234
– Tätigkeit 127
– Tätigkeit des Denkens 141
– Wesen 98
Geistselbst 168
Gemeinsamer Sinn 212
Genetische Vererbung 159
Gespräch 18, 204, 231
Gewissheit 50, 102
Gewohnheit 61, 64
Glaube 164
Gleichheit 20
Goethe, J.W. v. 25, 35, 55,
128, 133-136, 142, 162, 177-178, 186, 189-190, 192, 198, 216, 229
Gottseligkeit 192
Götterbilder 47
Götzen 45, 47
Grenze 188
Grimm, E. 49-51

Habitus 64
Hegel, G.W.F. 35, 95-96, 99-100, 102-103, 121
Heidegger, M. 112
Helix 90
Heraklit 161, 170
Herz der Materie 219
Hierarchien des Seins 199
Hieroglyphe 192
Hobbes, Th. 45, 48-49, 51, 58
Hopkins, J. 172
Hölderlin, F. 194
Hülle 133
Hume, D. 60-63
Husserl, E. 35, 97-98, 107-108, 111-115, 121, 136, 145, 158, 179-180, 185, 213-214

Ich 87, 181, 221, 224-226, 228, 234
– der Menschheit 223
– einer Gemeinschaft 223, 229
– setzendes 86
– -Wesen 98
Ich-Bin 167, 171
– Erfahrung 226
– zeugendes 168
Idealismus 17, 35, 60, 85, 116
– Kritischer 35, 67
Idee 17, 35, 45, 57-58, 60, 62, 95, 146, 150, 158, 168, 173, 192, 212
– der Natur 137
– der Wahrheit 56
– einfache 52
– Gestalt der 107
Ideen
– -komplexe 52
– -welt 211
Ideelles 138
Idole 45, 47
– der Höhle 46
– des Marktplatzes 46
– des Schauplatzes 46

Imagination 61-62, 68, 126-127, 150, 157, 177
Imaginative Aktivität 159
– Tätigkeit 157
– Wahrnehmung 127
– Wahrnehmen 157
– Licht 57
Impressionen 60
Individualisation 228
Individuelles Unterbewusstsein 46
Induktion 56
Induktives Verfahren 177
Innerer Kontext 137
Innere Wahrnehmung 127
Inspiration 47, 150, 157, 177, 216
Inspiratives Verstehen 157
Inspirative Transparenz 157
Integrierende
– Fähigkeit 178
– Naturanschauung 21
Intention 156, 160
Intentionale Aufmerksamkeit 149, 155
Intentionalität 112, 149, 186
Interaktion 172
Intuition 18, 55, 146, 150, 159, 171-172, 177, 186
Involution des Bewusstseins 64

James, W. 217
Jesus 210
Johann I von Sachsen 190
Johannes 156, 171, 198, 209-210, 223, 231
Johannesevangelium 186, 209
Jung, C.G. 46, 178

Kant, I. 20-21, 67-69, 71-73, 77, 85-86
Kategorien 72
Kenntnis 137
Kernspaltung 173
Klee, P. 13
Kohärenz 186
Kollektives Unbewusste 46
Kommunikation 217
Kommunikationsgemeinschaft 36
Kommunion 149, 192
– im Logos 234

Kontemplativer Dialog 216
Kontinuität
– des Bewusstseins 62
– des Sehens 222
Kopernikanisches, heliozentrisches System 34
Kosmos
– des Gesprächs 216-218
– von Sinn 219
Kranz, W. 161
Kühlewind, G. 15, 21, 24-26, 35, 54, 58-59, 80, 85, 99, 114, 123, 129, 137-138, 141-142, 144, 146, 156-157, 159, 167, 180, 186, 189-191, 194, 218-219, 223, 231, 233

Leviathan 48, 58
Levinas, E. 113
Licht des Verstehens 198
Liebe 212, 221, 233
Linguistik 27
Linguistische Strukturen 188
Locke, J. 45, 51-52, 54-56, 58-59, 97, 107
Logischer Positivismus 79
Logos 21, 36-37, 147, 155-156, 167, 187, 209-210, 221, 228
– -Aktivität 161
– -Funke 36, 148, 155, 191
– -Kraft 147, 229
– -Prinzip 73, 156
– -Quelle 227, 234
– -Sphäre 97, 113, 180
– -Struktur 186
– -Struktur der Welt 186, 191
– -Träger 210
– -Natur 36, 97, 160-162, 167-168, 185, 219, 229
– -Natur der Aufmerksamkeit 186
– Fußspuren des 224
– Gegenwart des 185
– Gewahrwerden des 186
– Wirken des - 209
Lukasevangelium 233
Luther, M. 210, 213

Mach, E. 77-79
Maharishi 220
Materie 78
Mathematik 47

Mathematische
– Logik 108
– Wahrheiten 48
Matthäusevangelium 213
Maturana, U. 219
Maya 145
McDermott, R. 26
Meditation 24, 145, 156, 222
Medizin 23, 27
Meister Eckhart 167-168, 198, 221
Metamorphose 15, 194, 222, 225, 229-231
– der Pflanzen 133-134, 198, 229
Metanoia 228
Modell der Wirklichkeit 188
Monismus 21
Moralisch-ethische Aktivität 125
Moralische Intuition 126
Motroshilova, N.V. 108
Muche, G. 13, 29, 41, 65, 75, 83, 93, 105, 119, 131, 139, 153, 165, 175, 183, 195, 201, 207
Musik 62, 80

Naiver Realismus 45
Natur 47-49, 54, 64, 103
– der Wirklichkeit 228-229
– -Phänomen 45, 136, 178
– Struktur der - 186
Neopositivismus 77
Nerven-Sinnesorganisation 123
Neues Testament 231
Nicht Gegebenes 16, 20, 23, 36, 88, 117, 123, 144, 162-163, 172, 185, 210, 220, 231
Nicht-Anderes 172
Nicht-Ich 86, 222, 226, 228, 234
Nikolaus von Kues 167, 169, 171-173
Noack, H. 113
Noema 107, 114
Noesis 107-108
Nominale Wesen (nominal essences) 53, 137-138
Nominalismus 33, 45-46
Nominalistische Denkgewohnheiten 49

Objekt 80, 112-113
Ökologie 23
– des Bewusstseins 197, 204
Ökologische Interaktion 37
Organismus 136, 147, 172, 190
– des Bewusstseins, 217
Ort des Begegnens 230

Pädagogik 23, 27, 231
Paradigma 18, 33, 37, 188, 199, 217, 219
– der Wirklichkeit 191
Paradigmenwechsel 37, 213
Paradiso 45
Partnerschaft mit der Natur 217
Paulus 227
Phänomen 51, 109-110, 134, 137, 151, 155, 203
– des Geistes 18
– der Natur 136, 179
Phänomenologie 35, 107, 214
– des Bewusstseins 35, 121, 141
– des Geistes 35, 95-97, 100-101-102
Phänomenologische
– Einstellung 112
– Methode 115
– Reduktion 107, 109-111, 180
Philalethes 190
Philonous 59
Philosophie der Freiheit 18-21, 27, 126
Physik 47
Poesie 62
Potential 37, 160
Primäres Gegebensein 124
Prozess des Sehens 198
Psychologie 27
Ptolemäische, geozentrische Anschauung 33

Quantenphysik 34, 124
Quantitäten 45
Quelle 180, 221
– allen Seins 179
– der Wirklichkeit 234
– des Bewusstseins 146
– des flüssigen, bildekräftigen Lichts der Idee 168

Quelle
- des Lebens 170
- des Lichtes 168
- des Sprechens 156, 215
- des Verstehens 141
- des Wortes 222
Querido, R. 43
Quine, W. van Orman 79

Ratio 156
Reales Wesen (real essence) 53
Realismus 33
Realität 211
Reduktion 16-17
Reichenbach 79
Reine
- Apperzeption 71
- Wahrnehmung 17, 68
- Intuition 114
Ricoeur, P. 214
Röthel, H.K. 13

Sanskrit 109
Satprem 170, 220-221
Schieren, J. 128, 134
Schiller, F. 102, 158
Schlick, M. 79-80
Scholastik 43
Schule von Chartres 43
Schwarzkopf, F. 24, 26, 123, 125, 128, 134, 159, 162-163, 198, 212, 220, 222
Seele 35
Sein 53, 179, 185, 190, 203
Seinsverwurzelung 34
Selbstdurchsichtigkeit 59
Selbsterschaffen Ideen 52
Sinn 36-37, 57, 110, 136, 156, 190, 214, 230
Sinne 135
Sinnes
- -änderung 228
- -empfindung 52
- -wahrnehmung 15-16, 31, 35, 48, 51, 58, 60, 121, 127
Sinnlich-Gegebenes 43
Spiritual science 27
Spiritualismus 59
Spiritualistische Position 57
Spontaneität 148
- der Begriffe 68
Sprache 141-142

- des Logos 194
- Struktur der 186
Stammesidole 46
Stegmüller, W. 79-80
Steiner, R. 18, 25-26, 31, 35, 44, 100, 121-122, 124, 126, 128, 134, 136, 141, 156, 168-169, 171, 178, 185, 189, 192, 197-198, 211, 221, 225-227, 234
Subjekt 80, 98, 112
Substanz 45, 54, 98, 179, 190, 197-198, 222
- der Erfahrung 70
- des Erkenntnisaktes 141
Systemtheorie 136

Tätigkeit, nichtgegebene 148-149
Täuschung 122
Teilhard de Chardin, P. 220
Teilnahme 127
Thomas von Aquin 36, 58, 98, 150, 158, 177-179, 185, 191, 214
Transzendental Gegebenes 67
Transzendentale
- Einstellung 111
- Phänomenologie 179
- Subjektivität 113-114, 145, 180, 185, 214-216
- Erfahrung 67
Typus 111

Überbewusstes 146
Überbewusste Ebene 191
- Sphäre 216
Überbewusstsein 219
Übersinnlicher Organismus 135
Unorganischen Natur 133
Unterbewusste Ebene 216
Uranfang. 173
Urbild 137
Urbild des Verstehens 234
Uroboros 221
Urphänomen 35, 55, 124, 128, 133-135, 141-142, 178, 188
- der Farbe 133
- der Farbenlehre 134, 138
Ursprung 225
Urteil 71

Varela, F. 219
Vernunft 57, 61, 64
Verstandesseele 168
Verstehen 16, 27, 51-52, 54, 62, 80, 88, 90, 96, 98, 110, 143, 145, 147, 159, 210
- der Natur 51
- Organ des - 149
Vorstellung 54, 61, 78

Wahrheit 36, 100, 102, 125, 177, 179, 181, 185-186, 191
- und Wissenschaft 211
Wahrnehmung 52, 60, 70, 127, 135-137, 143-144, 157, 160
- Akt (Noesis) 109
- Elemente 144-145
- Fähigkeit 189
- Wille 190
Weber, K. 13
Weltprozess 124
Wesen 53, 133, 185, 190
- des Lichts 220
- des Wortes 142
Wesen-an-sich 108
Wesenheit 179
Whorf, B. 46, 144
Wiener Kreis 79
Wille 127
- Umkehrung 155, 167, 171
Wirklichkeit 16, 21, 36, 56, 59, 98, 102, 138, 185-186, 192, 204, 214
- der Dinge 56
- der Freiheit 19, 125
- der Ideen 45
Wirklichkeit-an-sich 209
Wirklichkeitsgefühl 54, 229
Wissenschaft 100
Wissenschaft des erscheinenden Wissens 102
Wissenschaftslehre 90
Wittgenstein, L. 46, 144, 159
Wort 155, 186, 187-188, 210
- -haftigkeit 234
- -natur 167, 185, 219

Zeichen 90, 209
Zen 229, 234
Zeuge 150, 167, 173, 187, 222
- Gegenwart des 99